Anglizismen in deutschen und französischen Werbeanzeigen

Zum Umgang von Deutschen und Franzosen mit Anglizismen

von

Sabine Kupper

Tectum Verlag
Marburg 2003

Kupper, Sabine:
Anglizismen in deutschen und französischen Werbeanzeigen.
Zum Umgang von Deutschen und Franzosen mit Anglizismen.
/ von Sabine Kupper
- Marburg : Tectum Verlag, 2003
ISBN 978-3-8288-8536-3

© Tectum Verlag

Tectum Verlag
Marburg 2003

Die Gewalt einer Sprache ist nicht, dass sie das Fremde abweist, sondern dass sie es verschlingt.

Johann Wolfgang von Goethe

DANKSAGUNG

An dieser Stelle möchte ich Herrn Prof. Dr. Heinrich Weber vom Deutschen Seminar der Universität Tübingen meinen herzlichen Dank für die Betreuung meiner Magisterarbeit aussprechen. Sein stetes Interesse und hilfreiche Literaturhinweise trugen maßgeblich zum Entstehen dieser Arbeit bei.

Besonderer Dank gebührt vor allem auch Isabelle Lehn, Knut Galden und Heike Johannsen für ihr kritisches Hinterfragen und ihre wertvollen Anmerkungen beim Korrekturlesen meiner Arbeit.

Bedanken möchte ich mich insbesondere auch bei Micha Busch, der mir während der Entstehungszeit der Arbeit vor allem moralisch zur Seite stand.

Dank schulde ich schließlich auch meinen Eltern, die mich in jeder Hinsicht unterstützt haben und mein Studium überhaupt erst ermöglicht haben.

Sabine Kupper
Tübingen, Juli 2003

INHALTSVERZEICHNIS:

0 Einleitung 7

1 Allgemeines zum Fremdwortgebrauch 10
   1.1   Zum Begriff des "Anglizismus" 10
   1.2   Entlehnungstheoretische Aspekte 10
       1.2.1   Entlehnbare Elemente einer Sprache 10
       1.2.2   Lehnbeziehungen 12
       1.2.3   Aspekte der Erschwerung und Erleichterung der Entlehnung (am Beispiel des Englischen) 15
       1.2.4   Faktoren, die die phonologische und graphematische Integration von (englischen) Fremdwörtern beeinflussen 21
   1.3   Gründe für den Fremdwortgebrauch 23
       1.3.1   Sprachliche Gründe für den Fremdwortgebrauch 23
       1.3.2   Außersprachliche Gründe für den Fremdwortgebrauch 24
   1.4   Zum Sonderstatus des Englischen 26
       1.4.1   Englisch als eine "global language" 26
       1.4.2   Englischer Einfluss als internationales Phänomen 30
       1.4.3   Besonderheiten des englischen Spracheinflusses 33
   1.5   Pro und Kontra der Übernahme von Fremdwörtern 34
       1.5.1   Pro 34
       1.5.2   Kontra 34

2 Spezifische Einflüsse des Englischen auf das Deutsche bzw. das Französische 35
   2.1   Einflüsse des Englischen auf das Deutsche 35
       2.1.1   Einflüsse des Englischen auf das Deutsche vor und nach 1945 .. 36
       2.1.2   "Verenglischung"/ "Amerikanisierung"des Deutschen 39
   2.2   Einflüsse des Englischen auf das Französische 58
       2.2.1   Englische Einflüsse auf das Französische vor und nach 1945 58
       2.2.2   Einflüsse auf den Wortschatz 59
       2.2.3   Lehnsyntax/ weitere Einflüsse auf das Französische 60
   2.3   Vergleichende Zusammenfassung der Einflüsse auf das Deutsche bzw. das Französische 62

3 **Zur Einstellung von Deutschen bzw. Franzosen zu ihrer Sprache – Sprachpflege in Deutschland und Frankreich ... 63**
   3.1   Die Einstellung der Deutschen zu ihrer Sprache - Sprachpflege in Deutschland 63
   3.2   Die Einstellung der Franzosen zu ihrer Sprache – Sprachpflege in Frankreich 69
   3.3   Vergleichende Zusammenfassung 79

4 **Analyse der Werbeanzeigen im "Spiegel" 1976 und 2001 und im "Nouvel Observateur" 1976, 1977 und 2001 .... 81**
   4.1   Werbung 81
      4.1.1   Zum Aufbau von Werbeanzeigen 82
      4.1.2   Funktionen englischer Elemente in der Werbung 87
   4.2   Ziele und Vorgehensweise der Analyse 90
   4.3   Der Spiegel 94
   4.4   Le Nouvel Observateur 95
   4.5   Ergebnisse und Interpretation der Analyse 95
      4.5.1   Ergebnisse und Interpretation der Analyse des „Spiegels" 96
      4.5.2   Ergebnisse und Interpretation der Analyse des "Nouvel Observateur" 107
   4.6   Vergleichende Zusammenfassung der Untersuchungsergebnisse des "Spiegels" und des "Nouvel Observateur" 119
   4.7   Zum Verständnis der Anglizismen durch die Leserschaft 126
   4.8   Zur Akzeptanz von Anglizismen in der Werbung 127

5 **Schlussbemerkungen 129**

6 **Bibliographie 132**

7 **Anhang 142**
   7.1   Abbildungs-/ Tabellen- und Diagrammverzeichnis 142
   7.2   Nicht-lexikalische Einflüsse auf die deutsche Sprache – Zusammenstellung der von verschiedenen Autoren vermuteten Einflüsse auf das Deutsche 143
   7.3   Werbebeispiele 157

7.3.1	Werbebeispiele aus der Einleitung	157
7.3.2	Aufbau einer Werbeanzeige	163
7.3.3	Werbebeispiele aus dem "Spiegel" 1976	164
7.3.4	Werbebeispiele aus dem "Spiegel" 2001	173
7.3.5	Werbebeispiele aus dem "Nouvel Observateur" 1976	180
7.3.6	Werbebeispiele aus dem "Nouvel Observateur" 1977	181
7.3.7	Werbebeispiele aus dem "Nouvel Observateur" 2001	184
7.4 Beispiele zu französischen Übersetzungen von Anglizismen in der französischen Werbung		185
7.5	Gesamtübersicht der gefunden Belegbeispiele	187
7.5.1	Belegbeispiele aus dem "Spiegel" 1976	187
7.5.2	Belegbeispiele aus dem "Spiegel" 2001	210
7.5.3	Belegbeispiele aus dem "Nouvel Observateur" 1976/ 1977	254
7.5.4	Belegbeispiele aus dem "Nouvel Observateur" 2001	264

0 Einleitung

Seife ist out, und wir benutzen zur täglichen Körperpflege "Soft Shower Cream" und "Body Milk"[1], "bodum" bringt mit seinen Haushaltsprodukten "the beauty in everyday life", und mit dem Eau de toilette von Davidoff genießen wir "the pleasures of a fresh moment". Diverse Zigarettenmarken verkaufen uns "white lights" in der "soft pack special edition", mit E-Plus telefonieren wir im "High Quality Net", und NOKIA "connects people". Wir holen uns "coole Surftipps" im "supergünstigen Internet", besuchen die "Flirt- und Dating-Community" und schreiben "E-Mails" mit trendigen "News"[2].

Der Einfluss des Englischen auf das Deutsche, insbesondere im Bereich der Werbung, ist unverkennbar. Die Tendenz zur vermehrten Verwendung englischsprachiger Ausdrücke hat besonders in den letzten Jahren immer schneller und stärker zugenommen. War das erhöhte Vorkommen englischer Termini anfangs, d.h. im 19. Jahrhundert, noch beschränkt auf spezielle Fachbereiche, so findet man sie heute nicht nur in den diversen Fachsprachen, sondern auch im ganz alltäglichen Sprachgebrauch.

Diese Arbeit hat zum Ziel, den Einfluss des Englischen auf das Deutsche näher zu betrachten und mit den Einflüssen des Englischen auf das Französische zu vergleichen. Das Hauptaugenmerk liegt dabei auf dem Umgang von Deutschen bzw. Franzosen mit diesen Anglizismen, was anhand von Werbeanzeigen aus dem "Spiegel" der Jahre 1976 und 2001 bzw. aus dem "Nouvel Observateur" von 1976, 1977 und 2001 dargestellt wird.

In einem ersten Teil werden hierzu einleitend entlehnungstheoretische Aspekte vorgestellt, sowie die generellen Gründe für den Fremdwortgebrauch eingeführt. Dies soll zeigen, wie Entlehnungsvorgänge im allgemeinen ablaufen und welche Beweggründe es gibt, Begriffe aus anderen Sprachen zu entlehnen.

Um einen ersten Eindruck über den Einfluss des Englischen auf das Deutsche bzw. das Französische zu geben, soll im Anschluss daran der Sonderstatus des Englischen in seiner Rolle als "global language" berücksichtigt werden, wobei auch auf die Besonderheiten des englischen Spracheinflusses eingegangen werden soll.

---

[1] Produkte der Firma "bebe".
[2] vgl. die diversen Werbematerialien in Kapitel 7.3.1.

Abschließend wird im ersten Teil das Pro und Kontra der Verwendung von Fremdwörtern erörtert, um so einführend auf die Problematik eines übermäßigen Fremdwortgebrauchs hinzuweisen.

In einem zweiten Teil der Arbeit werden die spezifischen Einflüsse des Englischen auf das Deutsche vor und nach 1945 dargestellt, um so schließlich das aktuelle Ausmaß des englischen Einflusses darlegen und erläutern zu können. Des weiteren wird selbiges – in weniger ausführlicher Form – für das Französische durchgeführt. Zusätzlich soll für das Deutsche näher auf die Frage der "Amerikanisierung" der Sprache eingegangen werden. Es soll geklärt werden, ob der englische Einfluss tatsächlich so groß ist, wie er scheint, oder ob Begriffe wie "Verenglischung" und "Amerikanisierung"[3] bloße Übertreibungen sind, die den tatsächlichen Sachverhalt verzerren.

Ein dritter Teil der Arbeit wird sich im Anschluss mit der Sprachpflege in Deutschland bzw. in Frankreich beschäftigen und so dazu beitragen, das unterschiedlich ausgeprägte Ausmaß des englischen Einflusses in beiden Ländern erklären zu können. Dabei wird insbesondere auf die Sprachreinigungsgesetze, wie es sie in Frankreich gibt, eingegangen, wobei es schließlich im vierten, analytischen, Teil der Arbeit nachzuprüfen gilt, ob derartige Gesetze sinnvoll sind bzw. ob sie ihren Zweck erfüllen und den englischen Einfluss abwehren können.

Hierzu werden zum einen die kompletten "Spiegel"-Jahrgänge von 1976 und 2001, zum anderen die (fast)[4] kompletten Jahresausgaben des "Nouvel Observateur" derselben Jahrgänge auf Werbeanzeigen hin untersucht. Die Auswahl gerade dieser beiden Jahrgänge begründet sich wie folgt: Mit dem Jahrgang von 2001 soll ein möglichst aktueller Zustand des englischen Einflusses aufgezeigt werden; die Auswahl des Jahrgangs von 1976 hängt mit dem Inkrafttreten des französischen Gesetzes zum Gebrauch der französischen Sprache im Jahre 1977 zusammen. Mit dem Jahrgang von 1976 soll der Zustand v o r Inkrafttreten dieses Gesetzes aufgezeigt werden. Da anzunehmen ist, dass der englische Einfluss auf das Französische gerade direkt nach dieser Reglementierung besonders gering war, wird für den "Nouvel

---

[3] Bereits 1899 schrieb Hermann Dunger einen Aufsatz "Wider die Engländerei in der deutschen Sprache" (vgl. Carstensen 1984: 44). Seitdem war immer wieder die Rede von "Verenglischung" oder "Amerikanisierung" der deutschen Sprache. Vgl. Kapitel 2.1.2 der vorliegenden Arbeit.
[4] Bei der Jahresausgabe des Jahres 1977 fehlen zwei Ausgaben des "Nouvel Observateur", und zwar Nummer 635 und 645; bei der Jahresausgabe des Jahres 2001 fehlen ebenfalls zwei Ausgaben, und zwar Nummer 1911 und 1934.

Observateur" zusätzlich der Jahrgang von 1977 untersucht, um so die Unterschiede zu heute besonders deutlich aufzuzeigen.

Die Untersuchung der Werbeanzeigen bezieht sich vor allem auf englische Produktbezeichnungen und Slogans, die teilweise oder vollständig in englischer Sprache abgefasst sind. Neben einer zahlenmäßigen sowie inhaltsmäßigen Auswertung der fünf Jahrgänge und einem Frequenzvergleich englisch beeinflusster Werbungen der verschiedenen Jahrgänge sowie der beiden Länder untereinander wird zusätzlich noch auf einzelne Auffälligkeiten eingegangen. Dies beinhaltet beispielsweise Werbeanzeigen desselben Produkts in Deutschland bzw. in Frankreich, welche sprachliche Besonderheiten aufweisen, sowie auffällige Einzelwerbungen, wobei im Rahmen dieser Magisterarbeit nicht auf alle Auffälligkeiten eingegangen werden kann. Vielmehr sollen einzelne, besonders auffällige Phänomene beispielhaft berücksichtigt werden, um so den Umgang von Deutschen bzw. Franzosen mit Anglizismen exemplarisch darzustellen.

Zudem wird im analytischen Teil angesprochen, inwieweit die "englischen" Werbungen überhaupt von den Lesern verstanden und auch akzeptiert werden.

Abschließend sollen nochmals alle relevanten Arbeitsergebnisse zusammenfassend dargestellt und kommentiert werden.

1 Allgemeines zum Fremdwortgebrauch

1.1 Zum Begriff des "Anglizismus"

In der vorliegenden Arbeit schließe ich mich mit meiner Verwendung des Begriffes "Anglizismus" Schelper 1995 und Langner 1995 an und werde keine Unterscheidung zwischen Amerikanismen, Britizismen, Kanadismen, Südafrikanismen etc. vornehmen, da sich ohnehin nur selten eine nachweisbare Differenzierung treffen lässt, v.a. was die Abgrenzung Amerikanismus/ Britizismus anbelangt. Dies hängt u.a. damit zusammen, dass das britische Englisch selbst stark unter amerikanischem Einfluss steht[5].

Damit wende ich den Begriff "Anglizismus" nicht nur auf Spracheinflüsse des britischen Englisch an, sondern auch auf Einflüsse des Amerikanischen, des Australisch-Neuseeländischen und des Kanadischen, wobei Großbritannien und vor allem die USA als Einflussbereiche dominieren[6]. Entsprechend steht die Bezeichnung "englisch" in der vorliegenden Arbeit als Oberbegriff und wird äquivalent zum Term "Anglizismus" verwendet, da eine Differenzierung in verschiedene Varietäten (amerikanisch, australisch, britisch, kanadisch, usw.) für diese Arbeit nicht relevant ist.

1.2 Entlehnungstheoretische Aspekte

1.2.1 ENTLEHNBARE ELEMENTE EINER SPRACHE

Nicht alle Elemente einer Sprache können in gleichem Maße entlehnt werden. Die verschiedenen Sprachebenen einer Sprache unterscheiden sich hinsichtlich ihrer Durchdringbarkeit bezüglich der Entlehnung. Schelper (1995: 6) beschreibt die Abfolge der Durchdringbarkeit der verschiedenen Sprachebenen ("language level penetrability"), die sich wie folgt darstellt:

---

[5] "Die einzige Basis für eine Unterteilung wäre eine geschichtliche: Vor 1917 war das übernommene englische Wortgut vorwiegend britischen Ursprungs, 1918 setzte ein gewisser amerikanischer Einfluss ein, und der Grossteil der nach 1945 entlehnten Anglizismen stammt aus dem amerikanischen Englisch, denn der amerikanische Kultur- und Wirtschaftseinfluss ist seit dem Kriege bedeutend stärker als der britische. Aber auch das ist im Einzelfall selten nachzuweisen." (Schelper 1995: 29).
[6] vgl. Langner 1995: 18 – 20.

1. Lexis, Semantik
2. Syntax
3. Wortbildung
4. Phonetik, Phonologie
5. Morphologie

Aus dieser Abfolge wird ersichtlich, dass lexikalische Einheiten leichter entlehnt werden können als grammatikalische. Damit erklärt sich die Tatsache, dass es sich bei den meisten lexikalischen Entlehnungen um Substantive, Verben und Adjektive handelt. Selten entlehnt werden hingegen Pronomen, Artikel und Partikel (Adverbien, Exklamationen, Interjektionen, Konjunktionen, Präpositionen), die weniger eine semantische als eine grammatikalische Funktion aufweisen.

Affixe nehmen im Entlehnungsvorgang eine Sonderstellung ein; sie werden in der Regel nicht isoliert übernommen, sondern meist im Zusammenhang mit einer ganzen Gruppe von Wörtern, die das betreffende Affix enthalten. Dieses kann dann in der entlehnenden Sprache selbst produktiv werden, wenn genügend Entlehnungen der gleichen Konstruktion vorliegen und damit eine Analyse derselben möglich wird, so dass das Affix als solches erkannt wird und neue, eigene, Bildungen mit dem dann entlehnten Affix ermöglicht werden[7].

Die Ausgangssprache hat dann keinen Einfluss mehr auf die Entwicklungen einer Entlehnung in der Empfängersprache. Die Eigendynamik, die die Entlehnungen in der neuen Sprache entwickeln, kann so weit gehen, dass ein entlehntes Element mehr und/ oder in anderen Situationen gebraucht wird als in der Ursprungssprache. Damit weichen die Bedeutung und auch der Gebrauch ein und desselben Wortes in der Geber- bzw. Empfängersprache nicht selten voneinander ab, d.h. dass es nicht nur im lexikalischen Bereich Abweichungen gibt, sondern auch in anderen Bereichen sprachlicher Strukturen (Phonologie, Morphologie, Syntax).

Das Phänomen der Entlehnung kann kein Zustand, sondern nur ein Prozess sein, da die Integration eines entlehnten Elements fließend verläuft. Somit kann es auch keine klare Abgrenzung zwischen Fremdwort und Lehnwort[8] geben, wobei es auch möglich ist, dass ein entlehntes Element bereits einen festen Platz im deutschen System eingenommen hat, ohne

---

[7] z.B. *halbieren, hausieren*; vgl. Schelper 1995: 6.
[8] Fremdwort und Lehnwort unterscheiden sich im allgemeinen durch ihren Integrationsgrad. Im Gegensatz zu einem Fremdwort ist ein Lehnwort phonologisch und/ oder morphologisch zumindest teilweise in das entlehnende System integriert.

jedoch morphologisch und/ oder phonologisch assimiliert zu sein, d.h. es liegt ein Element vor, das bereits so stark in den alltäglichen Sprachgebrauch eingegangen ist, dass es eigentlich als Lehnwort gelten müsste, aber in keiner Weise an das deutsche System angepasst ist und daher noch wie ein Fremdwort wirkt.

Ein Großteil der Entlehnungen befindet sich sicherlich im Übergang zwischen den beiden Extremen "Fremdwort" und "Lehnwort"[9].

"Es kommt darauf an, von wem ein Wort benutzt wird, gegenüber welchem anderen Sprachteilhaber, in welcher Sprech- oder Schreibsituation, mit welchem Sachbezug, in welchem Kontext, mit welcher Stilfärbung, und vor allem mit welcher Bedeutung im Verhältnis zu den anderen Wörtern des Wortfeldes." (Polenz 1979: 19)

Im Laufe der Geschichte der Sprachwissenschaft finden sich mehrere Versuche, Fremd- und Lehnwörter zu klassifizieren bzw. deren Beziehungen zueinander darzustellen. Weit verbreitet ist dabei die Klassifizierung von Werner Betz aus dem Jahr 1949, die von verschiedenen Autoren modifiziert wurde. Im folgenden werde ich mich an die Darstellung von Glahn (2000: 36 – 39) anlehnen.

1.2.2 LEHNBEZIEHUNGEN

Nach Glahn (2000: 36 – 39) lassen sich die Lehnbeziehungen graphisch wie folgt darstellen:

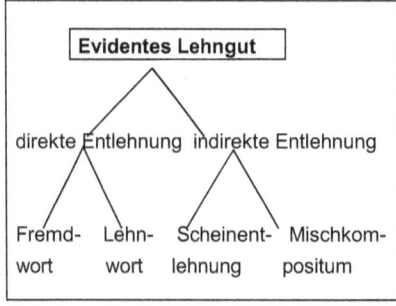
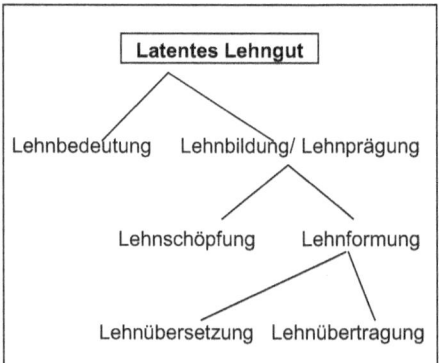

---

[9] vgl. Schelper 1995: 8 - 10.

Zunächst wird zwischen evidentem und latentem Lehngut unterschieden, wobei die evidenten Einflüsse in der direkten Übernahme des englischen Wortes als Fremd- oder Lehnwort bestehen. Der englische Ursprung bleibt durch die Form und/ oder Aussprache des entlehnten Wortes erkennbar.

Um ein F r e m d w o r t handelt es sich dann, wenn das Wort in seiner fremden Gestalt übernommen wird, wohingegen ein L e h n w o r t eine lautliche Anpassung an die Gastsprache durchmacht.

Problematisch sind S c h e i n e n t l e h n u n g e n wie *Showmaster, Callboy, Steptanz, Teenies, Pullunder*, die zwar ein englisch wirkendes Erscheinungsbild haben, aber als Wörter in dieser Form nicht in der englischen Sprache vorkommen.

Bei M i s c h k o m p o s i t a / L e h n v e r b i n d u n g e n wird der Begriff nur zum Teil als fremdes Wort übernommen; der andere Teil wird mit Wortelementen der Gastsprache wiedergegeben. (z.B. *Haarspray, Erdnuß-Flip, Spielertransfer, Popsänger*).

V e r b o r g e n e / l a t e n t e Einflüsse werden von einem des Englischen nicht kundigen Sprechers nur schwer als Wörter englischen Ursprungs erkannt. Man unterscheidet zunächst Lehnbedeutung und Lehnbildung/ Lehnprägung. Bei der L e h n b e d e u t u n g handelt es sich um die Prägung einer neuen Bezeichnung, um den fremden Begriff wiederzugeben, jedoch ohne Anlehnung an die Form des fremden Wortes. Lehnbedeutungen sind als Elemente fremdsprachiger Herkunft am schwierigsten zu erkennen. Beispiele hierfür wären:

- *kontrollieren "beherrschen"* (nach *to control*)
- *realisieren "erkennen, vorstellen"* (nach *to realize*)
- *Kette* (z.B. *Ladenkette*) (nach *chain*)
- *Gipfel* (z.B. *Gipfelkonferenz*) (nach *summit conference*)
- *Klima* (z.B. *Betriebsklima*) (nach *climate*)

Eine L e h n b i l d u n g / - p r ä g u n g liegt dann vor, wenn der entsprechende Begriff mit Wortelementen der Gastsprache wiedergegeben wird. Des weiteren differenziert man zwischen Lehnschöpfung und Lehnformung. Für die L e h n s c h ö p f u n g ergibt sich das Problem, dass das Deutsche eine Eigenbildung finden muss, da das fremdsprachliche Vorbild nicht übersetzt werden kann. Dies gilt beispielsweise für Begriffe wie

do-it-yourself (Heimwerken)   *dimmer (Helligkeitsregler)*
skyjacker (Luftpirat)   *fastback (Fließheck).*

Bei Lehnformungen gilt, dass bei Zusammensetzungen die neue Bezeichnung unter Anlehnung an die Form des fremden Wortes gebildet werden kann. Es wird unterschieden zwischen Lehnübersetzungen und Lehnübertragungen, wobei eine Lehnübersetzung die genaue Nachbildung des Fremdwortes darstellt:

Geburtenkontrolle (birth-control)   *Blutbank (blood bank)*
Lebensqualität (quality of life)   *Familienplanung (family planning)*
Gehirnwäsche (brain-washing)   *Kabelfernsehen (cable television)*

Lehnübertragungen, wie beispielsweise *Einbahnstraße (one-way-street)* oder *Wolkenkratzer (skyscraper)*, sind hingegen Teil-Lehnübersetzungen, d.h. nur ungenaue Nachbildungen, die dem deutsen Sprecher als englischer Einfluss im allgemeinen verborgen bleiben.

Abschließend sind noch die Lehnwendungen zu nennen, die in der graphischen Darstellung nicht erfasst sind. Es handelt sich dabei um Wendungen, die zwar überwiegend aus deutschen Wörtern bestehen, deren Grundbedeutung aber aus dem Englischen stammt:
- *ein Erfolg sein (to be a success)*
- *grünes Licht geben / bekommen (to give somebody/ get the green light)*
- *eine schlechte/ gute Presse haben (to get/ have a bad/ good press)*
- *das macht keinen Sinn (that does not make sense)*
- *die Schau stehlen (to steal the show)*
- *sein Gesicht verlieren (to lose one's face)*

In allen Fällen ist es schwer zu entscheiden, welcher sprachliche Prozess vorliegt, insbesondere dann, wenn zwei Sprachen in so engem Kontakt stehen wie Deutsch und Englisch[10].

Es stellt sich nun die Frage, wie Entlehnungen in der Regel verlaufen und welche Faktoren dabei eine Rolle spielen. Dies soll im folgenden Teil der Arbeit geklärt werden, wobei insbesondere die Aspekte der Erschwerung und der Erleichterung der Entlehnung berücksichtigt werden.

---

[10] vgl. Carstensen 1979a: 90 – 94.

1.2.3 Aspekte der Erschwerung und Erleichterung der Entlehnung (am Beispiel des Englischen)

1.2.3.1 Faktoren, die der Entlehnung entgegen wirken[11]

1.2.3.1.1 Formale Gründe

Beim Aufeinandertreffen zweier Phonemsysteme gilt, dass das Lehngut nicht mehr seinem ursprünglichen lautlichen System folgt, sondern durch ähnliche Laute seines neuen lautlichen Systems ersetzt wird, sobald das Anfangsstadium des Entlehnens durch zweisprachige Sprecher überwunden ist. Dies gilt insbesondere bei einsprachigen Sprechern der Muttersprache, für die spezifische Laute der entlehnten Sprache fremd sind.

Auch die Divergenz zwischen Schriftbild und Aussprache spielt hier eine Rolle, da ein Wort anfangs oft nicht als ein und dasselbe Wort identifiziert werden kann, wenn es nicht gleichzeitig gehört und gelesen wird (Bsp.: *jeans – [dʒi:ns]*). Damit wird die Erlernung und somit auch die Verbreitung des neuen Wortes erschwert, da es einige Zeit dauert und häufigeren Gebrauchs bedarf, bis die divergierende Aussprache mit dem Schriftbild in Verbindung gebracht wird und umgekehrt.

1.2.3.1.2 Inhaltliche Schwierigkeiten

In der Regel kann die Unkenntnis oder das Nichtverstehen eines Wortes beim Kommunizieren durch Rekonstruktion mit Hilfe des Kontexts ausgeglichen werden. Allerdings funktioniert dies normalerweise nur dann zufriedenstellend, wenn das unbekannte bzw. nicht verstandene Wort eine hohe Frequenz aufweist. Fremdwörter können diese Rekonstruktion erschweren, da ein Großteil von ihnen nicht zu den häufig verwendeten Wörtern gehört.

1.2.3.1.3 Stilistische Gründe

Zweisprachige Sprecher, die beispielsweise eine weiterführende Schulbildung haben und damit wahrscheinlich auch größere Kenntnisse des Englischen besitzen, sprechen bewusst für einsprachige Gesprächspartner und vermeiden Wörter, die vermutlich nicht verstanden werden. Somit kann Sprachbewusstsein erschwerend für die Aufnahme der Fremdwörter sein.

---

[11] vgl. Engels 1976: 74 – 78.

Andererseits sind es gerade die zweisprachigen Sprecher, die - wahrscheinlich häufig unbewusst - Bedeutungen einer Sprache entlehnen und so eine Bedeutungsverschiebung in die Zielsprache einführen. Zweisprachigkeit und stilistisches Bemühen scheinen damit einander entgegen zu wirken.

1.2.3.2 Faktoren, die die Entlehnung erleichtern[12]

1.2.3.2.1 Etymologische Faktoren

Zu den die Entlehnung begünstigenden etymologischen Faktoren zählt zunächst die Sprachverwandtschaft. Dies gilt insbesondere für das Deutsche und das Englische, zwei verwandte Sprachen, die sich erst ab Mitte/ Ende des zweiten nachchristlichen Jahrhunderts unter dem Einfluss der geographischen Trennung auseinander entwickelt haben. Daher gibt es eine große Menge verwandter Wörter in diesen beiden Sprachen, wobei sich allerdings bei vielen Wörtern die Form soweit verändert hat, dass sie von einem nativen Hörer/ Leser nicht mehr als verwandt erkannt werden können. Viele Buchstaben- und Phonemkombinationen sind jedoch heute in beiden Sprachen noch ähnlich, so dass sie nicht fremdartig wirken.

Des weiteren sind hier entlehntes französisches und lateinisches Wortgut sowie wissenschaftliche Internationalismen zu nennen, die sowohl dem Deutschen als auch dem Englischen gemein sind. Beide Faktoren bestärken die Ähnlichkeit der beiden Sprachen, was potentielle Entlehnungen erleichtert bzw. die Aufnahmebereitschaft der Gastsprache unter Umständen erhöht.

1.2.3.2.2 Wortformale Faktoren

Zu den wortformalen Faktoren gehören als erstes die morphologischen Faktoren, die sich mit stilistischen Faktoren verbinden. So wird beispielsweise dem Deutschen nachgesagt, es integriere gern und schnell englische Wörter in ihrer Originalform, sofern sie kurz sind. Kürze ist ein Stilkriterium für Prägnanz der Aussage, wobei man allerdings anmerken muss, dass nicht alle englischen Entlehnungen kürzer sind als entsprechende deutsche Ausdrücke.

---

[12] vgl. Engels 1976: 79 – 85.

Als zweiter Bestandteil der wortformalen Faktoren sind die graphematischen und phonematischen Faktoren zu nennen. Ist eine Ähnlichkeit der entlehnenden und der entlehnten Sprache vorhanden, wird die Einführung von neuem Sprachmaterial aus der anderen, ähnlichen Sprache erleichtert.

1.2.3.2.3 Sozialpsychologische Faktoren

Die Verwendung von Fremdwörtern weisen einen Sprecher oder Schreiber als (Möchtegern-) Angehörigen einer bestimmten, für ihn kulturell anspruchsvollen Schicht aus. Somit hat die Verwendung von fremdsprachigem Material für einen solchen Sprecher eine Art Signalfunktion, die ihn den richtigen Leuten als Mitglied ihrer eigenen, in ihren Augen gesellschaftlich erstrebenswerten Gruppe, erscheinen lässt, indem der Sprecher sich zur richtigen Zeit fremdsprachigen Materials bedient.

1.2.3.3 Faktoren, die die Entlehnung verursachen

Schelper (1995: 114 - 119) stellt in ihrer Arbeit fest, dass es sich bei der Anglisierung nicht um ein linguistisches Phänomen handelt, sondern um ein sozio-ökonomisches, da sich eine Sprache generell durch externe, d.h. historische, wirtschaftliche, politische und, darauf aufbauend, auch kulturelle Faktoren verbreitet, wobei alle anderen Gründe lediglich sekundär sind:

> "Anglizismen repräsentieren nicht die englische Sprache, sondern eine permissive Gesellschaft, die Fachsprache der Erfolgswelt und das Neue, das die Jugend von ihren Eltern trennt. Deutsch hingegen steht für den Bratkartoffelgeruch des Elternhauses."

Selbst die gleichzeitig vorhandene Amerikakritik, bzw. der Antiamerikanismus vieler westeuropäischer Jugendlicher oder auch geringe oder völlig fehlende Englischkenntnisse, eine negative Einstellung zum Englischunterricht oder sogar eine negative Einstellung zur englischen Sprache als solcher kann den Strom englischer Entlehnungen nicht stoppen. "Die Attraktion der englischen Sprache schaltet alle anderen Erwägungen aus." (ebd.) Das einzige, was zählt, sind der Klang und damit die Assoziationen mit der angloamerikanischen Kultur.

Bemerkenswert ist zudem, dass europäische Schüler die amerikanische Sprachvariante – und nicht das traditionell unterrichtete britische Englisch -

bevorzugen. "Der Einfluss der Popkultur, Mode und eine schwer definierbare Faszination ist stärker als der Einfluss der Schule." (Schelper 1995: 118)

Somit scheinen die außersprachlichen Faktoren – zumindest was die Entlehnungen aus dem Englischen anbetrifft – von größerer Bedeutung zu sein als innersprachliche Faktoren, die jedoch potentielle Entlehnungsprozesse begünstigen können (z.b. aufgrund einer Sprachverwandtschaft, die bei der deutschen und englischen Sprache gegeben ist).

Im folgenden sollen einige dieser außer- bzw. innersprachlichen Faktoren, welche Entlehnungen verursachen können, aufgeführt werden, wobei diese der ausführlichen Arbeit von Schelper (1995: 117 – 118 und 119 – 124) entnommen sind.

1.2.3.3.1 Außersprachliche Faktoren

- Großbritanniens Kolonialismus und Welthandel im 17., 18. und 19. Jahrhundert.
- Entstehen der Weltmacht USA im 20. Jahrhundert.
- Verlagerung der Mode-, Kunst, Wissenschafts- und Technologiezentren nach 1945 von Europa in die USA. (Dies entspricht einer Umkehrung der Richtung des Kulturaustausches.).
- Übernahme der Errungenschaften der modernen amerikanischen Industrie- und Konsumgesellschaft (Aus diesem Grund erfolgt eine Gleichstellung des Englischen mit solchen Werten wie Freiheit, Fortschritt, Emazipation, sozialem Aufstieg, Erfolg, Reichtum, Macht, Effizienz, Modernität, Neuerung, Jugendlichkeit, kosmopolitischem Lebensstil oder dem "amerikanischen Traum").
- führende Rolle der USA in Weltliteratur, populärer Musik, Produktion von Film- und TV-Produktionen. (Diese Tatsache begründet sich darin, dass gerade in den USA Unterhaltungs- und Werbetechniken zu einem besonders hohen Standard entwickelt wurden.)
- Verlagerung des politischen und wirtschaftlichen Prestiges der englischsprachigen Länder auf das amerikanische Unterhaltungswesen.
- hohe Sprecheranzahl (1 – 2 Milliarden).
- Sprachverbreitungspolitik Großbritanniens und der USA als wichtiger Bestandteil wirtschaftlicher Vormachtstellung. (Englisch soll auch in Osteuropa erste Fremdsprache werden.)
- Toleranz Großbritanniens gegenüber verschiedenen Varianten des Englischen (im Unterschied zum französischen Zentralismus) und

allgemeine Toleranz Englischsprachiger gegenüber mangelhafter Qualität des Englischen Anderssprachiger.
- Englisch als offizielle Sprache bei internationalen Organisationen und Kongressen.
- Abhängigkeit der westlichen Massenkommunikationsmittel von englischschreibenden Nachrichtenagenturen.
- punktueller Übersetzungsverzicht oder –fehler durch Termindruck, hohen Schwierigkeitsgrad der zu übersetzenden Texte oder mangelnde Qualifikation.
- wirtschaftliche, politische und kulturelle Internationalisierungstendenz.
- internationale Terminologieangleichung in der Wissenschaft.
- Herausbildung des Englischen als weltweite Leitsprache in der Schule und Selbstverständlichkeit des Englischen als Zweitsprache des Gebildeten.
- Beschleunigung der weltweiten Informationsverbreitung, Ansteigen des Gebrauchs von weltweiten Kommunikationsmitteln und des Fremdenverkehrs.
- allgegenwärtiges Angebot der Ware "Englisch".
- Gruppenzwang; Entlehnen ist erlerntes Verhalten, und alle Sprecher gleichen sich darin ihrer Sprachgemeinschaft an.
- Resignieren vor der überwältigenden Dominanz des Englischen.
- Zusammenspiel und gegenseitige Verstärkung des mikrostrukturellen Einflusses (Entlehnungen) und der makrostrukturellen Funktionen des Englischen (Wissenschaftssprache, Lingua franca, etc.).

1.2.3.3.2 Innersprachliche Faktoren
- günstige morphologische Struktur des englischen Wortschatzes, der zu Kürze tendiert und Konversionen zwischen allen Wortarten besonders einfach macht (Bsp.: *We can b u s children to school, and then s c h o o l them in English.*).
- Einsilbigkeit vieler übernommener Anglizismen, die dazu führt, dass diese leicht zu benutzen und zu behalten, knapp, treffend und praktisch sind. Damit entsprechen viele englische Entlehnungen der innerdeutschen Tendenz zur Kürze (Abkürzungen, Initialwörter).
- syntaktische Kürze in kondensierten syntaktischen Strukturen wie beispielsweise W*hile he playing, he was injured.* (Dies entspricht ebenfalls der innerdeutschen Tendenz zur Kürze.)

- Grammatik schneller zu erlernen als bei anderen Sprachen (da die meisten indogermanischen Grammatikkategorien wie Kasus, Genus und komplexe Konjugationen abgebaut wurden).
- Mischsprachencharakter (Integration von germanischen, romanischen und griechischen Wortschätzen). Damit wird die englische Sprache einer großen Anzahl von Menschen zugänglich gemacht.
- Reduktion auf eine einzige Anrede (*you*).
- Mit einem Minimum an Vokabular (Bsp.: *nice, say, come, go, get, give, keep, let, make, put, seem, take, be, do, have, see, send, may, will* etc.) kann so gut wie alles ausgedrückt werden. (Die englische Umgangssprache benutzt bedeutend weniger Wörter als z.B. die französische oder die deutsche, und das, obwohl Englisch vermutlich den größten Wortschatz der Welt besitzt.) Folglich gehört auch der allgemein angenomme geringe Lernaufwand zu den Motiven des Englischlernens.
- Klangwirkung der englischen Sprache. (Dies gilt besonders in der Werbung.)

Schelper zitiert hier Wilss 1966, der diese Wirkung folgendermaßen zusammenfasst:

> "Von der englischen Sprache geht auf die deutsche eine sich rationaler Analyse weithin entziehende, fast magische Suggestivkraft aus, die dem angloamerikanischen Fremdwort mühelos den Vorrang vor dem entsprechenden, inhaltlich gleichwertigen, aber, wie man glaubt, weniger eleganten deutschen Wort sichert."

Jedoch ist zu bemerken, dass sich die Wirkung eines Anglizismus in der Werbung schnell abschleift, so dass immer neue Anglizismen entlehnt oder erfunden werden müssen, um den Bedarf zu decken.

1.2.3.3.3 Zusammenfassung

Zusammenfassend lassen sich als Hauptursachen für die Aufnahme von Lehngut zwei Punkte festhalten: Zum einen ist der sprachliche Mehrwert der Gebersprache bzw. der Prestigefaktor dafür verantwortlich, zum anderen der Machtfaktor, der aus der historischen Entwicklung entsteht und zu dem Prestige der Sprache bzw. Kultur führt[13].

---

[13] vgl. Schelper 1995: 124.

Diese beiden Gründe entsprechen auch genau den Primärgründen der Anglisierung[14]. Wie bereits erwähnt handelt es sich dabei um außersprachliche und damit um landesunabhängige Gründe. Kürze, als innersprachlicher Faktor, ist nur ein sekundärer Entlehnungsgrund[15].

Ein weiterer wichtiger Aspekt, den es kurz darzustellen gilt, ist die Frage nach den Faktoren, die für die Integration eines Fremdwortes in die entlehnende Sprache von Bedeutung sind. Dies soll im folgende Unterkapitel geschehen.

1.2.4 FAKTOREN, DIE DIE PHONOLOGISCHE UND GRAPHEMATISCHE INTEGRATION VON (ENGLISCHEN) FREMDWÖRTERN BEEINFLUSSEN

1.2.4.1 Der Integration entgegenwirkende Faktoren[16]

- Hohes Ansehen der fremden Sprache: Fremdsprachenkenntnisse gelten als ein Kennzeichen besonderer Bildung. Durch den richtigen Umgang mit Fremdwörtern, d.h. der gebersprachlichen Norm entsprechend, werden demnach auch soziale Unterschiede gekennzeichnet.
- Fremdsprachenkenntnisse: Englischkenntnisse wirken der Eindeutschung von englischen Fremdwörtern entgegen. Eine Integration von englischem Sprachmaterial hätte für englischsprechende deutsche Muttersprachler ein Neuerlernen von bereits bekannten Wörtern zur Folge.
- Fachsprachen und internationale Kommunikation: Durch die hohe Geschwindigkeit, mit der heute in vielen Bereichen Innovationen hervorgebracht werden, liegt ein großer Neuwortbedarf vor. Aufgrund der Vormachtstellung der USA in vielen Wissenschaftsgebieten stammt die Terminologie vieler Fachsprachen überwiegend aus dem Englischen. Mit der Globalisierung geht die Tendenz zur Internationalisierung des Wortgutes einher. Einheitliches Fachvokabular erleichtert die internationale Kommunikation, so dass sich die Fachwortschätze der einzelnen Sprachen einander immer mehr angleichen. Dabei neigen die Fachwortschätze auch

---

[14] Unter dem Begriff der Anglisierung versteht man im allgemeinen die gesteigerte Übernahme von Anglizismen bzw. eine Funktionserweiterung des Englischen. (vgl. Schelper 1995: 326)
[15] Darüber hinaus ist Kürze als innersprachlicher Faktor auch noch fraglich; vgl. z.B. Schelper 1995: 123 und Braun 1979: 139.
[16] vgl. Langner 1995: 41 – 46.

häufig zur Beibehaltung englischer Schreibungen, was mit den allgemeinen Internationalisierungstendenzen zusammenhängt[17].

1.2.4.2 Die Integration fördernde Faktoren[18]

Die Faktoren, die die Integration unterstützen, sind insgesamt weniger gewichtig, als die der Integration entgegenwirkenden. Zu solchen, die Integration fördernde Faktoren, gehören folgende:

- Alter der Entlehnungen: Während sich die Schreibung älterer (auditiver) Entlehnungen hauptsächlich nach der Aussprache richtet, folgen neuere Entlehnungen in erster Linie der quellsprachigen Orthographie, da sich heute Entlehnungen aus dem Englischen vorrangig auf schriftlichem Wege, d.h. durch die Printmedien, verbreiten. Folglich weisen ältere Entlehnungen tendenziell eher eine dem Deutschen entsprechende Orthographie auf, was allerdings nicht heißt, dass eine ältere Entlehnung grundsätzlich in stärkerem Maße angepasst ist als eine jüngere.
- Etymologie der Entlehnungen: Die Basis vieler neuer Fremdwörter ist der Grundbestand von lateinischen, griechischen und romanischen Fremdwörtern, der bereits in viele Sprachen integriert ist.
- Sprachpurismus: Ausdrücke fremder Herkunft sollen durch indigene Ausdrücke ersetzt werden (Bsp.: die im 19. Jahrhundert verbreiteten Verdeutschungswörterbücher oder auch die Sprachgesetze gegen Anglizismen in Frankreich).

An dieser Stelle muss schließlich die Frage nach den Gründen für den Fremdwortgebrauch überhaupt gestellt werden. Wie kommt es dazu, dass so viele Sprachen Begriffe aus anderen Sprachen, insbesondere aus dem Englischen entlehnen? Auch hierfür lassen sich eine Reihe von sprachlichen sowie auch außersprachlichen Gründen finden, die im anschließenden Kapitel erläutert werden.

---

[17] In vielen europäischen Sprachen (z.B. Italienisch, Spanisch, Schwedisch, Norwegisch, Niederländisch, westslawische Sprachen) ist im Gegensatz zum Deutschen eine graphematische Integration zu beobachten. Bsp.: *Philologie* ndl. *filologie*, dän. *filologi*, schwed. *filologi*, ital. *filologia*, span. *filología*, tschech. *filologie*, poln. *filologia*, serbokroat. *filologija*. Die Forderung nach Internationalität wird in diesen Fällen im Bezug auf die Lautung (weitgehend) erfüllt. (vgl. Langner 1995: 46)
[18] vgl. Langner 1995: 47 – 49.

1.3 Gründe für den Fremdwortgebrauch

Die Gründe für den immer stärker werdenden Einfluss von Fremdwörtern sind eng verbunden mit den allgemeinen Gründen der ständigen Wortschatzvermehrung. Neue Gegenstände werden produziert oder eingeführt, und die Schließung einer Benennungslücke wird erforderlich. Es entsteht ein Benennungsbedarf in allen Bereichen des modernen Lebens, der die Einführung immer weiterer neuer Termini zur Folge hat. Diese werden entweder mit Hilfe diverser Wortbildungsmittel neu gebildet - insbesondere spielen hierbei die zusammengesetzten Wörter eine Rolle, die laut Braun (1993: 170f.) einem Streben nach Verdeutlichung und Differenzierung in vielen Sach- und Fachbereichen, nach sprachlicher Ökonomie und den stilistischen Forderungen nach einer prägnanten und anschaulichen Aussage (im Gegensatz zu umständlichen Wortgruppen[19]) am ehesten gerecht werden, - oder sie werden eben aus Fremdsprachen entlehnt, wobei hier ganz klar das Englische im Mittelpunkt steht. So ist die englische Sprache von größter Wichtigkeit bei der allgemeinen Vermittlung einzelner Fachwissenschaften (Bsp.: Medizin, Politik, Wirtschaft) und auch der politischen Internationalisierung.[20]

Im folgenden werden spezielle sprachliche sowie auch außersprachliche Gründe für den Fremdwortgebrauch, und hier insbesondere des Englischen, genannt.

1.3.1 SPRACHLICHE GRÜNDE FÜR DEN FREMDWORTGEBRAUCH[21]

- Sprachökonomie (vermeintliche Kürze englischer Begriffe)
- größere Eindringlichkeit / stärkere Wirkung (*b i z a r r* - *spitz, zackig, starr, erstarrt*: das jeweilige Fremdwort wirkt "intensiver", da die Lautgestalt gewünschte Assoziationen auslöst); Erzeugung einer bestimmten Atmosphäre; die Vermittlung eines bestimmten Tons (humoristisch oder sonstiger Natur) kann deutlich werden (*Christus-Fan, soziologischer Striptease*)
- Bedeutungsdifferenzierung; größere Präzision

---

[19] Bsp.: *Polizeihund* statt *die Polizei hat einen Hund* oder *der Hund der Polizei* (aus: Braun 1998: 170f.).
[20] vgl. Braun 1998: 179 – 183.
[21] Schelper (1995: 110 – 112) stellt in ihrer Arbeit eine erweiterte, sehr ausführliche Sammlung von Gründen für den Anglizismengebrauch bzw. Funktionen von Anglizismen zusammen, die allerdings den Rahmen dieser Arbeit sprengen würde. Deshalb beschränke ich mich auf die meiner Ansicht nach wichtigsten Gründe für den Fremdwortgebrauch.

- Nutzung der Vieldeutigkeit, um sich mit einer Aussage nicht genau festlegen zu müssen (*problematisch, Interesse*)
- negativer Gefühlsbeiwert (Ausdruck des Urteils des Schreibers / Sprechers)
- Verwendung in gehobener Stilschicht (*Audienz, Diner*)
- weniger harte Bezeichnung einer unangenehmen Tatsache; Beschönigung, Verhüllung; Umschreibung gewisser Tabus (*Rezession* vs. *Konjunkturrückgang, gentle inflation* vs. *schleichende Inflation*)
- Vermeidung von Wortwiederholung (*es gibt - es ist vorhanden - es e x i s t i e r t*); Synonyma
- großer metaphorischer Wert von englischen Wörtern in Lehnübersetzungen (*hinausgefeuert, Sexbombe, Gangstermethoden, Gehirnwäsche, Gipfelkonferenz*)[22]

1.3.2 Außersprachliche Gründe für den Fremdwortgebrauch

- wirtschaftliche, politische und kulturelle Internationalisierungstendenz
- Übersetzung zahlreicher Fachtexte aus dem Englischen / Fachsprachen
- Englischunterricht in der Schule
- Abhängigkeit der deutschen Massenkommunikationsmittel von den meist Englisch schreibenden Nachrichtenagenturen und Auslandskorrespondenten
- punktueller Übersetzungsverzicht in den Medien

Hier wird schnell deutlich, dass die verschiedenen Funktionen von Fremdwörtern nur subjektiv und von Fall zu Fall erfasst werden können. Es kann keinesfalls nach den definitiven, allgemeingültigen Funktionen von Anglizismen gefragt werden, da sich in der Auflistung z.T. widersprüchliche Aussagen finden, wie beispielsweise *Bedeutungsdifferenzierung* vs. *Nutzung der Vieldeutigkeit, um sich mit Aussage nicht genau festlegen zu müssen*. Darum kann lediglich gefragt werden, was eine bestimmte Entlehnung an einer bestimmten Stelle v e r m u t l i c h bewirken soll.

Zusammenfassend kann man an dieser Stelle festhalten, dass es für den englischen Einfluss auf die deutsche Sprache eine Reihe von durchaus verständlichen Gründen gibt. Insbesondere im Hinblick auf Sprachökonomie und Ausdrucksstärke hat das Englische einige Vorteile dem Deutschen gegenüber aufzuweisen. Allerdings scheint der Gebrauch englischer

---

[22] vgl. Heller 1966: 151 - 152 und Carstensen 1965: 268-269.

Fremdwörter v.a. in den letzten Jahren überhand zu nehmen[23], was durch eine "anhaltende Kritik an den Anglizismen im Deutschen" (Stickel 1994: 13) bestätigt wird.

Es ergibt sich an dieser Stelle die Frage, wieso ausgerechnet das Englische zu einer Sprache geworden ist, aus der die meisten anderen Sprachen in nicht geringem Maße Elemente entlehnen. Wieso hat sich gerade das Englische zu einer Sprache mit globalem Charakter entwickelt und nicht eine andere Sprache wie das Französische? Dieser Frage wird im folgenden Teil der Arbeit nachgegangen, wobei zunächst einige Charakteristika aufgeführt werden sollen, die das Englische in seiner Eigenschaft als Weltsprache aufweist. Auch wird auf den historischen Hintergrund eingegangen, der für das Englische bei seiner Entwicklung zur Weltsprache von entscheidender Bedeutung ist.

---

[23] vgl. Eingangsbeispiel in Kapitel 0 dieser Arbeit.

1.4 Zum Sonderstatus des Englischen

1.4.1 ENGLISCH ALS EINE "GLOBAL LANGUAGE"[24]

1.4.1.1 Charakteristika des Englischen in seiner Eigenschaft als Weltsprache

- Das Englische ist eine Sprache, die auf der ganzen Welt gesprochen wird, sei es als Muttersprache, Handelssprache, Verkehrssprache, etc.
- Englisch ist nicht mehr nur das "Eigentum" einer einzigen Nation, sondern hat viele verschiedene Funktionen (Muttersprache, Hilfssprache, Schriftsprache, Unterrichtssprache, Wissenschaftssprache, Fachsprache etc.).
- Englisch ist eine "Universalsprache" (im Zusammenhang mit der Globalisierung und modernen Kommunikationstechnologien), die in den verschiedensten Bereichen ihre Anwendung findet.
- Eine Weltsprache braucht eine starke Machtbasis (und zwar politisch, militärisch, ökonomisch und sozio-kulturell). Das Englische besitzt eine solche. Somit beruht das Heranwachsen einer Weltsprache nicht auf innersprachlichen Gründen:

> "A language does not become a global language because of ist intrinsic structural properties, or because of the size of its vocabulary, or it has been a vehicle of great literature in the past, or because it was once associated with great culture or religion." (Crystal 1997: 7)

Auf diese politische, militärische, ökonomische und sozio-kulturelle Machtbasis wird im folgenden eingegangen.

1.4.1.2 Der Weg des Englischen zur Weltsprache

Aufgrund geographisch-historischer und sozio-kultureller Gründe gibt es einen massiven Anstieg der Zahl der englischen Muttersprachler. Dies hängt u.a. mit der Ausweitung der britischen Kolonialmacht (Höhepunkt: Ende des 19. Jahrhunderts) und der wirtschaftlichen Macht der USA - insbesondere nach dem zweiten Weltkrieg - zusammen: Aufgrund des britischen Imperialismus ist Englisch auf der ganzen Welt präsent; sei es als erste Landessprache (USA, Großbritannien, Australien, etc.), als offizielle zweite Sprache in mehr-

---

[24] vgl. Crystal 1997.

sprachigen Ländern (z.B. Indien, Singapur) oder einfach als wichtige internationale Sprache in Ländern, in denen Englisch als Fremdsprache gelehrt wird.

Der amerikanische Linguist Braj Kachru hat diese komplexe Situation der Ausbreitung des Englischen um die Welt in einem Kreismodell veranschaulicht. Die drei konzentrischen Kreise des Modells beschreiben die verschiedenen Arten, wie das Englische angenommen wurde und wie es gegenwärtig gebraucht wird:

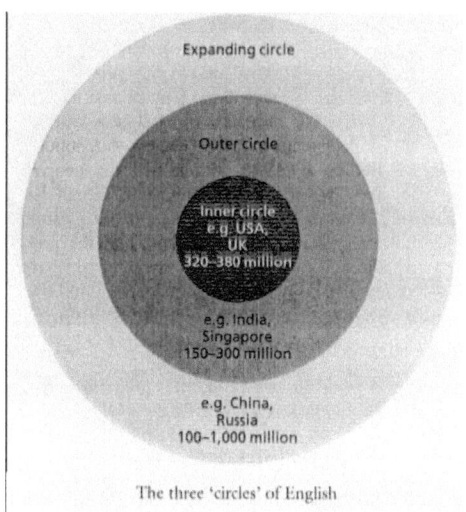

(aus: Crystal 1997: 54)

Abb. 1: Kreismodell nach Braj Kachru

- Der "inner circle" nimmt Bezug auf die traditionellen Ausgangsstationen des Englischen, also auf Länder, in denen es die Hauptsprache ist. (USA, Vereinigtes Königreich, Irland, Kanada, Australien und Neuseeland)
- Der "outer" oder "extended circle" umfasst die früheren Phasen der Expansion des Englischen in nicht-muttersprachliche Gebiete, in denen die englische Sprache offizielle Sprache der Hauptinstitutionen des jeweiligen Landes geworden ist und eine wichtige Rolle als Zweitsprache in mehrsprachigen Regionen spielt (Singapur, Indien, Malawi und über 50 weitere Gebiete).
- Der "expanding circle" beinhaltet solche Nationen, die die Bedeutung des Englischen als internationale Sprache anerkennen, auch wenn sie keine Kolonialisierungsgeschichte wie die Mitglieder des "inner circle" haben oder dem Englischen irgendeinen administrativen Status haben zukommen

lassen. (z.B. China, Japan, Griechenland, Polen und eine ständig steigende Zahl von weiteren Staaten – deshalb "expanding circle"). In den Mitgliedsstaaten dieser Gruppe wird Englisch als Fremdsprache gelehrt.

Insgesamt zählt Crystal rund 75 Gebiete[25] auf, in denen Englisch einen besonderen Status innehat, d.h. Gebiete, die Mitglied des "inner" bzw. des "outer circle" sind. Er kommt dabei zu einer Gesamtzahl von 337 Millionen Sprechern, die Englisch als ihre erste Sprache gelernt haben. Da die einzelnen Angaben teilweise auf Schätzungen beruhen, schwankt diese Gesamtzahl je nach Literatur zwischen 337 Millionen und 450 Millionen[26].

Des weiteren ist zu bedenken, dass diese Zahl noch nicht den dritten, umfangsreichsten, Kreis derjenigen Sprecher mit einschließt, die Englisch als zweite Sprache gelernt haben. Hier schwanken die Zahlenangaben zwischen 100 Millionen und einer Milliarde Sprechern, je nachdem, wie hoch man den Standard setzt, der von einem Sprecher mit Englisch als zweiter Sprache erwartet wird.

Nimmt man insgesamt Mittelwerte an, so kommt man auf eine Anzahl von ca. 1,2 bis 1,5 Milliarden Sprechern, die Englisch als Muttersprache oder fast so gut wie ihre Muttersprache beherrschen[27].

Das Englische hat sich zur Weltsprache in Wissenschaft und Kommunikation entwickelt. Die allgemeine Verbreitung der amerikanischen Kultur (Musik, Kleidung, Wirtschaftssystem, Fernsehen, Kino, Freizeitbeschäftigungen, Weltanschauung, Lebensweise), die internationale Zusammenarbeit und die führende politische und wirtschaftliche Rolle der Vereinigten Staaten sind verantwortlich dafür, dass das Englische seinen Einfluss auf die meisten Sprachen in der gegenwärtigen Epoche mehr und mehr erhöhen konnte. Folglich hat das Englische inzwischen "den Platz des Französischen als Verhandlungssprache auf dem internationalen Parkett und als Prestigesprache im täglichen Leben eingenommen" (Schelper 1995: 1).

---

[25] Die komplette Liste mit den Gebieten, die entweder Mitglied des inneren oder Mitglied des äußeren Kreises sind, findet sich in Crystal 1997: 57 – 60.
[26] Stand: 1995.
[27] vgl. auch Schelper 1995: 92.

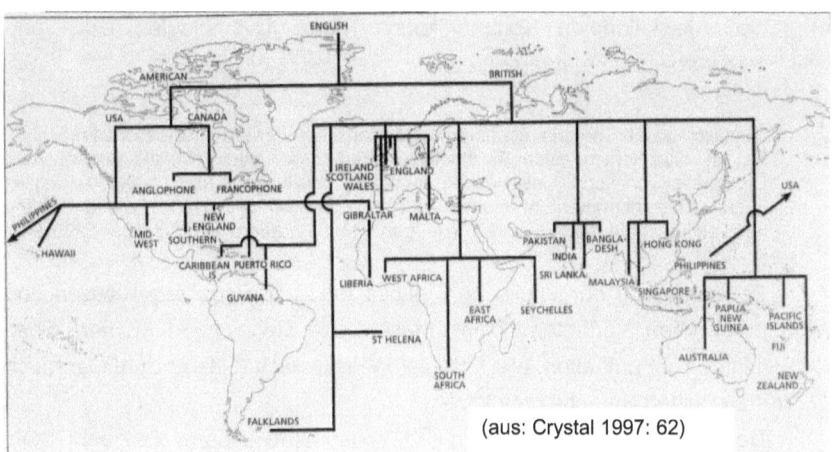

(aus: Crystal 1997: 62)

Abb. 2: Stammbaumrepräsentation des Weges, auf dem Englisch sich um die Welt ausgebreitet hat. Der Einfluss der beiden Hauptzweige des amerikanischen und des britischen Englisch wird ebenfalls dargestellt.

Vor allem nach 1945 gab es eine weitere Intensivierung des Entlehnungsstroms von Anglizismen in der ganzen Welt. Das Englische spielt eine tragende Rolle in:

a) internationalen Beziehungen und Organisationen (z.B. UNO, EU, etc.):

> "Es [Englisch] ist die am meisten benutzte Sprache in internationalen Organisationen, im internationalen Handel, auf internationalen Kongressen, im internationalen Flugverkehr, in der Informatik, in der Werbung, im Buchhandel." (Schelper 1995: 94)

b) den Medien (Presse, Werbung, Film, Musik etc.):

> "Die englischsprachige Presse ist die am weitesten verbreitete. Englischsprachige Nachrichtenagenturen beliefern die Zeitungen aller Länder. 80 % der computerisierten Information der Welt ist auf Englisch gespeichert. Die größten Fernsehnetzwerke und die meisten Kommunikationssatelliten der Welt senden ihre Programme und Informationen auf Englisch. Die amerikanische Film- und TV-Industrie dominiert den Weltmarkt. [...] Die Pop- und Jugendkultur mit ihrer überwiegend anglophonen Ausrichtung wirkt länderübergreifend. [...] Englisch ist die Sprache von allem, was „in" ist: Hightech, Discos, Bodybuilding, Umweltbewegung, Musikszene, Punks und Yuppies." (Schelper 1995: 92 - 93)
> "Wardhaugh (1987) gibt an, dass ein Fünftel aller neuen Bücher der Welt auf Englisch herausgegeben werden. Englisch ist daher auch die Hauptursprungssprache für Übersetzungen (39% aller Fälle). 1987 wurden in deutschen Verlagen 9325 Übersetzungen aus anderen Sprachen veröffentlicht (davon 6329 aus dem Englischen). Im selben Jahr wurden jedoch nur 2391 Lizenzen zur Übersetzung deutscher Bücher im Ausland vergeben. Mehr als die Hälfte der wissenschaftlichen und technischen Zeitschriften der Welt erscheinen auf Englisch." (Schelper 1995: 94)

c) der internationalen Kommunikation: neue Technologien, Luft- und Seefahrtssprache, Internet, etc.:

> "Englisch ist die Sprache, die die meisten Menschen der Welt beherrschen möchten. Es ist die Sprache von Technologie, Elektronik, Wissenschaft, Medizin und Diplomatie, von Sport, Unterhaltung, moderner Musik, Mode und Transport. 'English is the chief instrument of modernization. ... English is the chief window to the innovations of the modern world'." (Haugen 1987: 85; zitiert nach Schelper 1995: 94)

Somit erreicht der englische Einfluss fortan alle sozialen Klassen und alle sprachlichen Varianten. Selbst gesetzliche Regelungen können diese Entwicklung nicht aufhalten, wie sich u.a. in Frankreich (Gesetz zum Gebrauch der französischen Sprache) zeigt[28].

Das Englische hat sich zu d e r Weltsprache unserer Zeit entwickelt, wobei es - genau genommen - die erste Weltsprache überhaupt ist, d.h. die erste Sprache, die in der ganzen Welt dominant ist. Zwar gab es bereits früher schon wichtige Verkehrssprachen, wie beispielsweise das Lateinische, welches etwa vom Mittelalter bis in die Neuzeit hinein die dominierende internationale Verkehrssprache der Wissenschaften war; jedoch galt dies nicht für die ganze Welt, wie es heute beim Englischen der Fall ist, sondern nur für den Raum des europäischen Abendlandes. Selbiges gilt für das Französische, sowie für das Chinesische im ostasiatischen Raum oder das Spanische in Südamerika[29].

1.4.2 ENGLISCHER EINFLUSS ALS INTERNATIONALES PHÄNOMEN

Mit der Darstellung des Phänomens des Englischen als Weltsprache ist deutlich geworden, dass es sich beim englischen Einfluss um ein internationales Phänomen handelt. Es erscheint daher kaum verwunderlich, dass nicht nur das Deutsche unter einem anscheinend immer größer werdenden Einfluss des Englischen steht.

> "Schon Ende des 17. Jahrhunderts/ Anfang des 18. Jahrhunderts übernahmen die kontinentaleuropäischen Staaten in immer größerer Zahl englische Begriffe, die über den ursprünglichen Entlehnungsbereich des Handels und der Seefahrt hinausgingen. Seitdem wird diese Tendenz durch die politische und wirtschaftliche Vormachtstellung der anglophonen Länder, ihre hohe Sprecheranzahl und die

---

[28] vgl. Schelper 1995: 1.
[29] vgl. Niederhauser 2000: 181.

relative Einheitlichkeit der Sprache (z.B. im Unterschied zum Chinesischen) unterstützt und ist ständig im Steigen begriffen." (Schelper 1995: 90 f.)

Diese Tendenz der Anglisierung und Amerikanisierung der Gegenwartssprache stellt somit u.a. eine europäische Sprachbewegung dar, die sogar in einigen Ostblockstaaten registriert wird.

Braun (1979: 130 – 131) verweist hierbei auf vergleichende Untersuchungen von Duckworth (1979: 212 ff.), die im Gegensatz zu einzelsprachlichen Analysen, welche zu Perspektivenverengungen und Verzerrungen führen, zu dem Ergebnis kommen, dass beispielsweise die Fremdwortübernahme in anderen Sprachgemeinschaften großzügiger als in Deutschland abläuft. Belegt wird diese These bei Duckworth mit Beispielen aus dem Niederländischen, Dänischen und Schwedischen.

Das Besondere hierbei ist, dass die europäischen Staaten im großen und ganzen dieselben Anglizismen entlehnen. Dies ist dadurch bedingt, dass viele Anglizismen von den entlehnenden Sprachgemeinschaften untereinander weitergegeben werden[30]; daher spricht man auch gelegentlich von einem "Euro-Englisch".

Dabei haben viele europäische Sprachen relativ große Lehnwortbestände vorzuweisen, die in einzelsprachlicher Betrachtung vielfach als "störend" oder als "schädlich" erscheinen. Betrachtet man die Lehnwortbestände allerdings sprachvergleichend, so stößt man auf Sprachinseln mit übernationalen Gemeinsamkeiten, die mit dem Begriff des "Internationalismus" erfasst werden.

Als Ursachen für das Zustandekommen von "Internationalismen" in der deutschen, englischen und französischen Sprache finden sich bei Braun (1979: 130 – 131) die folgenden:
- indoeuropäische Sprachverwandtschaft
- wechselseitige Entlehnungen aus den drei Sprachen
- Entlehnungen aus nichteuropäischen Sprachen
- Sprachkonventionen in übernationalen Institutionen (Kirchen, Verbände)
- Sprachregelungen in internationalen Fachsprachen
- Informationsaustausch durch internationale Nachrichtenagenturen

Viele dieser Internationalismen kommen nicht nur in der deutschen, englischen und französischen Gegenwartssprache vor, sondern sie gehören zu den Standardwortschätzen vieler europäischer Sprachen und bilden

---

[30] Bsp.: dt. *Streik* > serbokroat. *straijk*, dt. *Smoking, Dressman, Pulli* > dän. *smoking, dressman, pullie*, dt. *Keks* > ung. *keksz*; vgl. Schelper 1995: 91.

"Kernzellen für eine fortschreitende Internationalisierung" (Braun 1979: 138). Ständig kommen neue Internationalismen hinzu - vor allem aus dem Bereich der verschiedenen Fachsprachen -, wobei viele von ihnen von vornherein auf Internationalität hin angelegt sind. Insgesamt liegt also eine Tendenz der Lehnwortschätze zur Internationalisierung vor, die sich u.a. auch daran erkennen lässt, dass jüngere Entlehnungen nicht mehr in dem Maße an die entlehnende Sprache angepasst bzw. integriert werden, wie das bei älteren zu beobachten war (z.B. engl. *strike*/ dt. *Streik*). Weitere Gründe für die häufig reduzierte Integration von neueren entlehnten Fremdwörtern wurden bereits in Kapitel 1.2.4.1 dargestellt.

> "Obwohl die europäischen Sprachen sich – genetisch gesehen – immer mehr von den gemeinsamen Ursprungssprachen entfernt haben, verraten die Wortbestände der Internationalismen Tendenzen der Gemeinsamkeit und der gegenseitigen Annäherungen, vor allem auf der Ebene des Wortschatzes." (Braun 1979: 138)

Heute scheint es nur noch eine Entlehnungsrichtung zu geben, und zwar vom Englischen in alle anderen Sprachen. Entlehnungen aus anderen europäischen Sprachen, wie beispielsweise dem Französischen, Spanischen, Italienischen oder gar dem Portugiesischen, sind selten geworden. Englisch scheint das Maß aller Dinge zu sein.

In Kapitel 1.4.1.2 wurden Bereiche aufgezählt, in denen das Englische heute eine tragende Rolle spielt. Bezieht man diese mit in Betracht, so wird deutlich, dass sich das Englische nicht nur per Entlehnungen ausbreitet, sondern auch mit seinem immer größer werdenden Anwendungsbereich als Fachsprache innerhalb nicht-englischsprachiger Staaten und im internationalen Verkehr. Damit geht gleichzeitig als logische Konsequenz der Gebrauch fast aller anderen Sprachen in diesen Bereichen zurück, und zwar sowohl im Ausland als auch als Fachsprache in ihrem jeweils eigenen Land[31].

Wie ebenfalls in Kapitel 1.4.1 dargelegt wurde, ergeben sich die Voraussetzungen für die Entwicklung einer Weltsprache aus ihrer geographischen Verbreitung sowie dem wirtschaftlichen und politischen Einfluss ihrer Ursprungsstaaten. Zudem sind die Anzahl und die Ausdehnung der Funktionen einer Sprache (Muttersprache, Hilfssprache, Schriftsprache, Unterrichtssprache, Wissenschaftssprache, Fachsprache etc.) für ihre Verbreitungsdynamik bzw. ihren Vitalitätsgrad von Bedeutung.

---

[31] vgl. Schelper 1995: 94 –95.

"Ausbau, Erhalt oder Rückgang einer Sprache hängen von dem Ausmaß der (neuen) Informationen ab, die sie vermittelt. Dabei etabliert sich eine Art Zirkelschluß: Je nützlicher eine Sprache wird, desto mehr wird sie benutzt, je mehr eine Sprache benutzt wird, desto nützlicher wird sie." (Schelper 1995: 95)

Damit stellt das Englische die optimalen Voraussetzungen zur Entwicklung zur Weltsprache bereit, deren "Siegeszug" in absehbarer Zeit wohl kaum gestoppt werden kann.

1.4.3 BESONDERHEITEN DES ENGLISCHEN SPRACHEINFLUSSES[32]

Abschließend sollen die Besonderheiten des englischen Einflusses zusammenfassend dargestellt werden, bevor im zweiten Kapitel konkrete Beeinflussungen der englischen Sprache aufgezeigt werden.

Zunächst bleibt zu bemerken, dass eine Großzahl englischer Wörter gerade in den letzten Jahrzehnten ins Deutsche aufgenommen wurden. Damit stellt die englische "Invasion" die bisher letzte Welle des Fremdspracheneinflusses dar. Es handelt sich um einen Einfluss, der aktuell spürbar und daher für das heutige Deutsch besonders charakteristisch ist. Damit ist er für die öffentliche Diskussion über Sprachfragen besonders relevant.

Als zweite Besonderheit fällt beim heutigen Einfluss des Englischen auf, dass er nicht nur einige wenige soziale Schichten bzw. spezifische Personenkreise betrifft, sondern die gesamte Bevölkerung. Frühere Fremdwortentlehnungen waren in der Regel nur in der Sprache bestimmter sozialer Schichten vorhanden, wie beispielsweise der Sprache der Adeligen oder der Gebildeten. Dies hängt sicherlich nicht zuletzt mit den modernen Massenkommunikationsmitteln und der Werbung der Gegenwart zusammen, die ein Haupteinfallstor für Anglizismen darstellen.

Schließlich ist das bereits in Kapitel 1.4.1 abgehandelte Phänomen des Englischen als Weltsprache zu nennen, welches eine weitere Besonderheit des englischen Einflusses darstellt, da es ein global auftretendes Phänomen ist. Das Englische verändert nicht nur eine Sprache, wie beispielsweise das Deutsche, sondern übt seinen Einfluss auf einen Großteil der Sprachen der Erde aus, da das Englische immer mehr die Rolle einer internationalen Lingua franca einnimmt.

---

[32] vgl. Niederhauser 2000: 181 und Hoberg 1996: 139.

Abschließend soll kurz auf die Vor- bzw. Nachteile von Fremdwörtern eingegangen werden, um so bereits auf die Problematik von übermäßigem Fremdwortgebrauch hinzuweisen, bevor im zweiten Kapitel die spezifischen Einflüsse des Englischen auf das Deutsche sowie auf das Französische behandelt werden.

1.5 Pro und Kontra der Übernahme von Fremdwörtern[33]

1.5.1 PRO

- Bereicherung einer Sprache durch Differenzierung und Spezifizierung; neue Sichtweisen werden ermöglicht.
- In Fach- und Wissenschaftssprachen eignen sich Fremdwörter besonders gut zur Begriffsbildung, da sie den Unterschied zwischen Fach- und Gemeinsprache deutlicher machen und es daher weniger zu Missverständnissen kommt.
- Fremdwörter erleichtern die internationale Kommunikation (v.a. in den Fachsprachen).

1.5.2 KONTRA

- Fremdwörter sind oft überflüssig, da sie in vielen Fällen leicht durch deutsche Wörter ersetzt werden könnten.
- Fremdwortgebrauch ist häufig nichts weiter als Angeberei, Imponiergehabe oder Demonstration des eigenen Status.

> "Man könnte auch von einem „kollektiven Imponiergehabe" sprechen, wenn Vereinigungen, Firmen, Berufsgruppen sich oder ihre Produkte unnötigerweise mit Fremdwörtern bezeichnen oder mit fremdsprachigen Elementen Wörter erfinden, die es in der Ausgangssprache gar nicht gibt [*Twen, Dressman, Handy, Showmaster*]."
> (Hoberg 1996: 141).

- Fremdwörter verändern eine Sprache, also auch das Deutsche, insofern, als dass sie diese der Ausgangssprache angleichen.

---

[33] vgl. Hoberg 1996: 140 – 141 und Schelper 1995: 98 – 102.

2 Spezifische Einflüsse des Englischen auf das Deutsche bzw. das Französische

2.1 Einflüsse des Englischen auf das Deutsche

Generell ist zum englischen Einfluss zu sagen, dass Entlehnungen aus dem Englischen erst seit dem späten 19. Jahrhundert auffällig sind. Zahlreiche Begriffe englischer Herkunft, die bislang nur der philosophischen, politischen oder ökonomischen Fachliteratur bekannt waren, wurden nun zu Gemein-sprachwörtern, deren Gebrauch nicht auf bestimmte Fachbereiche beschränkt war. Als Gründe sind hierfür u.a. die Industrielle Revolution und erste Ansätze der Demokratisierung in Deutschland zu nennen[34].

England galt im 19. Jahrhundert als großes Vorbild in Industrie und Handel, im Verkehrswesen, im Pressewesen und seit der zweiten Hälfte auch in der Politik bei der Ablösung der ständischen Gesellschaftsordnung durch die repräsentative Demokratie in heftigen Kämpfen. Daher erscheint es kaum verwunderlich, dass gerade Termini aus diesen Bereichen entlehnt wurden und so Einzug in die deutsche Sprache hielten: *Kartell, Trust, Partner, Standard - Lokomotive, Tender, Tunnel, Viadukt, Waggon, Expreß - Leitartikel, Essay, Reporter, Interview - Demonstration, radikal, lynchen, Stimmvieh, Mob, Streik, Imperialismus*[35].

Heute ist der amerikanische Anteil kaum mehr vom britischen zu unterscheiden, da das britische Englisch seit dem Eingreifen Amerikas in den europäischen Krieg (1917) ebenfalls unter starkem amerikanischen Einfluss stand; "die USA übernimmt Englands Rolle als Weltmacht und Prestige-Nation" (Munske 1980: 668).

Die Hauptgebiete des angelsächsischen Spracheinflusses sind dabei folgende[36]:

- Wirtschaft: *Boom, Marketing, Trend, Service, Supermarkt*
- Technik: *Datenverarbeitung, Radar, Transistor*
- Vergnügungsindustrie: *Musical, Live-Sendung, Quiz*
- Körperpflege, Kleidung, Essen, Wohnen, Freizeit: *Make-Up, Blazer, Ketchup, Swimmingpool, Hobby-Raum*

---

[34] vgl. Polenz 1999: 401.
[35] vgl. ebd.
[36] vgl. Munske 1980: 668.

- Wissenschaft, Politik, Wehrwesen: *Gipfelkonferenz, Spätentwickler, Sprachlabor*

2.1.1 EINFLÜSSE DES ENGLISCHEN AUF DAS DEUTSCHE VOR UND NACH 1945

2.1.1.1 Einflüsse des Englischen auf das Deutsche vor 1945

Bereits im 8. Jahrhundert gab es mit der angelsächsischen Mission die ersten englischen Einflüsse auf die deutsche Sprache, wobei es sich dabei vorwiegend um Lehnbedeutungen im kirchlichen Bereich handelte. Mit der Erweiterung des Handelsnetzes der Hanse auch auf England gab es Anfang 1300 weitere kleinere englische Einflüsse, die zuerst im Niederdeutschen auftraten, und damit zunächst hauptsächlich für die Küstenzone eine Bedeutung hatten.

Erst im 17. Jahrhundert, als im Rest Europas durch die politischen Umwälzungen in England, beispielsweise durch die Bürgerliche Revolution (1642 – 1648), die Hinrichtung Karls I. (1649), Cromwells Republik (1649 – 1660) und die zweite ("Glorious") Revolution (1688) ein Interesse an England erwachte, setzte ein größerer Entlehnungsstrom ein, welcher sich vorwiegend auf politische Institutionen und die Staatsverfassung bezog. Auch das Gesellschafts- und Geistesleben Deutschlands orientierte sich mehr und mehr an dem Englands, da die englische Zivilisation an Prestige gewonnen hatte.

Ende des 17. Jahrhunderts/ Anfang des 18. Jahrhunderts wurde Englisch erstmals an deutschen Schulen unterrichtet, die erste deutschsprachige Grammatik der englischen Sprache (1686) sowie das erste englisch-deutsche Wörterbuch (1706) erschienen, erste englische Entlehnungen traten in der Presse auf, und Reiseberichte über England wurden sehr beliebt.

Mit dem Anwachsen des britischen Kolonialreiches, der Industriellen Revolution, den Errungenschaften der englischen Wissenschaft (Bacon, Boyle, Newton) und der Entwicklung des Zeitungswesens konnte England seine Prestigestellung mehr und mehr ausbauen. Im Gegensatz zu Deutschland, wo zu dieser Zeit noch immer das Lateinische die Sprache der Wissenschaft war, verfassten englische Gelehrte bereits in dieser Zeit ihre Werke auf Englisch.

Die englische Literatur, englisches Theater (Addison, Defoe, Fielding, Milton, Percy, Pope, Richardson, Shakespeare, Sterne, Young) und auch die englischen Denker (Hume, Locke, Shaftesbury) übten einen großen Einfluss auf Deutschland aus, so dass Reisen nach England, auch zu Bildungszwecken, immer zahlreicher wurden. Daher stammen die Entlehnungen aus dem 18. Jahrhundert vorwiegend aus dem geistigen Bereich, während im 19. Jahrhundert der Einfluss aufgrund zunehmender englischer Erfindungen und Entdeckungen eher auf praktischen und technisch-materiellen Gebieten lag (Eisenbahn, Presse und modernes Gesellschaftsleben) [37].

Bereits um 1900 galt es im Gesellschaftsleben von Berlin als modisch, Englisch als Konversationssprache zu benutzen. So wurde das Französische vom Englischen als Renommiersprache in der besseren Gesellschaft abgelöst. Ins Deutsche übernommen wurden in dieser Zeit Begriffe wie *Gentleman, Snob, Selfmademan, Club, Toast, Keks, Whiskey, Sherry...* Zudem waren zahlreiche moderne Anglizismen wie beispielsweise *Film, Bestseller, Bluff, Jazz, Song, Foxtrott, Pullover, Manager* oder *tanken* bereits in den 20er Jahren in Deutschland üblich.

Aufgrund der puristischen Haltung während des 1. Weltkriegs und in der frühen Nazizeit kam es zu vorübergehenden Rückläufigkeiten des ansonsten ständig steigenden englischen Lehneinflusses. Jedoch wurde die sprachliche Beeinflussung nach dem ersten Weltkrieg weiterhin durch den starken wirtschaftlichen Einfluss Amerikas begünstigt[38].

2.1.1.2 Einflüsse des Englischen auf das Deutsche nach 1945

Nach Ende des zweiten Weltkrieges kam es zu einer noch intensiveren Zunahme des englischen Lehneinflusses. Zum einen kann dies als politische Reaktion gegen Nationalismus und Isolationismus aufgefasst werden, zum anderen spielt hierbei die Besatzungszeit in Westdeutschland nach 1945 eine wichtige Rolle. Durch den engen Kontakt zwischen Deutschen und Amerikanern bzw. Engländern wurde die Übernahme englischer Begriffe begünstigt.

Auch die amerikabezogene Bündnispolitik mit ihren internationalen Organisationen und der damit verbundenen Förderung von Internationalismen englischer Herkunft und des Englischen als Verkehrssprache im politischen, militärischen und wirtschaftlichen Bereich kann für den immer stärker werdenden Einfluss nicht nur auf das Deutsche, sondern auch auf alle westeuropäischen Sprachen verantwortlich gemacht werden.

---

[37] vgl. Schelper 1995: 88 - 90.
[38] vgl. Polenz 1999: 401f.

Ebenso bedeutend ist der Einfluss durch die Medien (Printmedien, Hörfunk, Film und Fernsehen, Musik, Internet, etc.) und die immer wichtiger werdende internationale Kommunikation[39].

Die "Amerikanisierung", also der starke englische Einfluss, reicht nach dem zweitem Weltkrieg bis in das einfache private Gesellschaftsleben (*Teenager, Make-up, Music-Box, Bikini, Sex, Striptease, Callgirl, Playboy, Rocker,...*).

In der Nachkriegszeit findet sich außerdem bei allen sozialen Schichten eine aktiv aufnehmende Sprachhaltung, "wobei man möglichst viele von den kleinen, äußerlichen und als neu, freiheitlich und modern bewerteten Dingen mit englischen Wörtern benannte". (Polenz 1999: 402)

Zusammenfassend lassen sich die wichtigsten Gründe für fremdsprachliche Übernahmen aus dem Englischen wie folgt darstellen[40]:

Zum ersten spielt mit Sicherheit die Besatzungszeit nach dem zweiten Weltkrieg eine große Rolle für den enormen Einfluss des Englischen auf das Deutsche. Zum zweiten kann man sagen, dass die USA aufgrund ihrer wirtschaftlichen Stärke und Überlegenheit in dieser Zeit eine Art sprachliche Sogwirkung auf Deutschland ausübte. Drittens waren auch kulturelle Gründe von Bedeutung. "So haben z.B. englische Punks und Rocker die Sprache der westlichen Jugendsubkultur der siebziger und achtziger Jahre entscheidend mitgeprägt." (Gärtner 1997: 134)

> "Schließlich kann ein Land technisch-zivilisatorisch anderen Ländern so überlegen sein oder auch erscheinen, daß seine gesamte Lebensgestaltung für andere Länder einen Vorbildcharakter bekommt und natürlich auch einen entsprechenden Wortschatz zusammen mit seinen Innovationen exportiert." (Gärtner 1997: 134)

Genau dies trifft für die USA zu, und zwar insbesondere für die Zeit nach dem zweiten Weltkrieg. "Der amerikanische Lebensstil wurde zur Messlatte für vieles im täglichen Leben der Europäer." (Gärtner 1999: 24)

In Kapitel 1.5 wurden bereits die Vor- und Nachteile des Fremdwortgebrauchs generell angesprochen. Wie sind aber nun die Konsequenzen des englischen Spracheinflusses auf das Deutsche zu bewerten? Es gilt zu klären, inwieweit die bereits mehrfach angesprochene Anglizismenkritik gerechtfertigt ist, ob gar von einer "Verenglischung" der deutschen Sprache die Rede sein

---

[39] vgl. Kapitel 1.4.1.2 dieser Arbeit.
[40] vgl. Gärtner 1997: 134.

kann, oder ob viele Sprachkritiker lediglich übertreiben und es sich bei den englischen Spracheinflüssen nur um "peanuts" handelt.

2.1.2 "VERENGLISCHUNG"/ "AMERIKANISIERUNG" DES DEUTSCHEN

2.1.2.1 Gründe für die negative Bewertung von Anglizismen

Zahlreiche Sprachkritiker klagen über unmäßigen Fremdwortgebrauch in der Sprachpraxis der Öffentlichkeit und der Institutionen. Je nach der meist implizierten Bildvorstellung wird dabei angenommen, dass das Deutsche von Fremdwörtern – insbesondere von Anglizismen - "zerstört, vernichtet, zersetzt, verschandelt, beschmutzt, angefressen, durchsetzt, verseucht, verletzt, verstümmelt, misshandelt, verhunzt, verunglimpft, beleidigt, unterwandert, durchtränkt, verwässert, überspült, überflutet" oder "überschwemmt" (Stickel 1984b: 298) wird. Auf diese Weise "verwildert, verkommt, verludert, verarmt" die deutsche Sprache, "geht unter" oder "trocknet aus" (ebd.).

Laut Braun (1998: 190) sind diese Klagen teilweise auch berechtigt. Aber kann deshalb gleich die Rede von einer "Verenglischung" oder "Amerikanisierung" des Deutschen sein? Dieser Frage soll im vorliegenden Kapitel nachgegangen werden. Vorab erscheint es mir sinnvoll, einige Gründe für die negative Bewertung der Anglizismen zu finden, nachdem diese in Kapitel 1.3 noch so viele Vorteile gegenüber den deutschen Begriffen aufzuweisen hatten.

Stickel (1984a: 46 f.) gibt eine recht ausführliche Liste von möglichen Gründen für die negative Bewertung von Anglizismen, steht allerdings einigen von diesen sehr kritisch gegenüber. So spricht er von "denkfauler Übernahme sprachlicher Elemente aus dem Englischen, die den neuen Bedürfnissen nicht mehr angepasst wurden", so dass das Deutsche angeblich nach und nach seine Literaturfähigkeit verlieren würde. Zusätzlich würden differenzierte Bezugsmöglichkeiten durch Pauschalanglizismen ersetzt[41], so dass die Sprache allmählich verarmen würde.

Schelper (1995: 98) präzisiert diese Aussage, indem sie sagt, dass extreme Entlehnung aus dem Englischen zur Folge haben kann, dass andere Sprachen sich nur in reduzierter Form weiterentwickeln. Die natürliche Kreativität und Anpassungsfähigkeit einer Sprache könnte gehemmt werden,

---

[41] Bsp.: nur noch *Team* statt *Gruppe, Gemeinschaft, Mannschaft* (aus Stickel 1984a: 46).

wenn diese ihren Bedarf an Ausweitung, Erneuerung und Standardisierung so gut wie gar nicht mehr mit ihren eigenen Mitteln oder Traditionen deckt, sondern überwiegend auf direkte Entlehnungen aus der jeweiligen Prestigesprache zurückgreift. Dies gilt insbesondere dann, wenn sogar eigene Erfindungen oder Produkte mit englischen Namen belegt werden. Es entsteht ein Teufelskreis, der darin besteht, dass aufgrund einer möglichen Verarmung der Sprache noch mehr auf die Prestigesprache zurückgegriffen werden muss, da ein moderner Wortschatz mit den eigenen sprachlichen Wurzeln nicht mehr ausreichend vorhanden ist.

Auch ist bei Stickel die Rede von einem "lächerlich machen vor den Briten und Amerikanern durch den Gebrauch von Anglizismen", und zwar insbesondere von den selbstgemachten Scheinentlehnungen, wie beispielsweise *Showmaster*. Zusätzlich führt Stickel die Besorgnis an, die sprachliche Anbiederung sei würdelos und der Gebrauch von Anglizismen grenze soziale Gruppen voneinander ab. Deshalb könnte durch übertriebene Entlehnung aus dem Englischen und die fachsprachliche Abwandlung der Wortbedeutung die Verständigung zwischen Fachleuten verschiedener Gebiete bzw. zwischen Fachleuten und Laien immer schwerer werden, oder die Verständigung mit älteren Menschen könnte durch Anglizismen, die v.a. von der mittleren und jüngeren Generation gebraucht werden, beeinträchtigt werden.

Als weiteren Grund der negativen Bewertung von Anglizismen gibt Stickel an, dass Anglizismen die Werbe- und Verkaufssprache verschleiern und nicht informieren. Außerdem würde Deutsch lernenden Ausländern der Lernerfolg durch viele Anglizismen erschwert, wobei hier v.a. die Pseudoentlehnungen und Mischbildungen eine Rolle spielen. Schließlich könnte man meinen, dass durch das Eindringen von immer mehr Anglizismen die nationale Identität gefährdet wird.

Schelper (1995: 98) spricht zusätzlich die Tatsache an, dass Wissenschaftler aller Länder in zunehmendem Maße auf englisch publizieren. Deutschsprachige Beiträge werden in vielen Zeitschriften und Zeitschriftenreihen häufig gar nicht mehr zugelassen, selbst wenn sie in deutschsprachigen Ländern erscheinen[42]. Dies mag damit zusammenhängen, dass Publikationen, die auf englisch verfasst sind, eine wesentlich größere

---

[42] vgl. Schelper 1995: 99.

Leserschaft haben und damit für die Verlage einträglicher sind[43]. Auch das Vorurteil, dass die Spitzenforschung englisch spreche, führt zu einer vermeintlich stets steigenden Geringschätzung deutschsprachiger Veröffentlichungen sowie mündlicher Vorträge. Schelper zitiert hier Coulmas (1987): "Try to give a paper in Chinese at an international conference, not to speak of German, Italian or some other minor languages. Nobody will listen to you".

Zudem wollen sich viele deutsche Wissenschaftler unbedingt in der Weltsprache Englisch profilieren, und wegen der vernachlässigten Sprachausbildung an den Schulen sind ausländische Wissenschaftler, allen voran englischsprachige, immer weniger fähig oder willens, deutschsprachige Quellen zu konsultieren. In diesem Zusammenhang verweist Schelper auf Arbeiten von Bär (1989) und Skudlik (1990), welche von "einem einsprachigen bzw. nationalistischen Rezeptionsverhalten englischsprachiger Wissenschaftler" berichten:

> "Briten zitieren i.a. nur britische und amerikanische Quellen. Amerikaner zitieren i.a. nur amerikanische Quellen. Zahlreiche amerikanische Wissenschaftler lesen grundsätzlich keine Arbeiten europäischer Kollegen, selbst wenn sie auf englisch verfasst sind. Chancen, gelesen zu werden, haben europäische Arbeiten nur, wenn sie in einer amerikanischen Fachzeitschrift erscheinen." (Schelper 1995: 102)

Dadurch gewinnen englischsprachige wissenschaftliche Zeitschriften auf Kosten von Publikationen in anderen Sprachen immer mehr an Prestige, weshalb anderssprachige Publikationen mehr und mehr als zweitrangig angesehen werden. Wieder entsteht ein Teufelskreis, in dem die deutsche Wissenschaftsterminologie nicht mehr ausgebaut wird, verarmt und damit schrittweise ihre Fachsprachenfähigkeit verliert. Folglich wird Deutsch in den Wissenschaften noch weniger benutzt.

Damit sind deutsche Wissenschaftler (sowie andere Wissenschaftler, die Englisch nicht als Muttersprache haben) anglophonen Forschern gegenüber benachteiligt, da sie sich in einer Fremdsprache artikulieren müssen. Nur wenige sind dazu in der Lage, ihre Arbeiten ohne Hilfe in präsentablem Englisch abzuliefern[44].

---

[43] "Der schweizerdeutsche Verlag Karger (Medizin) publiziert zu 95 % auf englisch, der wissenschaftliche Springer-Verlag zu 60 %. Sprachwissenschaftliche, sogar germanistische, Bücher erscheinen bei den traditionellen Verlagen *de Gruyter* (Berlin), *Narr* (Tübingen), *Niemeyer* (Tübingen), *Winter* (Heidelberg) immer mehr auf englisch." (Schelper 1995: 101)
[44] vgl. Schelper 1995: 102.

Schließlich nennt Schelper noch Kongresse innerhalb deutsch- bzw. französischsprachiger Länder, auf denen Deutsch bzw. Französisch immer weniger benutzt wird. Auch besteht die Tendenz in mehreren Fachbereichen (z.b. Psychologie, Medizin, Biologie), wissenschaftliche Zeitungen, die in deutschsprachigen Ländern veröffentlicht werden, auf englische Namen umzutaufen.

> "Man kann sich kaum mehr vorstellen, wie ein Wissenschaftler, der des Englischen nicht mächtig ist, mit den neuen Erkenntnissen seiner Fachrichtung Schritt halten kann." (Schelper 1995: 99)

2.1.2.2 Einflüsse auf den Wortschatz

Die Meinungen, in wie weit die englischen Einflüsse tatsächlich für das Deutsche "schädlich" sind, gehen weit auseinander. Polenz (1999: 402) beispielsweise meint hierzu folgendes:

> "Das Ansteigen der Entlehnungen aus dem Englischen im 20. Jahrhundert läßt sich nur sehr ungefähr q u a n t i t a t i v einschätzen. Trotz wiederholter sprachkritischer Alarmrufe wegen ‚Engländerei', ‚Überflutung' usw. bleibt bis heute der Anteil von Angloamerikanismen in nicht zu speziellen öffentlichen Texten, z.B. Nachrichten, Kommentaren, Reportagen, Bekanntmachungen, relativ gering; wahrscheinlich nicht stärker als der französische bzw. italienische Anteil in deutsch-fremdsprachiger Mischsprache im mündlichen Verkehr höfischer Kreise in der Zeit des Absolutismus. Englisch ist in mancher Hinsicht nur an die Stelle von Latein und Französisch als Bildungs- und Weltsprache getreten; nur daß jetzt der größte Teil der Sprachbevölkerung im öffentlichen und beruflichen Leben daran aktiven und passiven Anteil hat."

Demgegenüber steht Stickel (1994: 13). Er nimmt an, dass

> "Anzahl und Gebrauchshäufigkeit der Anglizismen in der Gegenwartssprache w e n i g s t e n s [meine Hervorhebung] ebenso groß sind wie die der Gallizismen, der Entlehnungen aus dem Französischen, im Deutsch des 18. und 19. Jahrhunderts. Mittlerweile werden sogar manche alte Gallizismen durch Anglizismen ersetzt, z.B. *Appartement* durch *Apartment, Bankier* durch *Banker, Mannequin* durch *Model, Rendezvous* durch *Date*."

Stickel sagt folglich, dass der heutige Einfluss des Englischen größer ist, als es der französische im Deutsch des 18. und 19. Jahrhunderts war. Auch sein Argument, dass heute zahlreiche alte Gallizismen durch Anglizismen ersetzt werden, trägt dazu bei, Polenz' Argumentation in diesem Punkt zu entkräften.

Polenz fährt nun aber fort und spricht die Frequenz der Anglizismen in diversen Fachsprachen gegenüber ihrer Frequenz in der "normalen" Alltagssprache an:

> "Das Ausmaß der Entlehnungen aus dem Englischen darf nicht einseitig von Spezialtexten her berechnet werden, die die Sprachbezeichnung ‚deutsch' kaum mehr verdienen, vor allem in Technik, Wirtschaft, Naturwissenschaften, Luftverkehr, bestimmten Sportarten, Pop-Musik, Rauschgiftszene, Graffitikunst, usw., wo verschiedene Grade von Sprachmischung praktiziert werden, bis hin zu dem Extremfall, daß nur noch Funktionswörter (Artikel, Pronomen, Hilfsverben, Präpositionen, Konjunktionen) indigener Herkunft sind, z.B. eine Flugplanbeschreibung bei der Bundesluftwaffe: „*Wir machen den climb out in parade formation [...] ich fliege leader. Number two rechts. Wir machen take-off [...] wenn wir airborne sind und das gear eingefahren ist, gibt jeder dem leader ein thumbs up für closed pannels [...]*. – Mit solchen englisch-deutschen Mischtexten, die auch Übertreibungen, Albernheiten und falsches Englisch nicht scheuen, werden neuerdings von sprachlich ‚abheben-den' Werbeagenturen, mit der Berufung auf *Zeitgeist* und *Globalisierung*, nicht nur Werbetexte, sondern auch Rechnungen an alte Telefonkunden angeblich ‚attraktiver' gemacht, z.B. mit *City-Call, German-Call, Global-Call* statt des üblichen (*Ortsgespräch, Ferngespräch, Überseegespräch*), *Holiday-Plus-Gespräch, T-Vote-Call, City-Weekend-Tarif* usw., was dem Institut für deutsche Sprache volle Briefkästen mit wütenden Zuschriften beleidigter und/ oder überforderter Telefonkunden einbringt (aus: Der Spiegel, 17, 1998, 124 f.)." (zitiert nach Polenz 1999: 403)

Ähnliches findet man auch in manchen Ausprägungen der Jugendsprache. Gärtner (1997: 133) gibt hierfür in seinem Festvortrag auf der Jahreshauptversammlung der Gesellschaft für deutsche Sprache am 25. April 1997 in Erfurt ein passendes Beispiel:

> "Hi, folks, ich fühle mich mentally richtig angetörnt, wenn ich euch so mit den Blicken echter Languagefreaks vor mir sehe. Und ich hoffe, daß ich euch noch etwas geistig anpowern kann, denn ihr seid ja nicht zum Relaxen oder etwa zu einem Smoke-in hergekommen. Auch wünsche ich mir, daß ihr meine Speech nicht als uncooles Smalltalk nehmt, sondern versucht, meine Key-Points zu verstehen, auf daß aus unserem heutigen Meeting ein echter Event wird."

Es bleibt an dieser Stelle festzuhalten, dass spezielle Fachsprachen sowie auch die Jugendsprache von der Standardsprache der Erwachsenenwelt deutlich zu unterscheiden sind. Auch Carstensen (1984: 53) stellt eine Diskrepanz zwischen dem riesigen Angebot an Anglizismen in den Massenmedien und der tatsächlichen Verwendung von englischem Wortgut in der deutschen Gegenwartssprache fest. Selbiges findet sich bei Busse (1999: 19), der ebenfalls der Meinung ist, dass dringend zwischen Allgemeinsprache und Fach- und Sondersprachen unterschieden werden muss; denn "die Zahl der Anglizismen z.B. im Computerwesen, in der Werbe- und Jugendsprache ist ungleich höher als in der Allgemeinsprache." Die Jugend versucht, sich durch Sprache von der "normalen" Erwachsenenwelt abzuheben; deshalb kann man sie nicht als Maßstab für den englischen Einfluss auf die Alltagssprache nehmen. Dies gilt auch für die Werbesprache, in der Anglizismen besonders konzentriert auftauchen. Die Werbung versucht, jung, modern und innovativ zu wirken. Sie will uns alte Produkte "neu" verkaufen und gibt ihnen englische Namen[45]; neue Produkte, v.a. aus technischen Bereichen wie Handy-, Computer- und Internetbereich, erhalten ohnehin sofort englisch klingende Bezeichnungen, um auf diese Weise einen modernen, jungen, innovativen Charakter zu erhalten und dadurch aufzufallen.

Carstensen (1984: 50) stellt außerdem fest, dass "‚normale' deutsche Texte weit weniger ‚anglisiert' sind als Texte im "Spiegel" beispielsweise". Aber er kommt auch zu dem Schluss, dass der Einfluss des Englischen auf den deutschen Wortschatz (besonders auf den der Fachsprachen) heute größer ist als der anderer Sprachen. Dabei spielen die Englischkenntnisse des Sprechers und Hörers bei der schriftlich und mündlich verwendeten Sprache eine wesentliche Rolle. Hinzu kommt die Intensität des englischen Einflusses, die in der politischen, wirtschaftlichen und kulturellen Bedeutung der USA begründet liegt.

Englisch hat als Weltsprache, als internationale Verkehrssprache, einen erheblichen Anteil am ständigen Ansteigen der Fachwortschätze. Ein bislang nicht bekannter Prozentsatz dieser Fachlexik steigt in die Hochsprache auf. Jedoch meint Carstensen (1984: 48), dass "außer einigen häufiger verwendeten fachsprachlichen Anglizismen kein größerer englischer Einfluss im Deutschen des ‚Durchschnittssprechers'" besteht. So kann seiner Ansicht nach "in diesem Zusammenhang von einer Gefährdung der deutschen Sprache keine Rede sein".

Stickel (1984: 39) allerdings teilt diese Meinung nicht. Er weist darauf hin, dass - auch wenn man Werbe-, Fach- und Jugendsprache nicht mit der "normalen" Alltagssprache gleichsetzen kann - Texte der Medien und der Werbung die Hauptquelle für die V e r b r e i t u n g von Anglizismen darstellen, was zur Folge hat, dass wir in (fast) allen Lebenssituationen ständig auf Anglizismen treffen[46]. Diese nehmen wir wahr, sei es bewusst oder unbewusst.

---

[45] vgl. Eingangsbeispiel dieser Arbeit: *Soft Body Lotion* statt *Körpermilch* o.ä., oder auch die *Megaperls* von „Persil", die längst bekannte Waschmittel mit neuem "Outfit" und neuem Namen besser verkaufen wollen. Im Zeitalter des Handys, des Computers und insbesondere des Internets findet man in eben diesen Bereichen fast ausschließlich englische Begriffe.
[46] Werbung ist allgegenwärtig; sei es im Fernsehen, im Radio, in Zeitungen, auf Plakatwänden entlang der Straßen, in Supermärkten, Geschäften, auf Produkten selbst, etc..

Besonders bei jungen Menschen finden diese Anglizismen schnell Zugang zum aktiven Wortschatz[47], was u.a. in ihren besseren Kenntnissen der englischen Sprache begründet liegen könnte. So findet hier wahrscheinlich eine noch schnellere Verbreitung der englischen Sprachelemente statt als bei Menschen mittleren oder höheren Alters, die dann allerdings zusätzlich noch durch die Sprache der Jüngeren beeinflusst werden können.

Wie bereits erwähnt, ist Polenz 1999 (402 f.) nicht der Meinung, dass die deutsche Sprache durch die englischen Einflüsse gefährdet ist. Er spricht dabei auch den Aspekt der Internationalismen an, d.h. Fremdwörter, die auch in anderen Sprachen wie Englisch, Französisch, Russisch oder Schwedisch gebräuchlich sind[48]. Wenn Polenz (1999: 400) also sagt, dass "[d]ie meisten modernen Anglizismen Internationalismen sind", drückt er damit aus, dass der englische Einfluss nicht nur im Deutschen vorliegt, sondern eben auch in vielen anderen europäischen Sprachen. Regierung und Institutionen bemühen sich laut Braun (1998: 193) seit Jahren um internationale Vereinheitlichungen.

Braun (1998: 197) geht von einem Internationalismenbestand von 3500 Wörtern aus, der im deutschen, englischen und französischen Wortschatz gleich ist und Jahr für Jahr um neue Internationalismen ergänzt wird, v.a. aus dem Bereich verschiedener Fachsprachen. Viele Begriffe sind dabei von vornherein auf Internationalität hin angelegt. Bemerkenswert ist zudem, dass jüngere Entlehnungen nicht mehr so integriert werden wie früher, was mit den vermehrten Fremdsprachenkenntnissen bei der Bevölkerung zusammenhängt[49].

Auch Polenz (1999: 403) geht auf den Rückgang der Integration der entlehnten Elemente in das deutsche Sprachsystem ein, der mit der Zunahme der Entlehnungen aus dem Englischen verbunden ist. Als Gründe nennt er
- die weite Verbreitung des Englischen als zweite oder dritte Fremdsprache, in der Nachkriegszeit als erste Fremdsprache in Schulen
- die Tatsache, dass bei Entlehnungen englischer Wörter immer weniger an Lautung und Schreibung geändert wurde, während die morphemische und semantische Integration meist stärker war

---

[47] vgl. unverhältnismäßig hoher Anteil von Anglizismen in bestimmten Ausprägungen der Jugendsprache.
[48] vgl. Kapitel 1.4.2.
[49] vgl. Braun 1998: 202 und Kapitel 1.4.2. dieser Arbeit.

Schließlich spricht Braun (1998: 194) auch die Tatsache an, dass die Fremdwortübernahme in anderen Sprachgemeinschaften wie beispielsweise den Niederlanden, Dänemark oder Schweden großzügiger als in Deutschland ist. Dies mag damit zusammenhängen, dass das Niederländische, das Dänische oder auch das Schwedische dem Englischen noch ähnlicher sind als das Deutsche, was die englische Beeinflussung nur noch begünstigen würde.

Um die offensichtlichen Einflüsse auf den Wortschatz hier abzuschließen, möchte ich dieses Teilkapitel mit einem Zitat von Eggers (1973: 111) beenden, das den aktuellen Zustand der deutschen Sprache seiner Meinung nach sehr gut beschreibt:

> "In dieser zweiten Hälfte des 20. Jahrhunderts stellt sich der deutsche Wortschatz weithin als unfestes, jeden Augenblick wandelbares Zeicheninventar dar. Es gibt keinen Kanon des schriftlich Zulässigen, die Grenzen zwischen Fachsprache und Gemeinsprache verfließen, Fremdwörter, zu denen den meisten Sprachgenossen der Zugang fehlt, werden hemmungslos verwendet, individuelle Neubildungen überwuchern das allgemein Bekannte. Der Unkundige, z.B. der um den Erwerb der deutschen Sprache bemühte Ausländer, aber auch der sprachlich nicht privilegierte deutsche Zeitgenosse steht ratlos vor der Fülle und der Disparität der Erscheinungen. Wortschatz und Wortbildung sind für viele undurchsichtig geworden, für die Wortwahl gibt es keine gemeingültigen Normen, und wer dieses diffizile Instrument nicht sicher beherrscht, kann leicht in seinem Wortgebrauch *grausam danebentuten*."

2.1.2.3 "Versteckte" Einflüsse auf den Wortschatz

Die tatsächliche Breite und Tiefe des englischen Spracheinflusses wird erst richtig deutlich, wenn die Vielfalt der i n n e r e n L e h n b e z i e h u n g e n berücksichtigt wird. Komposita wie *Atombombe*, *Gehirnwäsche*, *Schwarzmarkt*, etc. sind Lehnübersetzungen aus den lexematisch genauen englischen Entsprechungen. Hinzu kommen etwas freiere Nachbildungen wie *Wolkenkratzer* oder *Luftbrücke* sowie Bedeutungsentlehnung (Lehnbedeutung) für bereits existierende deutsche Wörter[50].

Auch gibt es vielfältige innere Lehnbeziehungen im Bereich der Phraseologismen, wobei die direkten Übernahmen englischer Redewendungen relativ gering an der Zahl sind. Die Zahl der übersetzten oder freier übertragenen englischen festen Verbindungen hingegen ist auch für die Forschung noch eine offene Liste, die meist Internationalismen beinhaltet[51].

---

[50] z.B. *kontrollieren, realisieren*.
[51] vgl. Polenz 1999: 406.

"Versteckte Anglizismen", d.h. Anglizismen, die als solche kaum oder gar nicht zu erkennen sind, sind nach der Meinung verschiedener Sprachkritiker "gefährlicher" für die deutsche Sprache als die "offensichtlichen Anglizismen", die sofort als solche identifiziert werden können. Anglizismen, die kaum oder gar nicht an das Deutsche angepasst worden sind, tragen den Charakter eines Fremdworts und können sofort vom Deutschen unterschieden werden. Angepasste Fremdwörter allerdings, sprich Lehnwörter, erschweren die Angelegenheit. Sie stellen sozusagen versteckte Einflüsse dar, da sie "deutsch" erscheinen, aber im Grunde Anglizismen sind.

So gehören beispielsweise Begriffe wie *ausflippen, austricksen* trotz ihres "deutschen Erscheinungsbildes" zu den Anglizismen. Nach Gärtner (1997: 135) gibt es bisher jedoch nur wenige Anglizismen, "die schon den Charakter des Lehnworts angenommen haben." Sie sind somit klar als fremdsprachliche Wörter vom Deutschen zu unterscheiden.

Ich halte die Ansicht, dass versteckte Anglizismen für die deutsche Sprache gefährlicher sein sollen als klar als solche identifizierbare, allerdings für fraglich, da zum einen Sprachwandel durch Entlehnungsprozesse als solcher normal und nicht "gefährlich" ist, und zum anderen gerade durch Integration der fremden Elemente in die eigene Sprache, der Charakter derselben erhalten bleibt.

Gärtner geht im weiteren auch auf die "vier Nebenspielarten des normalen Wortentlehnens" (ebd.) ein, wobei er v.a. Lehnschöpfung und -übertragung betont. Lehnübersetzung und Lehnwendung lässt er bei seinen weiteren Ausführungen außer acht, und er zielt auf das Ergebnis der Erkenntnis, dass die englischen Einflüsse gar nicht so stark sind, wie viele Sprachkritiker immer behaupten. So meint Gärtner, dass es sich bei der Lehnschöpfung um eine "formal unabhängige Neubildung eines fremden Begriffs als bestmögliche Verdeutschung" handelt und nicht etwa um eine reine Übersetzung[52]. Der Lehnübertragung hält Gärtner zugute, dass sie als Wortzusammensetzung zwar aus einem englischen Teil, aber auch aus einem deutschen Teil besteht[53].

---

[52] Bsp.: *Öffentlichkeitsarbeit* für *Public relations, Luftkissenkissenboot* für *Hovercraft, Hauptverkehrszeit* für *Rush hour, Autokino* für *Drive-in* (aus: Gärtner 1997:135).
[53] Bsp.: *Nonstop-Flug, Dumpingpreis, Fernsehspot, Bahncard* (aus: Gärtner 1997: 136).

Scheinentlehnungen wie *Showmaster (Quizmaster), Dressman, Twen, Splitting* oder *Handy* kommentiert Gärtner lediglich als "Demutsgebärde oder auch eine Art vorauseilenden Gehorsams der deutschen Wirtschaft und deutscher Medien gegenüber allem Amerikanischen" (ebd.). Dabei übersieht er allerdings den m.E. sehr wohl bestehenden Einfluss, den das Englische hier auf das Deutsche ausübt; denn ich meine, dass gerade solche Übernahmen den englischen Einfluss bezeugen.

Schon Carstensen (1984: 48 f.) erkennt das Problem des inneren Lehnguts mit seinen vielfältigen Einflüssen an, die zudem kaum als englische Einflüsse "realisiert" werden. Zudem spricht er die Vor- und Nachteile der Anglizismen an. Anglizismen sind in vielen Fällen den deutschen Wörtern sehr ähnlich oder sogar gleich, was u.a. damit zusammenhängt, dass Deutsch und Englisch germanische Schwestersprachen sind. Daher sind Anglizismen nicht so sehr "Fremdkörper" im Deutschen, wie Puristen behaupten. Im Gegenteil: Carstensen meint,

> "sie können eher eine Bereicherung darstellen, die unseren Wortschatz vermehrt haben und laufend weiter bereichern, indem sie neue Synonyme liefern und stilistische Variationsmöglichkeiten durch bestimmte Nuancen (Spott, Ironie) erweitern." (Carstensen 1984: 51)

Auch semantisch gesehen stellen Anglizismen für Carstensen eine Bereicherung dar, zumindest im quantitativen Sinn; denn ein neues Wort bietet neue Differenzierungsmöglichkeiten im Deutschen[54]. Meiner Meinung nach gibt es sinnvolle Anglizismen, die unsere Sprache bereichern. So gibt es Fremdwörter o h n e direkte deutsche Entsprechung, die im Deutschen nur durch Umschreibungen wiederzugeben wären, was entgegen dem Prinzip der Sprachökonomie, d.h. dem Streben nach Kürze und Klarheit, stehen würde[55]. Beispielsweise könnte der Begriff *Age Processing* nur durch eine umständliche Umschreibung wie *Bilder künstlich altern lassen*[56] wiedergegeben werden. Eine "Überverwendung" und falscher Gebrauch[57] der englischen Begriffe wirken allerdings eher negativ auf das Deutsche. Das Verständnis wird erschwert, und die Übersicht geht verloren.

---

[54] vgl. Carstensen 1984: 52.
[55] vgl. Heller 1966: 75 f., 153.
[56] Beispiel aus der SAT1-Talkshow "Vera am Mittag" vom 19.03.2001 zum Thema "Vermisste Kinder"; es handelt sich bei diesem *Age Processing* um ein System, mit dem beispielsweise ein Photo von einem dreijährigen Kind im Computer so verändert werden kann, dass man abschätzen kann, wie es mit zehn Jahren aussehen könnte.
[57] z.B. das doppelt-Sagen mit Fremdwörtern (*Ausstellungsexponat*); vgl. Heller 1966: 152.

So stellt sich für viele die Frage, wie sinnvoll es ist, Fremdwörter mit direkter deutscher Entsprechung[58] zu übernehmen. Sicher spielt die mögliche Differenzierungsmöglichkeit, die der fremdsprachige Begriff teilweise bieten kann, eine wichtige Rolle. Aber was ist mit Begriffen, die als Synonyme absolut gleichwertig nebeneinander stehen? Macht die Entlehnung in solchen Fällen einen Sinn?

Die heutigen Gründe für die Fremdwortübernahme und den Fremdwortgebrauch decken sich nicht mehr unbedingt mit den ursprünglichen Gründen[59] wie beispielsweise dem Fehlen eines treffenden, gleichwertig besetzten deutschen Ausdrucks für eine bestimmte Sache. So nimmt die Werbung zu einem großen Teil keine Rücksicht mehr auf die Verständlichkeit; vielmehr will sie sich von der Alltagssprache abheben, um aufzufallen. Auch das Imponiergehabe oder "billige Wissensprotzerei" (Gärtner 1999: 25) einzelner Sprecher oder Schreiber spielt eine Rolle: Weltläufigkeit und internationaler Kenntnisreichtum sollen meist vorgetäuscht werden[60].

Gärtner ist gegen jede Art von Sprachpurismus, meint aber gleichzeitig, dass die "aus Geltungssucht und Wichtigtuerei benutzten Amerikanismen", Anglizismen, die nicht der Sprachbereicherung dienen und die immer weiter in unsere Sprache einfließen, nicht unterschätzt und ihr Einfluss nicht bagatellisiert werden sollte[61].

"Unser Wortschatz kann bei einer sich noch steigernden derartigen Entwicklung auf lange Sicht in Gefahr geraten. Neue Wörter können in ihrer Bildung bzw. in ihrer Verbreitung zugunsten eines englische Wortes behindert und das Sprachgefühl im allgemeinen und das Stilgefühl im besonderen einer nachwachsenden Generation beeinträchtigt werden." (Gärtner 1997: 142)

Auch Busse (1999: 19) differenziert wie Gärtner 1997 zwischen äußerem Lehngut[62], innerem Lehngut[63] und Mischbildungen[64] "sowie fremden Wörtern, die sich ausschließlich auf angloamerikanische Sachverhalte beziehen"[65]. Er

---

[58] Beispiele: *Foul - Regelverstoß, Kosmos - Weltall, Match - Spiel [sportl. Komponente], Team - Mannschaft, Budget – Haushaltsplan.*
[59] vgl. Kapitel 1.3.
[60] vgl. Gärtner 1997: 142.
[61] vgl. Gärtner 1999: 25.
[62] Bsp.: *Baby, cool, trainieren* (aus: Busse 1999: 19).
[63] Bsp.: *Wolkenkratzer, feuern, Gehirnwäsche* (aus: ebd.).
[64] Bsp.: *Hobbygärtner, Gartencenter, Haarspray* (aus:ebd.).
[65] Bsp.: *Barrister, Broker, College, Dollar, Highschool, Sheriff* (aus:ebd.).

kommt zu dem Ergebnis, dass zusätzlich viele Anglizismen Einschränkungen in ihrer Verwendung aufweisen, also beispielsweise veraltet sind, nur in ganz speziellen Fachsprachen auftauchen oder Modewörter darstellen, die nicht dauerhaft in der deutschen Sprache erhalten bleiben werden.

> "Diese Betrachtungsweise führt zu dem Ergebnis, dass die Zahl der in der Gemeinsprache verwendeten Anglizismen im gegenwärtigen Deutsch keinerlei Anlass zur Besorgnis gibt. Anglizismen stellen keine Bedrohung oder Gefahr dar. In vielen Fällen dienen sie der Bereicherung und/ oder der Differenzierung des Ausdrucks." (Busse 1999: 19)

Gleichzeitig gibt Busse aber zu, dass "der angloamerikanische Einfluss nach 1945 eine neue Dimension bekommen" hat. (Busse 1999: 20)

Auch hier wird deutlich, dass die Meinungen über eine mögliche Gefährdung der deutschen Sprache durch Anglizismen sehr gespalten sind. So findet beispielsweise Braun (1998), dass Kritik gegenüber dem englischen Einfluss teilweise berechtigt ist, sieht aber darin keine Gefährdung des Deutschen. Vielmehr betont er, dass viele Anglizismen Internationalismen sind und der englische Einfluss somit nicht nur die deutsche Sprache betrifft, sondern eben auch die meisten anderen europäischen Sprachen.

Das sieht Polenz (1999) genauso. Braun hebt zusätzlich hervor, dass andere Sprachen wie Niederländisch, Schwedisch oder Dänisch noch mehr Anglizismen aufnehmen als die deutsche Sprache. Polenz zielt mehr darauf ab, die Frequenz von Anglizismen in Fachsprachen deutlich von ihrer Frequenz in der Alltagssprache zu differenzieren, was Gärtner (1997) noch auf die Jugend- und auch die Werbesprache ausdehnt. Schon Carstensen (1984) stellt fest, dass die Frequenz von Anglizismen in Fach-, Jugend- und Werbesprache ungleich höher ist als in der Alltagssprache. Daher fordert auch Busse (1999) eine zwingende Unterscheidung zwischen der Allgemeinsprache und Fach- und Sondersprachen. Eine Gefährdung des Deutschen durch Anglizismen wird von allen ausgeschlossen.

Stickel (1984) und Eggers (1973)[66] sind da schon kritischer; sie halten schädliche Auswirkungen auf das Deutsche durch die englischen Einflüsse nicht für ausgeschlossen. Es ist dabei erstaunlich, dass es sich bei Stickels und Eggers' Arbeiten um ältere Aufsätze handelt, die den Anglizismen äußerst kritisch gegenüberstehen[67], während die hier betrachteten neueren Aufsätze

---

[66] vgl. Zitat von Eggers: pp.46. dieser Arbeit.
[67] vgl. hierzu auch Dungers Aufsatz von 1899 (!) "Wider die Engländerei in der deutschen Sprache".

die Anglizismen eher positiv als negativ sehen, obwohl die englischen Einflüsse in den neunziger Jahren und heute sicherlich noch intensiver sind als in den siebziger oder achtziger Jahren.

Allerdings erkennen weder Carstensen (1984), noch Busse (1999) die englischen Einflüsse uneingeschränkt als positiv an; denn auch sie sehen eine mögliche Gefährdung des Deutschen durch "versteckte" englische Einflüsse, und zwar insbesondere durch innere Lehnbeziehungen, bei denen der englische Begriff nicht mehr sofort als "fremdsprachliches Element" erkannt wird. Die Rede ist hier von Lehnwörtern, sprich Fremdwörtern, die an die Sprache des Gastlandes angepasst wurden, von Lehnschöpfung und -übertragung, sowie von Scheinentlehnungen. Jedoch versucht beispielsweise Busse, dieses Argument zu entkräften, indem er erklärt, dass viele Anglizismen diversen Verwendungseinschränkungen unterlegen sind.

Auch Gärtner (1997, 1999), der etwas kritischer erscheint als Carstensen oder Busse, unternimmt den Versuch, das Argument der möglichen Gefahr durch innere Lehnbeziehungen zu entkräften, wobei er auf die Fremdwort-Lehnwort-Problematik eingeht. Für ihn besteht nur dann eine mögliche Gefährdung der deutschen Sprache, wenn die fremdsprachlichen Elemente nicht mehr als solche wahrgenommen werden, wenn sie also an die deutsche Sprache angepasst worden sind, wie es bei Lehnwörtern - im Gegensatz zu Fremdwörtern - der Fall ist. Da laut Gärtner (1997) nur wenige Anglizismen den Status von Lehnwörtern haben und somit klar als "fremdsprachliche Einflüsse" erkennbar sind, besteht daher für ihn diesbezüglich keine Gefahr für die deutsche Sprache. Dafür sieht Gärtner (1997, 1999) aber in der falschen oder übermäßigen Verwendung von unnötigen Anglizismen eine Gefährdung für unsere Sprache. Viele Anglizismen werden aus "billiger Wissensprotzerei" benutzt, oft falsch verwendet, und sie stellen keine Bereicherung für die deutsche Sprache dar. Sollte diese Entwicklung weiter anhalten, dann, so meint Gärtner, könnte das Deutsche durchaus gefährdet sein.

Bereits Wilss (1958: 187) stellt fest, dass es töricht wäre, "vor dieser Entwicklung [dem ständigen Anstieg der entlehnten Elemente aus dem Englischen; meine Anmerkung] die Augen zu verschließen". Allerdings weist er zugleich darauf hin, dass keine Veranlassung besteht,

> "darin eine Gefahr für den Bestand der deutschen Sprache zu erblicken, solange sich die Zugeständnisse an die fremde Sprache nicht auf die syntaktische Grundlage der eigenen Sprache, sondern nur auf den so oder so ständig Veränderungen unterworfenene Wortschatz erstrecken. Wie der geschichtliche Verlauf der deutschen

Sprache zeigt, ist sie aus den ihr bisher aufgezwungenen Kraftproben mit dem griechischen, lateinischen und französischen Fremdwort in ihrem Wortschatz wandlungsfähiger, in ihrem syntaktischen Gefüge hingegen unversehrt hervorgegangen, mit anderen Worten, sie hat durch die Übernahme und langsame Einbürgerung fremder Sprachbestandteile eher gewonnen als verloren."

Wilss geht davon aus, dass "mit einer weiteren und womöglich noch intensiveren Durchdringung der deutschen Sprache mit englischen Sprachelementen" (Wilss 1958: 188) zu rechnen ist.

Zu diesem Schluss kommt auch Fink (1997: 116), der in seiner Untersuchung feststellt, "dass die sich seit 1945 vollziehende Infiltration angloamerikanischer Lehnwörter und die Interferenz mit dem Deutschen, trotz schon seit vier Jahrzehnten geäußerter Vermutungen einer früher oder später eintretenden Abschwächung, weiteranhalten bzw. zunehmen wird"[68].

Niederhauser (2000: 183 – 184) bringt schließlich noch einen weiteren Aspekt mit in die Anglizismendiskussion ein. Er bringt die Befürchtung vor, dass der englische Einfluss weitergehende Auswirkungen auf das System der deutschen Sprache haben könnte, auch wenn der Wortschatz der Bereich der Sprache ist, der sich am schnellsten wandelt und bei dem wir uns an einen gewissen Wandel gewöhnt haben. Er meint damit Unsicherheiten bei der Formenbildung, wie

Wer hat die Broschüre gelayouted/ gelayoutet/ layoutet/ layouted/ outgelayed/ outgelayet/ outlayed?

oder

Hast du deine Daten gebackupt/ backuped/ backupt/ upgebackt?

und fragt sich, ob sie nicht ein Zeichen dafür sind, dass viele Anglizismen sich gar nicht mehr in das grammatikalische System des Deutschen integrieren lassen.

Allerdings – so meint Niederhauser – dürfe man bei der Bewertung dieser Unsicherheiten nicht ausser acht lassen,

"dass diese Unsicherheiten bei der Formenbildung der Verben mit trennbaren oder untrennbaren Verbbestandteilen durchaus auch bei deutschen Verben, wie *bausparen* (*gebauspart* oder *baugespart*), *schutzimpfen*, *bruchrechnen*, *staubsaugen* usw., auftreten. Wenn wir das Verb *formatieren* konjugieren und dann mit der

---

[68] vgl. hierzu auch Leopold 1967.

Konjugation des englischen *to format* vergleichen, so zeigt sich, dass sich keine englische Konjugationsform in der deutschen Konjugation findet." (ebd.)

Auch Niederhauser ist der Ansicht, dass der Einfluss des Englischen im Deutschen in den nächsten Jahren weiter anhalten und sich auch nur schwer einschränken lassen wird. Jedoch wird der Einfluss auch nicht schrankenlos zunehmen, wie man - wenn man den stark englisch geprägten Computerbreich betrachtet - annehmen könnte.

"Wenn etwas für so viele Menschen zu einem selbstverständlichen Bestandteil ihres täglichen Lebens wird, wie das bei der Benutzung von Computern heute der Fall ist, so werden die von den meisten Anwendern häufig gebrauchten Bezeichnungen nach und nach ans Deutsche angepaßt. Besonders deutlich zeigt sich das bei saloppen Begriffen, wie *Kiste* für *Computer*; aber wir sitzen in der Regel vor dem *Bildschirm* oder *Schirm* und nicht mehr vor dem *screen*, tippen auf der *Tastatur* und nicht mehr auf dem *keyboard* und speichern die Dateien auf der *Festplatte* und nicht mehr auf der *harddisk*. Wenn wir hingegen unseren Computer aufrüsten wollen, dann wechseln wir unter Umständen das *motherboard* aus – ein Fachausdruck, den viele Anwender gar nicht kennen, bleibt oft in seiner englischen Form erhalten. Es ist zu erwarten, dass längerfristig auch in der Werbung und im Marketing der Reiz des Englischen wieder abnehmen wird. Wenn es darum geht, das eigene Produkt zu positionieren unter kurzen prägnanten Begriffen, die eine hohe Werbewirksamkeit und einen großen Wiedererkennungswert haben und sich deutlich von Konkurrenzprodukten unterscheiden, dann wird Englisch irgendwann nicht mehr *in* sein, wenn alle Konkurrenzprodukte englisch beworben werden."(Niederhauser 2000: 187 – 188)

Damit kommt Niederhauser zu dem Schluss, dass Anglizismen keine "Bakterien" sind, die ins Deutsche eindringen, auch wenn der englische Einfluss groß ist. Auch ich bin der Meinung, dass von einer Kolonisierung der deutschen Sprache durch englische Wörter keine Rede sein kann. Letztendlich sind es wir Sprecher, die möglicherweise - aus was für Gründen auch immer - einem englischen Ausdruck den Vorzug gegenüber einem deutschen Ausdruck geben. Schließlich ist eine Sprache kein abgeschlossenes, statisches System.

"Diese Feststellung besagt natürlich keineswegs, dass jede sprachliche Veränderung gut sei oder dass alles, was wir tagtäglich sehen und hören, gutes Deutsch sei. Niemand hindert uns daran, bei einem englisch geprägten Ausdruck nachzufragen, was das denn eigentlich bedeuten solle. Noch weniger sind wir gezwungen, einen bestimmten Ausdruck anzuwenden, wenn er uns mißfällt." (Niederhauser 2000: 188)

Bis zu dieser Stelle wurden in dieser Arbeit ausschließlich den Wortschatz betreffende Phänomene diskutiert, da gerade er als o f f e n e r B e r e i c h anfällig für Einflüsse aller Art ist. Diesem offenen Bereich des Wortschatzes steht das grammatische System als eher g e s c h l o s s e n e r

B e r e i c h gegenüber, der weniger anfällig für sprachliche Veränderungen ist[69]. Wie würde es sich also verhalten, wenn das Englische nicht nur Einflüsse auf den leicht veränderbaren Bereich des Wortschatzes hätte, sondern auch in den an sich schwer zugänglichen und stabilen Bereich der Grammatik? Sähen dann die Kritiken an den englischen Einflüssen immer noch so uneinheitlich und oft weniger kritisch aus? Auf diese Frage nach möglichen Veränderungen bzw. Einflüssen auf die deutsche Grammatik durch das Englische soll im folgenden eingegangen werden.

2.1.2.4 Lehnsyntax/ weitere Einflüsse auf die deutsche Sprache

Jung (1995) und Glahn (2000) sprechen in ihren Arbeiten von neuen Dimensionen des englischen Spracheinflusses. So hat sich beispielsweise die Art des Sprachkontaktes zwischen dem Englischen und dem Deutschen verändert. Ein direkter Kontakt mit der amerikanischen oder englischen Besatzungsmacht besteht nicht mehr, dafür und zusätzlich zum reinen Bildungswissen gibt es zahlreiche andere bilinguale Situationen, die das Deutsche beeinflussen - sei es im beruflichen Bereich, im Tourismus, bei internationalen Organisationen, in Rock- und Pop-Musik, in englischsprachige Fernsehsendungen oder beim immer häufigeren Lesen und Hören von Englisch im Originalton, was mit einer gestiegenen Verbreitung und starker Verbesserung der Englischkenntnisse zusammenhängt. Deshalb treten die Anglizismen nicht mehr nur im fach- oder bildungssprachlichen Bereich auf, sondern auch in umgangs- und gemeinsprachlichen Regionen. Wendungen wie *okay, hallo, bye-bye, hi, happy sein, high sein* erscheinen besonders alltäglich und sind hochfrequent.[70]

"Das Argument der Sprachbarriere bei Amerikanismen greift immer weniger." (Jung 1995: 262) Der englischen Spracheinfluss hat eine neue Quali-tät bekommen, was Jung u.a. auf die Allgemeinverständlichkeit von Anglizis-men zurückführt. Auch erwähnt er die Entstehung einer spezifischen deutsch-englischen unübersetzbaren Sprachmischungsliteratur, sowie die gestiegenen Zahlen von Film- und Buchtiteln, Werbeslogans, Gerätebeschriftungen etc., die im Rahmen des "Global Marketing" nicht mehr übersetzt werden.

---

[69] vgl. Debus 1990/ 91: 185.
[70] vgl. Jung 1995: 262 ff.

Mit diesen Erscheinungen nehmen s t r u k t u r e l l e Einflüsse des Englischen auf das Deutsche zu, d.h. nicht mehr nur der Wortschatz wird vom Englischem beeinflusst, sondern auch die Morphologie, Satzkonstruktionen und auch die Phraseologie, wobei hier die "innere Entlehnung" von besonderer Bedeutung ist[71]. Die Sprachen werden gemischt, z.T. unbeabsichtigt, z.T. bewusst, wie es typisch für den Bilingualismus ist.

Laut Jung finden sich teilweise schon in den fünfziger Jahren im "Spiegel" Beispiele für grammatische Interferenzen:[72]

Hannovermesse statt *Hannoversche Messe*
Adenauer-Reise statt *Adenauers Reise*
US-Regierung statt *amerikanische Regierung*

Zudem erscheinen zahlreiche Neuwörter mit *Ex-, Super-, Co-/ Ko-*, und die Produktivität des Suffixes *–er*, speziell bei Komposita[73], steigt weiter an. Immer mehr Anglizismen verschmelzen mit einheimischen Ausdrücken zu Mischkomposita[74]. Es entstehen Ableitungen wie *handicapen, recyceln, leasen, scannen*, bei deren Gebrauch allerdings orthographisch-grammatische Unsicherheiten auftreten können. Intransitive Verben werden zu transitiven umgewandelt[75], bzw. transitiv gebraucht[76], und Possessivpronomen sowie der Konjunktiv der Höflichkeit finden unübliche Gebrauchsweisen. Beispielsweise werden Possessivpronomen bei Körperteilen angewendet[77], und durch den Gebrauch des Konjunktivs entsteht eine höflich ausgedrückte Unbestimmtheit[78].

Veränderungen treten auch bei der Bildung von Genitiven auf. Statt Bildungen wie *Peters Haus* wird oft der analytische Genitiv mit *von* verwendet, so dass *das Haus von Peter* entsteht. Auch wird immer häufiger das Genitiv-s nach englischem Muster abgetrennt[79]. Ausdrucksweisen wie

---

[71] vgl. Kapitel 1.2.2.
[72] Beispiele aus: Jung 1995: 265.
[73] Bsp.: *Naturschützer, Kanzlermacher, Abrüster.*
[74] Bsp.: *Werbegag, Nonstopflug, Kriminalstory, Spraydose.*
[75] Bsp.: *etwas erinnern, Auto fahren* (aus: Jung 1995: 264) , *einen Angriff fliegen* (aus: Glahn 2000: 57).
[76] vgl. Glahn 2000: 57.
[77] Bsp.: *er steckte s e i n e Pfeife ein* statt *d i e Pfeife* (aus: ebd.), *Er stützte seinen Kopf in seinen Arm.* (aus: Glahn 2000: 57).
[78] Bsp.: *ich möchte meinen* (aus: Jung 1995: 264), *ich könnte mir vorstellen, wenn ich sagen darf* (aus: Glahn 2000: 57)
[79] Bsp.: *Petra's Haarstudio, Ludwig's Fahrschule*

- *in 19..*
- *realisieren*
- *Vergiss es!*
- *meinen* (statt *bedeuten*)
- *einmal mehr* (nach *once more*; eigentlich: *wieder einmal*)[80]

dringen immer weiter vor.

Wie bereits mehrfach erwähnt, scheint außerdem die sprachsystematische Integration von fremdem Sprachmaterial abzunehmen. So wurden nach 1945 immer weniger Fremdwörter orthographisch oder grammatisch an die deutsche Sprache angepasst, und teilweise sind ehemalige Anpassungen rückläufig[81].

Generell scheint das heutige Deutsch - wie das Englische - vermehrt nach Kürze zu streben, wobei eine Tendenz zu Nominalisierungen festzustellen ist. Bei Zeitungsüberschriften wird häufig der Artikel unterdrückt, und auch beim Gebrauch von Modalverben tauchen Veränderungen auf[82].

Selbiges gilt für Präpositionen. Bildungen wie *in 1960, in anderen Worten, für 6 Monate, Mitleid für jemanden haben*[83] sind keine Seltenheit mehr.

Auch der Bereich der Adjektivsteigerung ist Veränderungen unterlegen. Analytische Adjektivsteigerungen mit *mehr* sind inzwischen relativ weit verbreitet[84]. Außerdem finden sich immer häufiger Wiederholungen des Komparativs[85].

Die imperfektive Aktionsart wird - wie im Englischen - zum Ausdruck der Dauer gebraucht: *Das ist im Werden.; er ist beim/ am Schreiben.*[86]

Zudem scheint die Stellung bestimmter Negationen sehr an das Englische zu erinnern[87], genauso wie die vermehrte Substantivierung von Infinitiven, die dem englischen Gerundium ähnelt.

Schließlich erwähnt Glahn (2000: 58) das Wörtchen *weil*, das immer öfter als nebengeordnete Konjunktion in der gesprochenen Sprache junger Menschen auftaucht.

---

[80] Bsp. aus: Jung 1995: 264.
[81] Bsp.: *Schi* zu *Ski*; *Schampun/ Schampon* zu *Shampoo* (aus:Jung 1995: 264)
[82] Bsp.: *sie haben nur zu beschließen* statt *sie müssen beschließen* ; von Engl.: *to have to* (aus: Glahn 2000: 57)
[83] aus: Glahn 2000: 57.
[84] Bsp.: *das mehr normale Verhalten* (aus: Glahn 2000: 57)
[85] Bsp.: *es wurde dunkler und dunkler* (aus: edb.)
[86] vgl. ebd.
[87] Bsp.: *alle konnten nicht teilnehmen* (aus: ebd.)

All diese Phänomene sind im heutigen Deutsch eindeutig nachzuweisen; die meisten von ihnen scheinen auch tatsächlich nach englischem Vorbild gebildet zu sein. Allerdings kann laut Glahn (2000: 58) der englische Einfluss nur vermutet, nicht aber nachgewiesen werden. Sowie er halten auch Moser (1962) und Schelper (1995: 16) eine Parallelentwicklung oder Verbindung einer Parallelentwicklung und englischen Einflusses durchaus für möglich und betonen zusätzlich, dass auch dialektale Varianten des Deutschen zu berücksichtigen sind.

Eine detaillierte Zusammenstellung mit außer-lexikalischen Einflüssen auf das Deutsche findet sich aus Platzgründen im Anhang in Kapitel 7.2 dieser Arbeit. Diese geht von Carstensens Arbeit (1965) aus und ergänzt bei Carstensen nicht aufgeführte Aspekte, die bei anderen Autoren und späteren Arbeiten Carstensens gefunden wurden. Erwähnenswert ist dabei die Tatsache, dass Carstensen seine gefundenen möglichen Einflüsse auf die deutsche Sprache äußerst kritisch untersucht. So kommt er zu dem Schluss, dass bei fast allen Phänomenen der englische Einfluss nicht eindeutig nachgewiesen werden kann. Bei Fällen, in denen seines Erachtens doch englischer Einfluss vorliegt, findet er diesen nicht weiter gefährlich.

2.2 Einflüsse des Englischen auf das Französische

Wie bereits in Kapitel 2.1 ausführlich behandelt wurde, kann in den wenigsten Fällen mit Bestimmtheit festgestellt werden, ob es sich bei einem Phänomen tatsächlich um einen englischen Einfluss oder um eine innersprachliche Parallelentwicklung zum Englischen handelt. Trotzdem lassen sich einige Einflüsse vermuten, die im folgenden dargestellt werden. Dabei wird aus Platzgründen auf genauere Erläuterungen verzichtet, da diese ohnehin überwiegend mit den Erklärungen zu den Einflüssen auf das Deutsche übereinstimmen.

2.2.1 ENGLISCHE EINFLÜSSE AUF DAS FRANZÖSISCHE VOR UND NACH 1945

Was für die englischen Einflüsse auf das Deutsche vor und nach 1945 gilt[88], gilt auch für die englischen Einflüsse auf das Französische, insbesondere was die Einflüsse vor 1945 anbelangt. So macht sich besonders seit den zwanziger und dreißiger Jahren des 19. Jahrhunderts ein massiver englischer Sprachimport - besonders auf den Gebieten der Industrie und des Sports - in Frankreich bemerkbar.

Wie auch in Deutschland ist dies der Ursprung einer ganzen Reihe von Entlehnungen aus dem Englischen, die bis heute anhält. Genannt seien hier nur das "industrielle Zeitalter", das von England ausgeht und beginnt, sich sprachlich bemerkbar zu machen, sowie die damit in Verbindung stehenden Terminologien ganzer technischer Gebiete (z.B. das Eisenbahnwesen), die importiert wurden und sich bald in aller Munde fanden. Gleichzeitig dient England weiterhin als Vorbild für mondäne Kreise – nicht nur in Deutschland, sondern auch in Frankreich.

Allerdings bemerkt Schütz (1968: 12 - 13), dass, obwohl im ersten Weltkrieg viele Berührungen zwischen französischen, englischen und amerikanischen Truppen stattfanden, der sprachliche Import am Ende des 19. Jahrhunderts erst einmal gesättigt zu sein schien, da kaum Neuentlehnungen aus der Zeit des ersten Weltkrieges im Französischen festzustellen sind.

Anders sieht es nach dem zweiten Weltkrieg aus, als England, Amerika und Frankreich wieder zusammengeführt wurden. Auch wenn Frankreich keine Besatzungszeit wie Deutschland durchmachen musste, stand das Land unter großem amerikanischen Einfluss, da die Vereinigten Staaten, deren Prestige

---

[88] vgl. Kapitel 2.1.1 und Kapitel 1.2, 1.3 und 1.4 dieser Arbeit.

als Siegermacht nach 1945 stark angewachsen war, als unumstrittenes Leitbild galten.

Wie auch in Deutschland verliert "Großbritannien, seit dem 18. Jahrhundert Frankreichs größter ‚Lieferant' von Ideen, Institutionen, Moden, Sachen und Wörtern," immer mehr an Bedeutung und "wird von dem politisch, wirtschaftlich und wissenschaftlich-technisch privilegierten Amerika aus seinen wichtigsten und traditionsreichsten französischen Stellungen gedrängt." (Schütz 1968: 12 – 13)

Amerika hat insbesondere nach 1945 die Rolle als Leitbild in den meisten Lebensgebieten sowie die Rolle als sprachlicher Geber bzw. Vermittler von Sacheinflüssen inne, wobei diese Situation durch die neuen Möglichkeiten auf dem Gebiet der Kommunikation immens gefördert wurde. Der Spracheinfluss betrifft nicht mehr nur einzelne Bevölkerungsgruppen, sondern erreicht nun dank der Massenmedien wie Presse, Rundfunk, Film, Fernsehen und der Werbung selbst die untersten Bevölkerungsschichten.

Des weiteren sind Sport, Militärwesen, internationale Technik und Wissenschaft als bedeutende Sprachmittler zu nennen, die einen weiter ansteigenden Einfluss des Englischen fördern.

2.2.2 EINFLÜSSE AUF DEN WORTSCHATZ

Wie bereits für das Deutsche dargestellt wurde, handelt es sich beim Lexeminventar um ein offenes Teilsystem der Sprache; es ist damit – im Gegensatz zur Grammatik - veränderlicher und anfälliger für fremdsprachliche Einflüsse. Damit sind gerade im Bereich des Wortschatzes die englischen Einflüsse am deutlichsten festzustellen.

Laut Beinke (1990: 62 – 63) können jedoch derzeit noch keine genauen Angaben darüber gemacht werden, in welchen Wortschatzbereichen der Anteil englischer Entlehnungen besonders hoch ist, da die Untersuchungsergebnisse verschiedener Linguisten z.T. stark voneinander abweichen. Allerdings scheinen es auch im Französischen dieselben Wortschatzbereiche zu sein wie im Deutschen, die als eine der ersten von den englischen Einflüssen erfasst wurden oder besonders intensiv davon betroffen sind. Zu nennen sind hier zum einen der technische Wortschatz, sowie Sport- und Reklamesprache, die Sprache der Wirtschaft, des Handels, des Gewerbes, der Wissenschaften, von Militär, Politik, Massenmedien, usw. Damit scheint eine genaue Differenzierung der besonders betroffenen Wortbereiche in der Tat nicht möglich zu sein, da sich die englischen Einflüsse offenbar auf (fast) alle Wortschatzbereiche zu beziehen. Dabei können in bezug auf eine nähere Charakterisierung der Entlehnungen ähnliche Unterscheidungen wie im Deutschen vorgenommen werden[89].

2.2.3 LEHNSYNTAX/ WEITERE EINFLÜSSE AUF DAS FRANZÖSISCHE

2.2.3.1 Wortbildung

- **Derivation:**

Beinke (1990: 75 – 82) diskutiert in ihrer Arbeit mögliche englische Einflüsse im Bereich der Derivation ausführlich. Sie kommt zu folgendem Inventar von Lehnaffixen:

- *-er*
- *-man*
- *-ance*
- *self-*
- *super-*
- *auto-*
- *anti-*

Als Fazit hält Beinke (1990: 82) fest, dass diese Affixe "als ins französische Affixsystem integriert erachtet werden sollten, dass der englische Einfluss allerdings – mit Ausnahme von *-ing, -man, -er/ -or* und *self-* - nur in Form von Frequenzsteigerungen gewirkt hat."

- **Komposition:**

Auch der Bereich der Komposition wird bei Beinke (1990: 83 – 85) detaillierter diskutiert. Es geht dabei hauptsächlich um die Frage, ob die französische Reihenfolge bei adnominalen Bildungen durch das Englische verändert wird, d.h. ob die ursprüngliche Reihenfolge in Determinativkomposita *Determinatum + Determinans* (z.B. *café filtre*) nicht immer häufiger zugunsten der dem Englischen entsprechenden Abfolge *Determinans + Determinatum* (z.B. *mass-media, drogie-party, vidéo-société*) durchbrochen wird.

Beinke kommt zu dem Schluss, dass der englische Einfluss in diesem Fall zwar sicherlich frequenzsteigernd wirkt, nicht aber der einzige Auslöser

---

[89] vgl. Kapitel 1.2.2 . Hierauf soll an dieser Stelle ebenfalls nicht näher eingegangen werden, da es für den kommenden Teil der Arbeit zum einen nicht relevant ist und zum anderen den Rahmen dieser Arbeit sprengen würde.

für diese Entwicklung sein kann, da dieses Wortbildungsmuster bereits in früheren Entlehnungen, z.B. aus dem Deutschen, existiert und auch neulateinische Bildungen diese Determinationsabfolge aufweisen.

2.2.3.2 Syntax

Genauso verhält es sich auf dem Gebiet der Syntax. Folgende Erscheinungen sind im zeitgenössischen Französisch festzustellen, wenn auch ihre aktuelle Verbreitung nicht einzig und allein auf englischen Einfluss zurückgeführt werden kann:

Bereits Schütz (1968: 102 - 105) nennt folgende Phänomene:
- Voranstellung des attributiven Adjektivs: *Medical-Hôtel, Moderne Palace, splendide Hôtel*, wobei Schütz darauf hinweist, dass dies im Französischen keineswegs neu ist. Vielmehr spricht er von einer "force affective", welche besonders in der Werbung von Bedeutung ist.
- Adjektiv in adverbialer Funktion: *parler haut (bas)*. Auch diese Erscheinung ist dem Französischen durchaus vertraut. Allerdings gilt generell, dass eine formale Unterscheidung zwischen Adjektiv und Adverb aufrecht zu erhalten ist.
- Auslassung von Präposition oder Teilungsartikel: *buvez Fanta, louez yachts et cruisers*

Beinke (1990: 85 – 88) ergänzt diese Auflistung von Schütz durch folgende Aspekte:
- verstärkter Gebrauch des Passivs
- verstärkter Gebrauch von Komparativ und Superlativ anstelle des Positivs

Als Fazit zitiert sie Trescases (1982: 41), der folgender Meinung ist: "Rien jusqu'ici ne permet de conclure à une influence angloaméricaine déterminante dans ce domaine [la syntaxe ; Anm. d. Verf.] et donc à une atteinte en profondeurs de la langue [...]." (zitiert nach Beinke 1990 : 88)

2.2.3.3 Phonischer Bereich

Da für die englischen Einflüsse auf das Deutsche nicht auf den phonischen Bereich eingegangen wurde[90], wird auch für das Französische hierauf verzichtet.

---

[90] vgl. Kapitel 7.2: Nicht-lexikalische Einflüsse auf die deutsche Sprache – Zusammenstellung der von verschiedenen Autoren vermuteten Einflüsse auf das Deutsche.

2.3 Vergleichende Zusammenfassung der Einflüsse auf das Deutsche bzw. das Französische

Im großen und ganzen sind im Deutschen und im Französischen sehr ähnliche Einflüsse festzustellen. Insbesondere, was die englischen Einflüsse vor und nach 1945 betrifft, sind weitgreifende Analogien zu beobachten.

Auch ist es beiden Sprachen gemein, dass das offene lexikalische System mehr von den englischen Beeinflussungen betroffen ist, als das geschlossenere grammatische System. Trotzdem lassen sich sowohl im Deutschen als auch im Französischen einige Erscheinungen im morphologischen und syntaktischen Bereich aufzählen, die jedoch allesamt als Einflüsse durch das Englische fraglich sind. Vielmehr ist davon auszugehen, dass es sich um innersprachliche Parallelentwicklungen des Deutschen bzw. des Französischen zum Englischen oder etwa um dialektale Einflüsse handeln könnte.

An dieser Stelle ergibt sich die Frage nach möglichen Unterschieden in der Reaktion auf die englischen Einflüsse. Sind Analogien zwischen Deutschland und Frankreich festzustellen oder gibt es Unterschiede?

3 Zur Einstellung von Deutschen bzw. Franzosen zu ihrer Sprache – Sprachpflege in Deutschland und Frankreich

In Kapitel 2 wurden die Einflüsse des Englischen auf die deutsche sowie die französische Sprache abgehandelt, wobei auf die englischen Einflüsse auf das Französische nicht näher eingegangen werden musste, da diese den Einflüssen auf das Deutsche sehr ähnlich sind und mehr oder weniger analog verlaufen.

Worin liegt nun aber der Unterschied zwischen Deutschland und Frankreich in bezug auf die englischen Einflüsse? Diese Frage lässt sich leicht beantworten, wenn man die Einstellung der Deutschen zu ihrer Sprache näher betrachtet und diese dann mit der Einstellung der Franzosen zu ihrer Sprache vergleicht. Dies soll im folgenden geschehen.

3.1 Die Einstellung der Deutschen zu ihrer Sprache - Sprachpflege in Deutschland

Im Gegensatz zu Frankreich gibt es in Deutschland keine staatliche Behörde für Sprachpflege. Dies hängt u.a. damit zusammen, dass in Deutschland - insbesondere im Rückblick auf die deutsche Geschichte - aufgrund der "nationalistischen Untertöne einer solchen Einrichtung" eine derartige Behörde streng abgelehnt wurde[91].

Sicherlich gab es auch in Deutschland einige Pläne für eine Sprachakademie, ein Sprachamt, o.ä.[92]. Dennoch ist es in Deutschland bisher nicht wirklich gelungen, Sprachpflege in Form einer Akademie (wie beispielsweise in Frankreich die *Académie française*) zu institutionalisieren; vielmehr haben sich "Einrichtungen zur Erforschung des Sprachgebrauchs im Sinne von Sprachberatung, Sprachförderung usw. als zur Sprachpflege entwickelt." (Plümer 2000: 80)

Ähnlich wie in Frankreich beginnt die Geschichte der deutschen Sprachpflege etwa im 17. Jahrhundert, wobei Sprachpflege vorrangig als Sprachreinigung verstanden wurde. Im Sprachpatriotismus des Barockzeitalters, dem ersten Höhepunkt der Sprachreinigungsbestrebungen, lag das Hauptziel der Bemühungen von beteiligten Schriftstellern und Schriftgelehrten auf der Entwicklung einer selbständigen deutschsprachigen Literatur, um so

---

[91] vgl. Schelper 1995 : 85.
[92] vgl. Stickel 1984a: 48.

nicht zuletzt der kulturellen Vorherrschaft des Lateins und des Französischen[93] entgegenzuwirken. Dabei spielten insbesondere die "Säuberung" und Bereicherung des muttersprachlichen Wortschatzes sowie die Vereinheitlichung und lexikalische Erfassung der Hochsprache eine wichtige Rolle.

Das Bestreben, die Sprache zu verdeutschen, setzte sozusagen als Reaktion auf die ständig zunehmende "Französierung" des Deutschen Ende des 17. Jahrhunderts ein. Es entstanden zahlreiche Sprachgesellschaften, die – wie auch die *Académie française* in Frankreich – die florentinische *Accademia della Crusca* zum Vorbild hatten. Plümer (2000: 71-72) nennt als Beispiel die Weimarer *Fruchtbringende Gesellschaft*, deren Zielsetzung u.a. darin bestand, die deutsche Sprache zu fördern.

Auch im 18. Jahrhundert beschränkte sich die Sprachreinigung im Prinzip auf die Herausbildung einer gültigen hochsprachlichen Norm des Deutschen; eine bestimmte Form des Hochdeutschen sollte grammatikalisch und lexikalisch kodifiziert und propagiert werden[94]. Zu diesem Zweck wurden weitere Einrichtungen gegründet, wie beispielsweise die *Societät der Wissenschaften* (*Berliner Akademie*), die im Jahre 1700 von Friedrich I. von Preußen ins Leben gerufen wurde.

Erste Bemühungen zur Reinigung der deutschen Hochsprache finden sich durch die Berliner Akademie erst gegen Ende des 18. Jahrhunderts. Als wirkungsvoller stellten sich in dieser Hinsicht die an einigen deutschen Universitäten entstandenen *Deutschen Gesellschaften*, die sich die Pflege der deutschen Sprache, Dichtung und Redekunst zum Ziel gesetzt hatten, heraus.

"Eine herausragende Stellung nahm die seit 1697 in Leipzig bestehende, von Johann Christoph Gottsched (1700 – 1766) reorganisierte, und in *Deutsche Gesellschaft* umbenannte *Deutschübende Poetische Gesellschaft* ein. In Verbindung mit der Sprachautorität Gottscheds entstand in Leipzig zum ersten Mal eine Art konsultative Sprachpflege." (Plümer 2000: 71-72)

Im 19. und zu Beginn des 20. Jahrhunderts standen die Begriffe der Sprachpflege und der Sprachreinigung weitgehend als Synonyme nebeneinander, wobei jedoch insbesondere der institutionelle Bereich (Vereine und Gesellschaften) fest in der Hand von Sprachreinigern lag. Die

---

[93] Auch in Deutschland war mit der Herausbildung absolutistischer Herrschaft eine höfische Gesellschaft entstanden, die sich kulturell immer mehr am französischen Vorbild orientierte. Der französische Hof wurde zum Vorbild für Kleidung, Gesellschaftssitten und nicht zuletzt auch für Sprache. (vgl. Plümer 2000: 71 – 72).
[94] vgl. ebd.

Fremdwortbekämpfung stand im Mittelpunkt sprachpflegerischer Tätigkeiten und wurde mit nationalen Motiven erklärt. So steigerte sich auch in Deutschland der Sprachpurismus stets "im Zusammenhang mit einer politischen Aktivierung des Nationalgefühls zu Höhepunkten" (Plümer 2000: 73).

Erwähnenswert ist in diesem Zusammenhang, dass der fremdsprachliche Einfluss in Deutschland zu dieser Zeit besonders heftig bekämpft wurde. Gerade im Vergleich zu Frankreich dauerte es in Deutschland relativ lange, bis endlich eine anerkannte nationale Hochsprache entstanden war. Hinzu kommt, dass Deutschland vom Mittelalter bis ins 18. Jahrhundert nicht nur unter starkem kulturellem (und damit auch sprachlichem) Einfluss des Lateinischen, sondern auch des Französischen stand.

Sprachpurismus hing zu dieser Zeit eng mit politischen Entwicklungen zusammen und galt als wesentlicher Bestandteil eines patriotischen, kulturpolitischen Kampfes um nationale Selbständigkeit.

Einen wichtigen Einschnitt in die Geschichte der deutschen Sprachpflege stellt die Gründung des Deutschen Reiches im Jahre 1871 dar, mit der erstmals Behörden in den Fremdwortkampf eingriffen. Durch die neu entstandene nationale Einheit wurde nicht zuletzt eine Vereinheitlichung des amtlichen Sprachgebrauchs nötig. Weiterhin prägte auch diese Epoche der Kampf gegen Fremdwörter.

Schließlich begannen in den 1880er Jahren breite Schichten der Bevölkerung, sich für die deutsche Sprache und deren Pflege zu interessieren. Damit wurde die Sprachreinigung erstmals zu einer "weitverbreiteten populären Bewegung" (ebd.).

Im Jahre 1885 wurde daraufhin der *Allgemeine Deutsche Sprachverein (ADSV)* gegründet, welcher 1923 in *Deutscher Sprachverein* umbenannt wurde. Auf ihrer fortan institutionellen Basis erlebte die Sprachpflege einen großen Aufschwung.

Die Ziele des ADSV lagen dabei hauptsächlich in der Reinigung der deutschen Sprache von überflüssigen fremden Bestandteilen, sowie der Erhaltung, Wiederherstellung und Pflege der deutschen Sprache und damit auch der Kräftigung des nationalen Bewusstseins des deutschen Volkes[95].

> "Der Verein gewann schnell immer mehr Mitglieder. 1891 bestand er aus 160 Zweigvereinen mit 11.000 Vereinsangehörigen. Dieser rasche Erfolg zeugte vom regen Interesse, das viele Deutsche der Sprachreinigung entgegenbrachten. Im

---

[95] vgl. Plümer 2000: 74.

späten 19. und frühen 20. Jahrhundert war der *Sprachverein* Mittelpunkt einer allgemeinen Bewegung gegen die Fremdwörter, vor allem gegen Gallizismen. Dabei zeichnete sich die allgemeine Tendenz ab, dass die Fremdwörter nicht primär wegen ihrer Unverständlichkeit ausgemerzt werden sollten, sondern aus einem national-patriotischen Interesse. Allerdings kamen schon bald – sowohl von außen als auch von innen – Kritik am *ADSV* auf, da sich die Arbeit des *Sprachvereins* nur noch auf das häufig willkürliche Ausmerzen von Fremdwörtern reduzierte. Das weitaus größte Manko dieses ‚Fremdwortkampfes' bestand denn auch im Fehlen allgemeinverbindlicher Richtlinien, die vorschrieben, welche Gruppe von Fremdwörtern zu verdeutschen wäre." (Plümer 2000: 74)

Trotz des wachsenden sprachpflegerischen Interesses und der ernsten Bemühungen zur Errichtung einer staatlichen Sprachpflegeinstitution durch den Physiologen Emil Du Bois-Reymond und den Gründer des *Sprachvereins*, Hermann Riegel, kam es zunächst nicht zur Gründung einer solchen, obwohl man sich aufgrund ihres dann staatlichen Charakters und der damit verbundenen größeren finanziellen Basis eine Intensivierung der sprachpflegerischen Anstrengungen erhofft hatte[96].

Erst 1935, 50 Jahre nach der Gründung des *ADSV*, wurde im Deutschen Reich eine staatliche Sprachpflegeinstitution gegründet, wobei sich dieses Sprachpflegeamt als eine Art Dachverband für sämtliche Organisationen verstand, die sich mit Sprachpflege im weiteren Sinne befassten. Zu den Aufgaben des Sprachpflegeamtes zählten die behördliche Sprachpflege, grammatische Detailfragen, das Wesen der Sprache, Sprachrichtigkeit, Rechtschreibung, Modewörter, die Fremdwortfrage, Sondersprachen, Redensarten, Mundarten, Namenkunde, die Sprache des Auslanddeutschtums und die Sprecherziehung[97].

Nach der Machtergreifung und mit der Implementierung des NS-Regimes schlug der *Sprachverein* eine neue Richtung ein:

"[N]icht nur nationalistische und völkische, sondern faschistische Tendenzen begannen sich durchzusetzen. Ab 1936 galt der Kampf dem vermeintlichen jüdischen Element in der deutschen Sprache. Allgemein lässt sich sagen, dass sich die Fremdwortbekämpfung seit Ende des Ersten Weltkriegs konsequent von einer völkischen zu einer rassistischen und antisemitischen Ausprägung entwickelt hatte. In den Anfangsjahren des Dritten Reiches bestand ein relativ enger Kontakt zwischen *Sprachverein* und staatlichen Stellen. Nach Bernsmeier kann man in dieser Zeit auch noch von einer ideologischen Identität und gleichen Zielen zwischen *Sprachverein* und Nationalsozialismus sprechen." (Plümer 2000: 76)

---

[96] vgl. Plümer 2000 : 74 – 75.
[97] vgl. Plümer 2000: 76.

Allerdings setzte Adolf Hitler den puristischen Bemühungen des *Sprachvereins* schon 1940 ein Ende, nachdem in der Vereinszeitschrift des *Sprachvereins*, *Muttersprache*, immer wieder Kritik an der angeblich gleichgültigen Haltung der neuen Machthaber zur Fremdwortfrage vorgebracht wurde. Dies rief bei den Verantwortlichen starkes Missfallen hervor. In seiner diesbezüglichen Anordnung schreibt Hitler:

> "Nach einem Rundschreiben des Reichsministers und Chefs der Reichskanzlei ist dem Führer in letzter Zeit mehrfach aufgefallen, dass – auch von amtlichen Stellen – seit langem in die deutsche Sprache übernommene Fremdwörter durch Ausdrücke ersetzt werden, die meist im Wege der Übersetzung des Ursprungswortes gefunden und daher in der Regel unschön sind. Der Führer wünscht nicht derartige gewaltsame Eindeutschungen und billigt nicht die künstliche Ersetzung längst ins Deutsche eingebürgerter Fremdworte durch nicht aus dem Gebiet der deutschen Sprache geborene und den Sinn der Fremdworte meist nur unvollkommen wiedergebende Wörter. Ich ersuche um entsprechende Beachtung. Dieser Erlaß wird in Deutsche Wissenschaft, Erziehung und Volksbildung veröffentlicht." (zitiert nach Plümer 2000: 77)

Diese Aussage überrascht nicht, wenn man bedenkt, dass gerade der Gebrauch von bestimmten Fremdwörtern dazu dienen kann, Tatsachen zu verschleiern, so dass sie nicht für das "Normalvolk" zu erkennen sind[98]. Die Sprachpfleger hatten dieses Motiv der neuen Machthaber, nämlich das Motiv der Tarnung von brutalen, moralisch verwerflichen Maßnahmen durch pseudowissenschaftliche Fremdwörter, nicht erkannt[99].

Nach Ende des Zweiten Weltkriegs gab es keine staatliche Sprachpflegestelle mehr, auch wenn diese gelegentlich von zahlreichen Sprachkritikern gefordert wurde und wird. Die Ziele der Sprachpflege in Deutschland haben sich grundlegend geändert, und der Kampf gegen Fremdwörter ist lediglich ein Problem unter vielen, derer sich die moderne Sprachpflege annimmt.

In bezug auf die institutionalisierte Sprachpflege in Deutschland lassen sich vor allem zwei Einrichtungen nennen[100]: Zum einen ist dies die *Gesellschaft für deutsche Sprache (GfdS)*, die sich hauptsächlich auf Sprachberatung konzentriert, sowie die Dudenreaktion, deren Hauptaufgabe in der Bearbeitung und Herausgabe der Buchreihen *Großer Duden* und *Duden-*

---

[98] vgl. Kapitel 1.3.1 und Kapitel 2.1.2.1 dieser Arbeit.
[99] vgl. Plümer 2000 : 77.
[100] Eine detaillierte Liste mit unabhängigen Institutionen, die sich in der Bundesrepublik sprachpflegerisch betätigen, findet sich bei Schelper (1995: 85 – 87), die zudem auch die Ziele und Hauptaufgaben, sowie Sitz und Gründungsdaten der einzelnen Organisationen aufführt.

Taschenbücher besteht, und die zudem ebenfalls eine Sprachberatungsstelle betreut[101].

Speziell mit dem Kampf gegen Fremdwörter beschäftigt sich in Deutschland seit 1963 der *Verein für Sprachpflege* in Hamburg (Veröffentlichung: *Der Sprachpfleger*), allerdings ohne öffentliche Resonanz[102].

Zusammenfassend bleibt folglich festzuhalten, dass sich die aktuelle Sprachpflege in Deutschland ganz allgemein mit der Entwicklung der deutschen Sprache beschäftigt und sich nicht - wie die heutige französische Sprachpflege - vorwiegend dem Kampf gegen den englischen Einfluss widmet.

---

[101] vgl. Plümer 2000: 78 – 80.
[102] vgl. Schelper 1995: 87.

3.2 Die Einstellung der Franzosen zu ihrer Sprache – Sprachpflege in Frankreich

Im Gegensatz zu Deutschland hat Frankreich eine längere, intensivere Tradition im Bereich der Sprachnormierung und Sprachpflege. Nicht nur (Beinke 1990: 3) spricht von einer "Einmaligkeit des französischen Sprachpurismus". Die französische Sprache ist ungleich mehr als andere europäische Sprachen normiert, und es sind besonders die Franzosen, die ein ausgeprägtes Interesse an ihrer Sprache bekunden. Zudem hat das Französische von allen romanischen Sprachen die längste und wirkungsvollste sprachplanerische Tradition[103].

Bereits im 16. und 17. Jahrhundert gab es Bemühungen, die französische Sprache zu normieren, wobei im 17. Jahrhundert insbesondere Malherbe und Vaugelas als sprachliche Autoritäten eine tragende Rolle spielten.

Basis der französischen Hochsprache war der "bon usage", welcher sich am Sprachgebrauch des Hofes und angesehenen Autoren orientierte und in Zweifelsfällen von Grammatikern festgelegt wurde.

Seit jeher wurde und wird in Frankreich die Sprachpflege engagierter als anderswo betrieben, wobei auch der Staat ein Interesse an der Vereinheitlichung und Fixierung der Sprache zeigte: 1635 gründete Richelieu nach dem Vorbild der Florentiner *Accademia della Crusca* die *Académie française*, die zur offiziellen Sprachpflegeinstitution erhoben wurde[104] und deren Hauptaufgabe darin bestand, die französische Sprache zu regeln.

Es entwickelte sich ein Purismus, der sich an der literarischen Tradition Frankreichs orientierte. Dieser stand allerdings in großem Gegensatz zu einigen Entwicklungstendenzen der französischen Schriftsprache, die sich seit dem 19. Jahrhundert abzeichneten[105]. Hierzu zählten zunächst das Anwachsen des fachsprachlichen Wortschatzes als Folge der wissenschaftlichen und technischen Entwicklung und seine Verbreitung in große Teile der Bevölkerung, was mit dem Ausbau des Bildungswesens zusammenhing.

Als zweites ist der fremdsprachliche, besonders der englische, Einfluss zu nennen, der sich vor allem ab dem 19. Jahrhundert bemerkbar machte.

---

[103] vgl. Braselmann 1999: 1.
[104] vgl. Pöckl/ Rainer 1994 : 77 – 78.
[105] vgl. Berschin/ Felixberger/ Goebl 1978: 240.

Drittens schien die gesprochene Sprache einen Einfluss auf die Literatursprache auszuüben, was ebenfalls mit dem Ausbau des Bildungswesens zusammenhing, da nun der schriftliche Gebrauch der Sprache kein Privileg der Oberschicht mehr war, und eine Mehrheit der Bevölkerung sich der schriftlichen Sprache bedienen konnte. Verstärkt wurde dieser Einfluss der gesprochenen Sprache sicherlich nicht zuletzt "durch die prestigestarke Verbreitung des gesprochenen Wortes in Radio und Fernsehen" (Berschin/ Felixberger/ Goebl 1978: 240) im 20. Jahrhundert.

Als vierten und letzten Punkt nennen Berschin/ Felixberger/ Goebl (ebd.) "[d]ie schwindende Verbindlichkeit der literarisch orientierten Norm als Folge des mengenmäßigen Übergewichts der Sachtexte und der, z.B. in Zeitungen und Werbung, für den täglichen Verbrauch bestimmten Texten".

Es sind diese vier Erscheinungen, die die Puristen als "crise du français" bekämpfen wollten, wobei allerdings die traditionellen Normierungsinstanzen offenbar nicht mehr greifen konnten. Daher kam es - insbesondere seit den 1930er Jahren – zur Gründung weiterer Organisationen zur Verteidigung und Reinerhaltung der französischen Sprache. Genannt seien hier beispielsweise das 1937 gegründete *Office de la langue française* oder die *Défense de la langue française* (1958). Auch verweisen Berschin/ Felixberger/ Goebl (1978: 241) an dieser Stelle auf Organisationen, die sich vorrangig um das Vokabular bemühen, wie beispielsweise das *Comité d'étude des termes techniques français* (1954) und das *Office du vocabulaire français* (1957), die teilweise durch staatliche Gelder unterstützt werden[106].

Politisch war diese Zeit durch einen vehementen Antiamerikanismus in Frankreich gekennzeichnet, der nicht zuletzt auf einer Abwehrreaktion der ehemaligen Großmacht Frankreich auf den als übermächtig empfundenen Einfluss der USA beruhte[107]. Auch wenn die USA als Siegermacht nach dem zweiten Weltkrieg sowie als Weltmacht trotz aller politischer Vorbehalte in vielen Bereichen als Leitbild galten und die unbegrenzten wirtschaftlichen

---

[106] Bei Beinke (1990 : 211) findet sich eine ausführlichere Auflistung wichtiger Vereinigungen zur Verteidigung der französischen Sprache. Sie nennt zusätzlich zu den oben aufgeführten Organisationen noch den *Cercle de Presse Richelieu*, die *Association française de normalisation en matière de langage technique*, die *Fédération du français universel*, das *Haut Comité pour la défense et l'expansion de la langue française* und den *Conseil international de la langue française*. Des weiteren beschreibt sie im Detail eine weitere Reihe von staatlichen sowie privaten Organisationen, die sich mit der französischen Sprachpflege beschäftigen. Sie kommt dabei auf etwa 100 Vereinigungen, die dieses Ziel verfolgen. (vgl. Beinke 1990: 214 – 221).
[107] vgl. Zeidler 1993: 123.

Möglichkeiten der USA Bewunderung hervorriefen, waren die Amerikaner in Frankreich keineswegs beliebt.

> "So äußern Anfang der 50er Jahre im Rahmen einer Umfrage 66 % der befragten Franzosen die Ansicht, dass sich die Amerikaner „nur für Geld interessieren", 62% meinen, dass sie „mit Geld vollgepfropft seinen" und 46% sind der Überzeugung, die Amerikaner „hätten einen schlechten Geschmack". 39% der Befragten halten die Amerikaner gar für „nicht kultiviert". Aufgrund der Macht der USA befürchten viele Franzosen, die Amerikaner strebten die Weltherrschaft an, und 70% der Franzosen fühlen sich 1948 von den Amerikanern „wie arme Verwandte" behandelt." (Haensch 1972, der sich auf eine Umfrage stützt von V. van Dyke 1953: Ce que les français pensent de l'Amérique, in: Réalités 91/53, 18 – 22; zitiert nach Beinke 1990: 14)

Beinke (1990: 15) weist darüber hinaus darauf hin, dass in bezug auf Großbritannien ähnlich negative Klischees existieren:

> "Glaubt man dem *Spiegel*, so halten weniger als ein Drittel der Franzosen die Briten für eine *bedeutende Nation*, und die überwiegende Mehrzahl der Befragten scheinen von großen Unterschieden zwischen französischer und englischer Mentalität überzeugt zu sein (cf. Der Spiegel 21/84, 92). Anglophobe Witze erleben in Frankreich z.Zt. offensichtlich ebenso eine Renaissance wie frankophobe Witze in Großbritannien. Unter dem Eindruck der Schwierigkeiten, britische und französische Positionen und Interessen innerhalb der EG miteinander zu vereinbaren, macht sich in beiden Ländern ein eher negatives Bild vom jeweils Anderen deutlich bemerkbar." (ebd.)

Die Ablehnung des amerikanischen Einflusses schlug sich damit auch im Bereich der Sprache nieder. Auch sie hatte maßgeblichen Anteil an der Gründung der zahlreichen Institutionen zur Verteidigung der französischen Sprache[108].

Zu den bekanntesten französischen Sprachpuristen zählt sicherlich René Etiemble, der als fanatischer Sprachreiniger selbst angelsächsische Ortsnamen französieren wollte. "Seine Absicht ist es, durch die Satire zu „töten": ‚.. il faut aujourd'hui ... ridiculiser l'anglofolie, faire échec aux américanolâtres ...'" (Schütz 1968: 20). Dies gelang ihm schließlich 1964 mit seiner Parodie "Parlez-vous franglais?".

Der Begriff "franglais" (= français + anglais) taucht erstmals im Jahre 1959 im "Petit Robert" auf[109]. Er wird als Standardbegriff für die vermeintliche Sprachmischsituation gebraucht. Im Deutschen hingegen gibt es bis heute keinen einheitlich gebrauchten, standardisierten Begriff, auch wenn viele Sprachkritiker der Meinung sind, dass gerade in Deutschland inzwischen eher

---

[108] vgl. Zeidler 1993: 123.
[109] vgl. Zeidler 1993 : 123.

von einer Mischsprache (Deutsch + Englisch) denn von "reinem" Deutsch die Rede sein kann. So variieren die Bezeichnungen für diese Erscheinung von "Angeldeutsch", "Amideutsch" über "Engleutsch", "Denglisch" bis hin zu "Gerlisch"[110].

Besonders interessant in der Geschichte der französischen Sprachpflege ist allerdings die Tatsache, dass der Staat selbst versucht hat, durch Gesetze direkt in die Sprachnormierung einzugreifen[111]. So gab es am 18.1.1973 einen Erlass, mit dem Listen veröffentlicht wurden, welche Neologismen enthielten, deren Verwendung in bestimmten Instanzen, u.a. im gesamten Unterrichtswesen, "kraft Gesetz «empfohlen» wird – «empfohlen» in der Regel gegenüber Angloamerikanismen oder anderen Entlehnungen bzw. unliebsamen Bildungen, die vom Tag ab quasi öffentliches Auftrittsverbot haben" (Müller 1975: 29; zitiert nach Berschin/ Felixberger/ Goebl 1978: 241).

Diese Listen werden in unregelmäßigen Abständen durch mehrere ministerielle Kommissionen überarbeitet und im Gesetzblatt (*Journal Officiel de la République française*) veröffentlicht[112]. Die dort genannten Wörter sollen obligatorisch an die Stelle der bis dahin üblichen Anglizismen treten, beispielsweise in Aufschriften, Zeitungen oder im Fernsehen[113].

Als Beispiele nennen Berschin/ Felixberger/ Goebl (ebd.) folgende[114]:

EMPFOHLEN:	STATT:
industrie du spectacle	*show business*
palmarès	*hit-parade*
animateur	*disk-jockey*

---

[110] vgl. Stickel 1984b: 294.
[111] Eine übersichtliche Zeittafel zu sprachpflegerischen Maßnahmen und diesbezüglicher staatlicher Maßnahmen findet sich bei Braselmann (1999: 131).
[112] Seit Anfang der 1970er Jahre gab es Vorarbeiten zu diesen Listen, an denen verschiedene *Commissions de terminologie* in sukzessiver Reihenfolge beteiligt waren. Diese Kommissionen setzen sich aus Angehörigen der jeweiligen Ministerien und Fachleuten zusammen und sind damit beauftragt, in eigener Verantwortung Listen von Entlehnungen auf ihre Ersetzbarkeit hin zu prüfen. In einem zweiten Schritt werden die Vorschläge an den *Conseil international de la langue française* weitergeleitet und müssen vor der Veröffentlichung im *Journal officiel* durch die *Académie française* begutachtet werden. Das *Haut Comité de la langue française* (bzw. ab Mitte der 80er Jahre das *Commissariat général de la langue française* und ab 1989 die *Délégation générale à la langue française* als Nachfolgeorganisationen) koordiniert die jeweiligen Arbeiten. Folglich sind nicht nur Terminologieorganisationen an der Erarbeitung dieser Erlasse beteiligt, sondern mehrere weitere Instanzen. (vgl. Beinke 1995: 80 -81).
[113] vgl. Pöckl/ Rainer 1994: 78.
[114] Viele weitere Beispiele zu französischen Neologismen, welche die bis dahin üblichen Anglizismen ersetzen sollen, finden sich bei Beinke 1990: 366 ff..

savoir-faire   *know how*
conteneur   *Container*

Allein an diesen wenigen Beispielen wird meines Erachtens bereits ersichtlich, dass solche Versuche zum Scheitern verurteilt sein müssen. Sprache kann nicht durch festgelegte Regeln geformt werden. Es handelt sich bei diesen französischen Neubildungen im engeren Sinne doch um englische Entlehnungen (Lehnschöpfungen [*palmarès, animateur*], Lehnübersetzungen [*conteneur, industrie du spectacle*] und Lehnübertragungen [*savoir-faire*]), auch wenn sie mehr an die französische Sprache angepasst sind, als die ursprünglichen Ausdrücke[115].

Trotzdem wurden diese Erlasse, bei denen es sich mehr oder weniger noch um "Empfehlungen" handelte, mit dem Inkrafttreten des Sprachgesetzes am 1.1.1977 verbindlich. Dieses Sprachgesetz zur Verwendung der französischen Sprache, das *Loi Bas – Lauriol*, wurde bereits am 19.12.1975 verabschiedet und schränkte die Verwendung von Fremdsprachen und Fremdwörtern in Arbeitsverträgen, Rechnungen, Gebrauchsanweisungen u.ä. stark ein. Sämtliche englischen Fremdwörter sollen aus der Werbung, aus Verpackungsaufschriften, Gebrauchsanweisungen, Garantieurkunden, Arbeitsverträgen, Stellenanzeigen und v.a. aus allen Schul- und Lehrbüchern verbannt werden[116].

Offiziell begründet wird die Notwendigkeit des Gesetzes *Bas – Lauriol* mit dem Schutz des Verbrauchers sowie der Interessenvertretung des Arbeitnehmers, was bedeutet, dass "der Verbraucher ein Recht darauf habe, verständliche Gebrauchsanweisungen (d.h. in genetisch lupenreinem Französisch abgefasste Texte) vorzufinden und die arbeitende Bevölkerung vor Verträgen in einer ihr fremden Sprache geschützt werden müsse." (Schmitt 1977: 111; zitiert nach Beinke 1990: 231)

Bei genauerer Betrachtung der Situation wird allerdings schnell deutlich, dass bei der Gesetzgebung nicht der Schutz des Verbrauchers im Mittelpunkt steht, sondern vielmehr die "Eindämmung des englischen Einflusses sowie [...] die Bekämpfung der Vormachtstellung des Englischen in zentralen Bereichen der internationalen Kommunikation." (Beinke 1995: 82)

---

[115] vgl. Kapitel 1.2.2 dieser Arbeit.
[116] vgl. Beinke 1995: 81.

Ein Indiz hierfür könnte die Tatsache sein, dass die meisten Neologismen als Ersetzungen für Anglizismen gekennzeichnet sind. Hinzu kommt, dass beispielsweise auch die äußere Präsentation der entsprechenden Wörterbücher diese Zielsetzung zu unterstreichen scheint.

> "So enthält z.B. der Anhang der vom *Journal Officiel* herausgegebenen Sammlung der bis 1984 verabschiedeten Gesetze und Erlasse, *Langue Française*, ein Verzeichnis aller indizierten Anglizismen und ihrer französischen Entsprechungen, das von der Form her einem englisch-französischen Glossar nicht unähnlich ist. Ähnliches ist auch bei dem 1994 erschienenen *Dictionnaire des termes officiels de la langue française* festzuhalten, das in Wörterbuchform alle zwischen 1973 und 1993 festgelegten offiziellen Neuwörter sowie ihre Definitionen enthält." (Beinke 1995: 82)

Des weiteren wird durch das Motto "Verbraucherschutz" zwar suggeriert, dass es bei dem Sprachgesetz vorrangig um die französische Sprache als Verständigungsmittel geht; doch eine verbesserte kommunikative Leistung, welche bei einem solchen Ziel im Vordergrund stehen müsste, wird mit dem *Lois Bas - Lauriol* sicherlich nicht erreicht.

> "Neologismen wie *spationef (space craft)*, *chouquage (chugging)* oder *oriel (bow window)* dienen dem Ziel, Leistung und Funktionsfähigkeit des Kommunikationssystems zu sichern, kaum besser als die Anglizismen, die sie ersetzen sollen. Es ist sogar zu befürchten, dass hier eventuell Barrieren eines Typs entfallen, jedoch neue, andersgeartete, Barrieren entstehen." (Beinke 1995: 83)

Als weitere Kritikpunkte an dem französischen Sprachgesetz nennt Beinke (1995: 83 - 87) die folgenden:
- Einheitliche Kriterien für die Entscheidung zwischen Ersetzung und graphisch-phonischer Französierung scheinen zu fehlen. (*pipe-line*)
- Inhaltlich stellt die Berücksichtigung des Integrationsgrades der zu ersetzenden Anglizismen einen wichtigen Punkt dar. Bedenken müssen sich vorrangig gegen die Indizierung bereits verhältnismäßig integrierter Anglizismen (z.B. *show-business* oder *hit-parade*) richten.
- Ersetzungen, die als nicht bedeutungsgleich mit der entsprechenden Entlehnung anzusehen sind, wie *disk-jockey* und *animateur*, *stand-by* und *attente*, *hit-parade* und *palmarès*.
- umständliche Umschreibungen wie *(de) haut de gamme* für *standing* sowie "Kunstwörter" wie *facob* (die als obligatorische Bezeichnung für Rückversicherungsverträge von Versicherungsgesellschaften statt *opencover* vorgeschrieben sind). Dies gilt um so mehr für solche Ersatzbildungen, die als zu lang oder zu aufwendig eingestuft werden

müssen und die deshalb wohl nur eine kleine Chance haben dürften, sich gegenüber den häufig kürzeren Anglizismen durchzusetzen. Größere Chancen haben sicherlich nur solche Neubildungen, welche einen eher spielerischen Umgang mit der französischen Sprache unter Beweis stellen (z.B. *tomatine*, das *ketchup* ersetzen soll). Allerdings steht dem der bereits fortgeschrittene Integrationsgrad von Anglizismen wie *ketchup* entgegen, und gerade derartige Neologismen finden sich in den offiziellen Listen kaum.

- Neue Bildungen wie *couper sec,* die in den offizielle Listen zum Gebrauch vorgeschrieben werden, widersprechen den ästhetischen Regeln oder auch dem *génie de la langue française*. Denn es ist gerade der adverbiale Gebrauch von Adjektiven, der zu den stets aufs neue angegriffenen Entwicklungstendenzen des Gegenwartsfranzösischen gehört, und darüber hinaus üblicherweise auf englischen Einfluss zurückgeführt wird[117].

- In einer Reihe von Fällen werden für einen Anglizismus mehrere Ersetzungen vorgeschlagen, die z.T. ohne Bedeutungsunterschied nebeneinander stehen sollen (z.B. *astronef* und *spationef* für *space craft* oder *point identifié* und *position identifiée* für *pinpoint*).

- Prinzipiell ist mit zwei Kategorien von Ersetzungen zu operieren: den *termes obligatoires* und den *termes recommandés*. Während *planification* (= *organisation suivant un plan*) als empfohlen eingestuft wird, ist *planigramme* (= *matérialisation graphique d'une planification*) als obligatorische Ersetzung anzusehen. (beides sind Ersetzungen für *planning*)

- Zeidler (1993 : 127) geht schließlich noch auf den Bereich der semantischen Neologismen ein, der seiner Ansicht nach als besonders gefährdet gilt. Aufgrund des englischen Einflusses erhalten existierende französische Wörter neue Bedeutungen. Semantische Neologismen bedeuten zunehmende Polysemie. (z.B. *majeur (major): important, efficient (efficient): efficace*). Es besteht die Gefahr, dass das entsprechende französische Wort in seiner eigentlichen Bedeutung zugunsten der neuen Bedeutung verloren gehen könnte.

Zusammenfassend lässt sich somit festhalten, dass eine große Zahl der in den offiziellen Listen vorgeschlagenen Ersetzungen oft nicht akzeptabel ist

---

[117] vgl. Kapitel 2.2.3.2 dieser Arbeit.

und dass vielen Anforderungen an eine sinnvolle Sprachplanung nicht Rechnung getragen werden kann.

Als positiver Aspekt des Sprachgesetzes könnte die Wiederbelebung französischer lexikalischer Kreativität genannt werden, die mit den vielen neu kreierten Begriffen sicherlich gegeben ist. Ob dies allerdings von offizieller Seite intendiert war, darf bezweifelt werden.

Fest steht jedoch, dass Verstöße gegen das Gesetz mit erheblichen Geldbußen geahndet werden sollen und damit unter Strafe gestellt werden. Die Bestrafung für Verstöße gegen das Sprachgesetz entspricht ungefähr der Bestrafung für Betrug[118].

Weitere Bemühungen um die Reinhaltung des Französischen finden sich im *Dictionnaire des néologismes officiels* (1989) und im *Dictionnaire des termes officiels* (1993), welche beide Listen mit verschiedenen Gesetzen und Reglementationen enthalten, die verabschiedet wurden, um die französische Sprache zu schützen sowie Listen von den Kommissionen, die eingerichtet wurden, um diesen Schutz zu erreichen[119].

1994 kommt es schließlich zur Verabschiedung eines weiteren Gesetzes zur Verwendung des Französischen, dem *Loi Toubon*[120]. Es enthält eine umfassende Liste mit jenen Daten, an denen die verschiedenen *Commissions ministérielles de terminologie* ihre Listen mit den empfohlenen Begriffen veröffentlichten, die anstatt der Anglizismen zu verwenden waren. Dieses Gesetz von 1994, welches sich u.a. gegen Anglizismen wendet, ist sozusagen ein Nachfolger des Sprachgesetzes von 1975 und schreibt ebenfalls vor, dass für Bedienungsanleitungen und Gebrauchsanweisungen nur Französisch verwendet werden darf[121]. Es richtet sich darüber hinaus auch an Privatpersonen im Umgang mit öffentlichen Institutionen. Damit wird bereits angedeutet, dass das Gesetz von 1975 nicht die erhoffte Wirkung der Beseitigung der Anglizismen aus der französischen Sprache erbracht zu haben scheint; sonst hätte es 20 Jahre später kein neues Gesetz über den selben Sachverhalt gegeben, welches noch dazu in seinem Anwendungs-

---

[118] vgl. Beinke 1990 : 230.
[119] vgl. Thody 1995 : 53.
[120] Das *Loi Toubon* geht zurück auf den Minister für Kultur und Frankophonie, Jacques Toubon.
[121] vgl. Oskaar 1995: 24.

bereich erheblich erweitert und verschärft wurde, obwohl sich bereits mit dem Gesetz von 1975 eine mangelnde Praktikabilität herausstellte[122].

Das *Loi Toubon* macht aber deutlich, dass der französische Staat – trotz des bisherigen Mangels an durchschlagendem Erfolg - weiterhin um Bestand und Reinheit der französischen Sprache bemüht ist. Plümer (2000: 275) hat diesbezüglich festgestellt, dass

> "[d]as neu entflammte Engagement des Gesetzgebers [...] bereits einige Erfolge gezeigt [hat]. Seit Inkrafttreten der *Loi Toubon* haben die für die Kontrolle der Gesetzesbestimmungen zuständigen Institutionen ihre Überprüfungen kontinuierlich intensiviert. 1996 nahmen die Kontrollen um 143% und 1997 noch einmal um 25% zu. Auffallend ist jedoch die Tendenz, festgestellte Verstöße lediglich mit Verwarnungen statt mit Anklagen vor Gericht zu ahnden. Eine Ursache für den Trend zur schriftlichen Verwarnung könnte in der geringen Zahl der Verurteilungen liegen. Seit Inkrafttreten der *Loi Toubon* kam es nur in 20% der vor Gericht verhandelten Fälle zu einer Verurteilung."

Trotzdem hat sich an dem ursprünglichen Prinzip der Sprachpflege nichts Entscheidendes geändert:

> "Nach wie vor sind die Terminologiekommissionen unverdrossen damit beschäftigt, für angloamerikanische Wörter französische Ersatzausdrücke zu erarbeiten. Angesichts der rasanten Sprachentwicklung – insbesondere im terminologischen Bereich – scheint es jedoch recht utopisch, dieser mit einer Standardliste von etwa 4000 normgerechten Ausdrücken Einhalt gebieten zu können. Selbst wenn es gelingen sollte, einzelne Anglizismen zu ersetzen, ist das Problem der von Puristen befürchteten ‚Überfremdung' damit nicht gelöst, da ständig neue Entlehnungen auftauchen. Gerade in der heutigen schnelllebigen Zeit von Multimedia und grenzenloser Kommunikationsübermittlung per Datenautobahnen ist es nahezu unmöglich, eine Sprache gänzlich gegen die Einflüsse einer anderen abzuschotten." (Plümer 2000: 276)

---

[122] Beinke (1995: 87 - 88) weist auf die nicht unproblematische Frage nach der Anwendung des Gesetzes hin: "Selbst wenn einige den Ministerien direkt nachgeordnete Instanzen wenigstens grundsätzlich kontrolliert werden können, entziehen sich der nichtstaatliche Bereich und vor allem die alltäglich gesprochene Sprache de facto jeder effektiven Kontrolle, und dies trotz eigens zu diesem Zweck gegründeter Vereinigungen wie der *Association générale des usagers de la langue française*."

Erwähnenswert ist schließlich die neueste Entwicklung im Bereich der französischen Sprachpflege: Seit 1996 werden einem breitem internationalen Publikum unter der Internet-Adresse http://www.culture.fr vom Kultusministerium sämtliche öffentlichen Verlautbarungen, Berichterstattungen an das Parlament, Statistiken, Jahresberichte über die Erfolge, etc. bereitgestellt. Damit werden die Wortlisten mit den statt den Anglizismen zu verwendenden Termini, die vorher nur im *Journal officiel* veröffentlicht wurden, schneller als zuvor verbreitet. Die staatlichen Stellen scheinen die neue Kommunikationsmöglichkeit des Internets ganz bewusst zu nutzen, indem sie nicht nur ihre Ergebnisse verbreiten, sondern auch die Benutzer auffordern, sich an der Terminologiearbeit zu beteiligen.

> "In dem Moment, wo sich eine Kommission einen bestimmten englischen Term vornimmt, wird dieser via Internet bekannt gegeben und die Benutzer aufgefordert, Vorschläge für Äquivalente zu übermitteln. Mit Hilfe der modernen multimedialen Möglichkeiten gelingt es so, nicht mehr „von oben" vorzuschreiben, sondern die Benutzer in die „experimentelle" kooperative Neologie mit einzubinden und so teilhaben zu lassen an einer demokratisch, dynamisch ausgerichteten Sprachpflege." (Braselmann 1999: 24)

Abschließend bleibt festzuhalten, dass diese Entwicklung des anscheinend ständig wachsenden englischen Einflusses selbst mit dem besten "Anti-Anglizismus-Gesetz" nicht aufzuhalten sein scheint. Ob der Einsatz des Internets hilft, die festgelegten Neuwörter durchzusetzen bleibt abzuwarten[123].

---

[123] vgl. Braselmann 1999: 23 – 25.

3.3 Vergleichende Zusammenfassung

In diesem Kapitel sollte die Einstellung bzw. der Umgang der Deutschen und der Franzosen mit ihrer Sprache am Beispiel der Sprachpflege dargestellt werden. Hierbei wurde deutlich, dass das von vielen Linguisten bemängelte unterentwickelte Sprachbewusstsein der Deutschen Tradition hat. Die Deutschen scheinen bedeutend weniger an Erhalt und Verbreitung ihrer Sprache interessiert als beispielsweise die Franzosen. Dieses Phänomen ist nicht nur eine Nachkriegserscheinung, sondern hat weit in die Geschichte zurückreichende Ursachen, wobei insbesondere die verspätete Kodifizierung der Standardsprache aufzuführen ist[124].

Zur Sprachpflege an sich ist zu sagen, dass diese sich in Deutschland ganz allgemein mit der Entwicklung der Sprache beschäftigt und nicht – wie in Frankreich – speziell mit dem Einfluss des Englischen auf die Sprache.

Während es in Deutschland gegen den guten Ton verstößt, eine Position gegen den anscheinend ständig wachsenden englischen Einfluss zu beziehen, werden Anglizismen in anderen Ländern z.T. öffentlich bekämpft - wenn auch nicht unbedingt mit Erfolg. Dies gilt insbesondere für Frankreich, wo mit René Etiembles Buch "Parlez-vous franglais?" (1964) eine intensive Sprachreinigungswelle eingesetzt hat, die staatliche Eingriffe in die Sprachnormierung und -regelung mit einschließt.

Letztere finden ihre Höhepunkte in der Verabschiedung von Sprachgesetzen, und zwar dem Gesetz über den Gebrauch der französischen Sprache (*Loi Bas-Lauriol*) vom 31. Dezember 1975, das die Verwendung von Anglizismen in der Wirtschaft unter Strafe stellt, und dem *Loi Toubon* von 1994, welches Anglizismen sogar für Privatpersonen im Umgang mit öffentlichen Ämtern zu verbieten sucht.

Derartige Gesetzgebungen werden nicht nur in Deutschland als Kuriosum angesehen. So verwundert es nicht, dass sich beispielsweise die *Gesellschaft für deutsche Sprache* (GfdS), Wiesbaden, gegen derartige Eingriffe ausspricht, da es sich hierbei um eine "Denkregelung mit antieuropäischen Zügen handele, die auf totalitärem Staatsgebaren beruhe" (Schelper 1995: 92)[125].

Angesprochen wurden des weiteren die Probleme, welche die französischen Sprachgesetze mit sich bringen. Bei den Ersetzungen, die für die zu vermeidenden Anglizismen festgelegt werden, scheint es oftmals

---

[124] vgl. Schelper 1995: 106.
[125] vgl. Nüssler 1979.

ausschließlich um eine hartnäckige Ausmerzung der englischen Begriffe auch auf Kosten der Verständlichkeit zu gehen. Dabei wird zudem nicht berücksichtigt, dass Entlehnungsprozesse bei in Kontakt stehenden Sprachen normal sind, v.a. in der Zeit der zunehmenden Globalisierung und Internationalisierung. Sie werden kaum durch radikale Säuberungsversuche und puristische Forderungen aufzuhalten sein[126], was in der folgenden Untersuchung gezeigt werden soll.

---

[126] vgl. Viereck/ Viereck/ Winter 1979: 318.

4 Analyse der Werbeanzeigen im "Spiegel" 1976 und 2001 und im "Nouvel Observateur" 1976, 1977 und 2001

4.1 Werbung

Gerade in der Werbung spielt Sprache eine nicht unwesentliche Rolle. Sie soll möglichst wirkungsvoll gestaltet werden, so dass Werbetexter gerne auf Fremdwörter zurückgreifen, da man diesen im allgemeinen eine besondere Wirkung zuschreibt. Daher ist der Anteil an Anglizismen in der Werbesprache überdimensional hoch.

Dies gilt nicht nur für die "deutsche" Werbung; auch in der finnischen, englischen, französischen und der dänischen Werbesprache ist eine ähnliche Vorliebe für fremdsprachliche Elemente spürbar[127].

Da die Werbesprache vor allem durch werbepsychologische Faktoren bestimmt wird, richtet sich die Wortwahl in der Werbung häufig nach der Bild- und Klangwirkung des Wortes. Dabei spielen insbesondere englische Fremdwörter eine Rolle[128].

Damit ist die Werbesprache eines der Gebiete, auf denen der englische Einfluss heute besonders stark zum Ausdruck kommt. Ihre Rolle als "Einführer neuer Anglizismen" (Frimann 1977: 19) ist keineswegs zu unterschätzen, auch wenn viele der englischen Wörter und Wendungen in der deutschen Sprache sehr kurzlebig sind.

Manche Anzeigen bestehen gänzlich aus englischen Elementen und enthalten kein einziges deutsches Wort. Dies gilt hauptsächlich dann, wenn "das Besondere, das Internationale, das Zukunftsorientierte eines Produktes oder einer Dienstleistung dem Publikum vor Augen geführt werden soll, wenn es um Freiheit, Abenteuer oder Genuss geht" (Gawlitta 2000: 7). In diesen Fällen "scheint die deutsche Sprache nicht geeignet zu sein, den Sachverhalt treffend zu beschreiben" (ebd.).

Selbst Werbeanzeigen, die ausschließlich für den deutschen Markt bestimmt sind und von deutschen Werbeagenturen gestaltet werden, werden z.T. mit großen Anteilen an englischen Elementen gestaltet. Hinzu kommt, dass laut Gawlitta (2000: 8) Werbeagenturen international agierender Unternehmen in Deutschland mit englischsprachigen Slogans werben, während in anderen Ländern in der jeweiligen Landessprache geworben wird.

---

[127] vgl. Frimann 1977 : 13 – 14.
[128] vgl. Kapitel 1.2.3.3.2 dieser Arbeit; v.a. das Zitat von Wilss 1966.

"So wirbt z.B. die Firma Philips in Italien mit dem Slogan „Miglioriamo il tuo mondo", in Spanien mit dem Slogan „Juntas hacemos tu vida mejor" und in Frankreich mit „Faisons toujours mieux." Ist es da verständlich, dass in Deutschland mit dem Werbeslogan „Let's make things better" geworben wird? Die Kernaussage der jeweiligen europäischen Slogans in diesem Beispiel ist in allen Ländern in etwa die gleiche, auffällig ist nur, dass man sich in Deutschland des Englischen bedient." (Gawlitta 2000: 8)

Als Haupteinsatzfelder für die englische Sprache in der deutschen Werbung nennt Gawlitta (2000: 10) Produktnamen, Firmennamen, Firmenlogos, Werbeanzeigen, Plakate, Fernseh- oder Rundfunkspots, Benutzeroberflächen in der Datenverarbeitung, Fachsprachen und Betriebsanleitungen.

"In einem Bereich scheint aber die englische Variante weithin das Feld zu beherrschen, bei den sogenannten Werbeslogans. Hier kulminiert gewissermaßen die Lust am Englischen in der Werbung. Hier scheint das Englische mit seiner angeblichen Prägnanz, Lockerheit (Coolness) und Weltoffenheit – jedenfalls aus der Sicht der Werbeagenturen – unschlagbar und unersetzlich zu sein."(ebd.)

Gleichzeitig darf der englische Einfluss auf die deutsche Werbesprache aber auch nicht überschätzt werden, da es häufig Ad-hoc-Bildungen sind, die Werbeanzeigen interessant machen.

4.1.1 Zum Aufbau von Werbeanzeigen

Viele Werbeanzeigen zeigen im Grunde einen ähnlichen Aufbau und enthalten daher mehr oder weniger dieselben Bestandteile, die im folgenden kurz dargestellt werden sollen. Dabei muss nicht jede Anzeige zwingend alle der aufgeführten Elemente enthalten. Dies gilt besonders für aktuelle Werbeanzeigen, welche immer mehr vom klassischen Anzeigenaufbau abzuweichen scheinen.

- *Schlagzeile (1)*[129]:

Die Schlagzeile (*Headline*) ist der Aufhänger einer Anzeige und kann mit der Überschrift eines Zeitungsartikel verglichen werden. Neben dem Bild[130] (6)

---

[129] Die Zahlen beziehen sich auf die Werbeanzeige von SAP (siehe Kapitel 7.3.2), an der der allgemeine Aufbau von Werbeanzeigen veranschaulicht dargestellt werden soll.
[130] Auf das Bildelement soll im Rahmen dieser Arbeit aus Platzgründen nicht näher eingegangen werden, auch wenn es in engster Wechselbeziehung mit der Schlagzeile steht, was sich aus der gemeinsamen Funktion des Blickfangs und der Möglichkeit erklärt, durch spielerische Bezugnahmen witzige Effekte zu erzielen.

ist sie das zentrale Textelement, welches die Aufmerksamkeit des Lesers wecken und zum Lesen der Anzeige animieren soll.

> "Zu diesem Zweck vermittelt die Headline dem Umworbenen im Idealfall eine Information, die einen aufmerksamkeitserregenden Aspekt des Beworbenen ausschnitthaft und zuweilen auch spektakulär thematisiert und eine besondere Informationsqualität besitzt." (Gawlitta 2000: 24)

Es handelt sich dabei um eine sogenannte *Unique Selling Proposition* (*USP*), worunter man in der Werbefachsprache einen "einzigartigen Verkaufsvorteil" oder ein "herausragendes Nutzenversprechen" versteht. Die Hauptaufgabe der Schlagzeile liegt somit in der Fokussierung der *Unique Selling Proposition*, um das Augenmerk des Lesers auf die Anzeige zu lenken.

Neben der *Headline* werden in der Werbefachsprache *Subheadline (2)* und *Topline*[131] unterschieden. Bei der *Subheadline* handelt es sich um eine Unter- bzw. Zweitüberschrift. Sie erscheint in der Regel direkt unterhalb einer Headline und dient im allgemeinen durch ihren engen inhaltlichen Bezug zur *Headline* der Präzisierung der Schlüsselbotschaft einer Anzeige[132]. Die *Topline* hingegen ist eine kleiner gedruckte Anfangszeile, die sich oberhalb der *Headline* befindet.

Da allerdings viele aktuelle Werbeanzeigen nicht mehr dem traditionellen Anzeigenaufbau entsprechen, fällt eine diesbezügliche Unterscheidung in vielen Fällen schwer und ist im Prinzip überflüssig. Deshalb kann die genauere Differenzierung in bezug auf die Schlagzeile hier vernachlässigt werden[133].

- ***Fließtext (3):***

Die Funktion des Fließtextes, auch *Copy*, *Textbody* oder *Body Copy* genannt, ist es, "den in der Schlagzeile thematisierten Aufhänger als Text-Thema aufzugreifen und in einer stilistisch und semantisch kohärenten Form auszuführen bzw. das Bildmotiv der Anzeige sprachlich auszuformulieren oder mit weiteren Angaben zu ergänzen." (Janich 1999: 44)

Des weiteren soll der Fließtext dem Leser die Notwendigkeit und Zweckdienlichkeit des Werbeobjekts vor Augen führen, um so in ihm den Kaufwunsch zu wecken.

---

[131] Eine *Topline* liegt in dieser Beispielanzeige nicht vor.
[132] vgl. Gawlitta 2000: 24 – 25.
[133] vgl. Janich 1999: 41 – 42.

"Auf jeden Fall wird im Fließtext mehr über das Produkt ausgesagt als in Headline oder Slogan, so dass seine Gestaltung auch anderen Prinzipien unterliegt und daher nicht ohne weiteres mit den Merkmalen von Slogan oder Headline verglichen werden kann."(Janich 1999: 44 – 45)

Auch auf den Fließtext muss hier nicht näher eingegangen werden, da dieser in vielen Fällen nicht besonders inhaltsreich angelegt wird, da er nur selten ganz gelesen wird. Daher kann der Fließtext neben seiner informativen Funktion auch eine eher suggestive übernehmen, da allein durch sein Vorhandensein angenommen wird, dass es über das Produkt etwas Wissenswertes auszusagen gibt. Dadurch kann eine gewisse Glaubwürdigkeit erzeugt werden[134].

- *Slogan (4):*

Der Slogan wird oft als *Abbinder* bezeichnet und dient der abschließenden Zusammenfassung der Werbeaussage in kurzer und prägnanter Form. Das Hauptmerkmal des Slogans besteht in seiner Identitätsfunktion. Er ist sozusagen die "Visitenkarte" des beworbenen Produkts und soll die Wiedererkennung eines Produkts, einer Marke oder eines Unternehmens gewährleisten.

Aufgrund seiner Wiederholung in allen Anzeigen kann der Slogan zu dem entsprechenden Produkt auch imagebildend wirken. Dabei finden sich hierzu häufig sehr unkonkrete Thematisierungen positiver Aspekte (z.B. *Freude am Fahren* (BMW) oder *Let's make things better* (Philips) usw.), welche die Imagebildung zugunsten des werbenden Unternehmens beeinflussen sollen.

Auch soll sich der Slogan durch Wiederholung und seine knappe, prägnante Form beim Konsumenten einprägen und so die Wiedererkennung ermöglichen. Gute Slogans, die diese Funktion erfüllen, gelangen so als "geflügelte Worte" in die Alltagssprache und werden ggf. in anderen Werbeanzeigen imitiert oder intertextuell verwendet (z.B. *Nicht immer, aber immer öfter* (Clausthaler), *Ich bin doch nicht blöd* (Media-Markt), *Da werden Sie geholfen* (Teleauskunft))[135].

Folglich könnte man die Slogans als das "Aushängeschild" eines Unternehmens bezeichnen. Aufgrund der Tatsache, dass gerade sie den Weg in die Alltagssprache finden können, sind die Slogans für die vorliegende

---

[134] vgl. Janich 1999: 45.
[135] vgl. Janich 1999: 45 – 48.

Arbeit von besonderer Bedeutung, zumal Gawlitta (2000: 35 - 36) in seiner Arbeit feststellt, dass seit dem Jahr 1981 der englische Einfluss auf die Textsorte Werbeslogan stark gestiegen ist.

- **Logo (5):**

    Das Logo oder auch Firmenzeichen befindet sich bei den meisten Anzeigen in der rechten unteren Ecke. Dies erklärt sich funktional aus der werbetheoretischen Annahme, "dass der Betrachter einer Anzeige zuletzt deren rechtes unteres Eckfeld wahrnimmt, bevor er sich der auf die jeweilige Anzeige folgende Zeitungsseite zuwendet." (Gawlitta 2000: 26)

    Das Anzeigenelement, das der Betrachter als letztes wahrnimmt, wird dieser am intensivsten in Erinnerung behalten.

- **Adds[136]:**

    Der Begriff *Adds* ist abgeleitet vom englischen Wort "additions" und steht für erläuternde Ergänzungen zu einem Produkt- oder Markennamen. Gemeint sind damit Angaben wie Trademark ™, registriertes Warenzeichen ® oder Fußnoten wie *zum Patent angemeldet*. Diese erscheinen nicht nur in bezug auf Produktnamen, sondern können auch bei Produkteigenschaften stehen, wenn es sich beispielsweise um ein spezielles technisches Prinzip in der Unterhaltungselektronik oder der Computertechnik handelt. (z.B. *Secure Sleep* ™, *Pentium II* ® *Prozessor*).

    Dabei sind dieses Anmerkungen nur teilweise rechtlich bedingt; denn sie erfüllen auch die Funktion, die Argumentation der Werbung glaubwürdiger erscheinen zu lassen[137].

- **Inserts[138]:**

    Mit *Inserts* (Einklinker) sind Texteinschübe gemeint, die an nicht zentralen, frei gelassenen Stellen Mitteilungen mit aktuellem Orts- und Zeitbezug beinhalten. Dabei kann es sich um Zusatzinformationen zu Preisen, Sonderaktionen, Öffnungszeiten einzelner Verkaufsstellen, zu Messen, Veranstaltungsorten oder Beratungsangeboten usw. handeln.

---

[136] *Adds* liegen in dieser Beispielanzeige nicht vor.
[137] vgl. Janich 1999: 55.
[138] *Inserts* liegen in dieser Beispielanzeige ebenfalls nicht vor.

Von *Deranger* (Störer) ist in der Werbefachsprache dann die Rede, wenn ein *Insert* an einer zentralen Stelle der Anzeige platziert ist und so gezielt die Gesamtwahrnehmung unterbricht, z.B. durch Verdecken eines Bildelements. Damit soll erreicht werden, dass der Leser durch die Störung des Gesamterscheinungsbildes der Werbeanzeige auf eben diesen Deranger besonders aufmerksam wird. Er wird daher in der Regel dann eingesetzt, wenn eine nachträglich in eine Anzeige aufzunehmende aktuelle Werbebotschaft bzw. Information die Headline und das Fließtext-Thema hinsichtlich ihrer Bedeutung übertrifft[139].

Janich (1999: 55 – 56) nennt in ihrer Arbeit noch weitere spezielle Textelemente wie Bildtexte oder auch Antwort-Coupons, die jedoch in der vorliegenden Arbeit nicht weiter von Bedeutung sind und daher vernachlässigt werden können.

---

[139] vgl. Janich 1999 : 56.

4.1.2 FUNKTIONEN ENGLISCHER ELEMENTE IN DER WERBUNG

In Kapitel 1.3 dieser Arbeit wurde bereits auf die allgemeinen Gründe für den Fremdwortgebrauch eingegangen. Es stellt sich nun die Frage, wie der übermäßige Gebrauch von englischen Begriffen speziell in der Werbung[140] zu erklären ist.

Schütz (1968: 114 - 117) geht dabei als erstes auf die sprachliche Kürze ein. Gerade in der Werbung besteht ein erhöhter Bedarf nach schlagkräftigen, kurzen Wörtern und bündigen Ausdrücken. Zum einen macht sprachliche Kürze ein Inserat billiger, zum anderen wird eine kurze Anzeige eher vollständig gelesen als ein langer Text. Hinzu kommt, dass ein Inserat mit knappem Text leichter eingeprägt werden kann und sich als eine Art geflügeltes Wort schneller verbreitet. Des weiteren "frappiert" ein Kurzwort – besonders als Neologismus fremder Herkunft – und kann daher auch als reklametechnischer Blickfang verstanden werden.

Besonders einsilbige Anglizismen scheinen diesem Bedürfnis entgegen zu kommen, wobei allerdings selten die Kürze allein maßgebend ist. Auch Auffälligkeit, Ausdrucksstärke und Originalität spielen eine große Rolle.

Als zweites geht Schütz auf die Rolle der sprachlichen Ausdruckskraft ein, wobei er auch hier dem Englischen zugesteht, große Dienste in der Werbesprache leisten zu können. Besonders ist dabei von Bedeutung, dass das verwendete Wort auffällt und nicht unbedingt, dass es verstanden wird. Diesem Anspruch können (noch) als Neologismen empfundene oder ganz neu aufgenommene Anglizismen, sowie neue Bedeutungen bereits vorhandener Entlehnungen aus dem Englischen anscheinend gerecht werden[141].

Da die Reklamesprache ständig nach neuen Ausdrucksmöglichkeiten sucht, wird ursprünglich Auffälliges schneller abgenutzt als auf anderen Gebieten der Sprache, da es laufend wiederholt werden muss. Immer neue Wörter müssen entweder gebildet oder entlehnt werden, insbesondere aus dem Englischen. Dabei kann es teilweise zur Herausbildung ganzer Synonymreihen kommen[142].

---

[140] vgl. Kapitel 4.1. der vorliegenden Arbeit.
[141] vgl. Schütz 1968: 117.
[142] vgl. Schütz 1968: 120. Als Beispiel führt Schütz hier französische Benennungen "von Behältnissen mit Sprühvorrichtung zum Zerstäuben von Flüssigkeiten" an und findet folgende Begriffe: *atomiseur* (auch: *atomizer* in der englischen Originalform), *spray, mist, flacon, aérosol*, sowie die kombinierten pleonastischen Formen *bombe atomizeuse, bombe à tête atomisante, spray atomiseur* und *burette aérosol*.

Bei den Gründen für den Fremdwortgebrauch und damit bei den Funktionen von Anglizismen in der Werbung spielt auch die sprachliche Verhüllung eine Rolle. Gerade Anglizismen, die als Euphemismen eingesetzt werden, können dazu dienen, die Gefühle des Kunden zu schonen. So werden bestimmte Dinge, wie beispielsweise Bezeichnungen für Methoden der Körperkorrektur (z.B. *face-lifting, peeling, slip.....*), nicht bei ihrem Namen genannt.

Typischer und wichtiger für die Werbung sind allerdings diejenigen Anglizismen, die es ermöglichen, leichtgläubigen oder sprachlich ungebildeten Kunden einerseits vorteilhafte Eigenschaften der angebotenen Ware vorzutäuschen, andererseits unvorteilhafte zu verbergen[143]. "Durch die Verwendung von Anglizismen im Sprachgebrauch von Handel und Werbung werden die Kunden irregeführt." (Stickel 1984b: 298)

Neben der sprachlichen Verhüllung besteht die Möglichkeit der sprachlichen Präzision, die jedoch eher in den einzelnen Fachsprachen als in der Werbung ihre Berechtigung findet. Anders als in der Werbesprache geht es in den Fachsprachen tatsächlich um Genauigkeit und nicht um Stil oder Wirksamkeit wie in der Werbesprache. Diese bezieht zwar Fachwörter und Ausdrücke aus diversen Spezialbereichen, tut das aber nicht nur um der Genauigkeit der "Information", sondern eher um der reklamemäßigen Wirkung willen. Es geht also vielmehr um einen zu erzielenden Effekt. Zum einen soll – wenn auch rational völlig unbegründet – Vertrauen auf Qualität erzeugt werden, zum anderen appellieren solche (Pseudo-) Fachtermini an den Fachmann oder Kenner im Kunden. Schütz (1968: 131 - 132) spricht in diesem Zusammenhang von einem "Snobismus des Kennertums", der nicht auf den engen Bereich der Technik beschränkt bleibt.

"So mögen Anglizismen, die Verhältnisse und Dinge in Großbritannien oder den Vereinigten Staaten bezeichnen und als bekannt voraussetzen, eine ähnliche Bedeutung haben; denn oft gehen sie in ihrer Funktion über reines Lokalkolorit, das besonders in der Werbung von Reiseagenturen eine Rolle spielt, hinaus." (ebd.)

Schließlich geht Schütz auf den sprachlichen Schwulst ein, der als "rein sprachlicher Snobismus [...] ebenfalls aus der Quelle der englischen Entlehnung und ihrer Pseudoformen gespeist" wird (Schütz 1968: 132). "Er äußert sich in einer – in der Sprache der Halbgebildeten nicht seltenen – Bevorzugung des

---

[143] vgl. Schütz 1968: 129 - 130.

ungewöhnlichen, oft langen Fremdwortes. Die stilistische Wirkung ist die allzu gewählter Eleganz oder, öfter, plumper und lächerlicher Schwerfälligkeit [...]." (ebd.)

Abschließend stellt Schütz (ebd.) eine Skala von Funktionen des Anglizismus in der heutigen "psychologisierten" Werbesprache auf, wobei er betont, dass meist eine Funktion überwiegen wird[144]:

- sprachliche Bündigkeit
- "visuelle" oder einfach neologistische Auffälligkeit
- Synonymenvariation
- Wortspielereien
- schlagende Ausdruckskraft im Slogan
- bildhafte Wendungen
- sprachliche Verhüllung
- sprachliche Präzision und Pseudopräzision, auch als
- Lokalkolorit
- Großsprechertum und Snobismus

Zu einem ähnlichen Ergebnis kommt Fink 1980, der die Häufigkeit und Funktion von Anglizismen und "Werbeanglizismen" in deutschen Jugendzeitschriften untersucht:

"Für die Werbeanglizismen gilt, dass solche Funktionen wie interessant machen, Verfremdung, Textbelebung. Lautmalerei, Humor, Ironie, Kontrast so gut wie gar nicht in Erscheinung traten. Den Eigenschaften und Zielen der Werbung entsprechend kamen darin vornehmlich Funktionen vor wie:

Effekthascherei	(*The Wild Side, Teenies, Stickers, Rifle-Super-Sounder-Radio, Pop-Philetta, Hobby-Philetta, Hair-Style-Set, Live-Ansagen*)
Blickfang	(*Super High Output, Sound-Philetta, Rock-Philetta, Super Ferro Dynamic*)
Auffälligkeit	(*Nullstop, metallic, Hitparaden-Fans*)
Übertreibung	(*Top-Stars, absolute Top-Stars, Super-Riesen-Poster*)
Verhüllung/ Verschleierung	(*Club*-Verbindungen)
Tabuierung	(*Slip*)
Kürze	(*Top-LP, testen, Rock, Party, MCs, LPs*)
Prägnanz	(*Recorder, Pop, Phono[gerät], Kidnapper, Herren-T-Shirt*)
Produktbezogenheit	(*Sweat-Shirt, Multi-Cassetten-Technik, Hi-Fi -*)
Präzision	(*Single*)
Aussageverkürzung	(*Hautschutz Make up, Paßfoto*)
Bildhaftigkeit	(*Picknick, Rock'n Roll-Action*)
Anbiederung	(*Yes, on tour; heiße Scheibe, Girls*)" (Fink 1980: 208)

---

[144] vgl. Schütz 1968: 114.

Zusammenfassend lässt sich somit festhalten, dass verschiedene Autoren z.T. in langen Listen mögliche Funktionen von Anglizismen in der Werbung aufzählen. Dabei überwiegt von Fall zu Fall immer eine bestimmte Funktion, die sich allerdings auch von den oben aufgezählten Funktionen unterscheiden kann.

4.2 Ziele und Vorgehensweise der Analyse

Aus den Kapiteln 1 bis 3 der vorliegenden Arbeit hat sich Folgendes ergeben:

Prinzipiell kann aus allen sprachlichen Bereichen (Lexis, Semantik, Syntax, Wortbildung, Phonetik, Phonologie, Morphologie) entlehnt werden. Dabei sind diese Bereiche allerdings unterschiedlich anfällig für Entlehnungen. So finden Entlehnungsprozesse überwiegend im lexikalischen Bereich statt, während andere Prozesse, wie beispielsweise im morphologischen Bereich, nur schwer nachgewiesen – und letztendlich auch nur vermutet - werden können.

Dies gilt sowohl für das Deutsche als auch für das Französische, wobei das Deutsche unter größerem englischen Einfluss zu stehen scheint als das Französische. Dies wurde aus den Kapiteln 1.2.3, 2 und 3 ersichtlich.

Aus den Kapiteln 1 bis 3 ergeben sich somit folgende Ausgangshypothesen:

- Im "Spiegel" gibt es mehr Anglizismen als im "Nouvel Observateur" (sowohl 1976 als auch 2001).
- Im "Spiegel" steigt die Anzahl der Anglizismen zwischen 1976 und 2001 stark an.
- Die französischen Sprachgesetze können den englischen Einfluss nicht eindämmen. Die Anzahl der Anglizismen in den Werbeanzeigen im "Nouvel Observateur" verringert sich zwischen 1976/ 1977 und 2001 nicht.

Des weiteren von Interesse für die folgende Analyse sind folgende Fragestellungen:

- Wie groß ist der Zuwachs von Anglizismen im "Spiegel" bzw. im "Nouvel Observateur"? Erfolgt der Zuwachs in einer der beiden Zeitungen extremer? Welche Sachbereiche sind besonders betroffen?
- Wie gehen die Deutschen bzw. die Franzosen im einzelnen mit den Werbeanzeigen um? Wie verhalten sich Parallelwerbungen? Sind die Werbeanzeigen einer Firma in Frankreich und in Deutschland gleich

gestaltet oder gibt es Unterschiede (insbesondere in bezug auf die Verwendung von englischen Elementen)?

Der Bereich der Werbung wurde ausgewählt, um besonders deutliche Ergebnisse zu erhalten, da – wie in Kapitel 4.1 dargelegt wurde - der Anteil an Anglizismen gerade in der Werbesprache überdimensional hoch ist.

Für die Analyse wurden zum einen die kompletten "Spiegel"-Jahrgänge von 1976 und 2001 auf ihre Werbeanzeigen hin untersucht, zum anderen die (fast[145]) kompletten Jahresausgaben des "Nouvel Observateur" derselben Jahrgänge. Zusätzlich wurde für den "Nouvel Observateur" ein weiterer Jahrgang herangezogen, nämlich der von 1977. Die Auswahl dieser Jahrgänge begründet sich wie folgt: Mit dem Jahrgang von 2001 soll ein möglichst aktueller Zustand des englischen Einflusses aufgezeigt werden; die Auswahl des Jahrgangs von 1976, bzw. 1977, hängt mit der Verabschiedung und dem Inkrafttreten des französischen Sprachreinigungsgesetzes im Jahre 1975 bzw. 1977 zusammen. Mit dem 1976er Jahrgang soll folglich der Zustand vor dem Inkrafttreten des Sprachreinigungsgesetzes dargestellt werden. Der 1977er Jahrgang wurde ausgewählt, um ggf. direkte Auswirkungen des Sprachreinigungsgesetzes feststellen zu können.

Eine Analyse der Jahresausgabe von 1977 erübrigt sich im Falle des "Spiegel", da es in Deutschland kein solches Sprachreinigungsgesetz gab, und somit für das Jahr 1977 keine wesentlichen Unterschiede zum Jahr 1976 zu erwarten sind.

Die Untersuchung der Werbeanzeigen bezieht sich insbesondere auf englische Produktbezeichnungen, Marken- und Firmennamen sowie Werbeslogans und Schlagzeilen, die teilweise oder vollständig in englischer Sprache abgefasst sind[146]. Andere Textelemente, wie *Adds*, *Inserts*, *Fließtext* und *Logo*[147], werden nur berücksichtigt, wenn diese optisch besonders auffällig sind.

Die Bildelemente werde ich in der Analyse nicht berücksichtigen, da es in dieser Arbeit nicht um die Gesamtanalyse einzelner Werbeanzeigen geht, sondern um den englischsprachigen Einfluss.

---

[145] Bei der Jahresausgabe des Jahres 1977 fehlen zwei Ausgaben des "Nouvel Observateur", und zwar Nummer 635 und 645; bei der Jahresausgabe des Jahres 2001 fehlen ebenfalls zwei Ausgaben, und zwar Nummer 1911 und 1934.
[146] vgl. Kapitel 4.1.
[147] vgl. Kapitel 4.1.1.

Bei der Auszählung wird unterschieden, ob es sich bei einem Phänomen um einzelne Wörter handelt oder ob ganze englische Wendungen vorliegen, um so das Ausmaß des englischen Einflusses differenzierter betrachten zu können. Dabei ergab sich das Problem, dass nicht in allen Fällen exakt zwischen einzelnem Wort und ganzer Wendung unterschieden werden konnte (z.B. *New Man, New Tendance, Technology Heart, Mobile Business, Inspiration Technology*, usw.). Generell wurde ein Beleg dann als Wendung eingestuft, sobald er mit einem englischen Artikel stand.

Des weiteren werden die gefundenen Belege verschiedenen Sachbereichen zugeordnet, um so Aussagen darüber machen zu können, ob bestimmte Sachbereiche vom englischen Einfluss mehr betroffen sind als andere. Als sinnvoll erwiesen hat sich dabei eine Unterteilung in folgende Sachbereiche:

- Kleidung, Mode, Schmuck (inkl. Uhren)
- Kosmetik und Körperpflege
- Nahrungs- und Genussmittel

- Reise, Hotel, Verkehr
- Fahrzeug (Auto, Motorrad) und -zubehör
- Einrichtungs- und Gebrauchsgegenstände
- Internet, Telekommunikation
- Computer (inkl. Zubehör und Software)

- Unterhaltungselektronik (inkl. Mobiltelefone)
- Freizeit, Sport, Kultur
- Banken, Finanzen, Immobilien, Versicherungen
- Dienstleistungen
- Zeitungen, Zeitschriften

- Gesundheit

- Sonstiges

Weitere Probleme ergaben sich bei der Untersuchung von Werbeanzeigen, die mehrfach vorkamen, allerdings in leicht abgewandelter Form. Diese wurden i.d.R. gesondert aufgeführt und gezählt[148]. Nicht berücksichtigt wurden hingegen Werbeanzeigen, die im "Spiegel" für den "Spiegel" selbst warben bzw. im "Nouvel Observateur" für den "Nouvel Observateur". Selbiges gilt für Stellenanzeigen und private Kleinanzeigen, die besonders im "Nouvel Observateur" auffallen; sie werden nicht mitgezählt.

---

[148] vgl. Anhang 7.5: Gesamtübersicht der gefundenen Belegbeispiele.

Auch Eigennamen – sofern es sich um Eigennamen wie *Johnnie, Walker* oder andere typisch englische Namen handelt, wurden nicht in die Zählung miteinbezogen. Dies gilt nicht für "Kunstnamen", mit denen die beworbenen Produkte betitelt wurden (*Pioneer Investments, Natural American Spirit, Digital Equipment, Air-Press*, usw.); sie wurden berücksichtigt.

Ein speziell das Französische betreffendes Problem ist die Tatsache, dass – in einigen wenigen Fällen – nicht entschieden werden konnte, ob es sich um eine französische oder um eine englische Wendung handelte (z.B. *Mission impossible? AMP: Processeurs pour PC*)[149].

Neben einer zahlenmäßigen Auswertung der fünf Jahrgänge und einem Frequenzvergleich englisch beeinflusster Werbungen der verschiedenen Jahrgänge sowie der beiden Länder untereinander soll außerdem auf einzelne Auffälligkeiten eingegangen werden. Dies beinhaltet beispielsweise Werbeanzeigen desselben Produkts in Deutschland bzw. in Frankreich, die sprachliche Besonderheiten aufweisen, sowie besonders auffällige Einzelwerbungen, um exemplarisch den Umgang von Deutschen bzw. Franzosen mit englischsprachigen Elementen in ihrer Sprache darzustellen.

Zudem soll im analytischen Teil darauf eingegangen werden, inwieweit die "englischen" Werbungen überhaupt von den Lesern verstanden und akzeptiert werden.

Schließlich ist die Frage zu klären, welche Art von Anglizismen in die Analyse miteinbezogen werden sollen.

In Kapitel 1.2.2 der vorliegenden Arbeit wurde bereits auf die Problematik der verschiedenen Lehnbeziehungen eingegangen. Eine genaue Zuordnung zu einer Art des Entlehnens ist in vielen Fällen nicht möglich. Auch machen Scheinentlehnungen sowie latentes Lehngut generell Probleme. Daher sollen in meiner Analyse nur solche Anglizismen berücksichtigt werden, die klar als solche erkennbar sind; d.h. bereits ins Deutsche bzw. ins Französische integrierte Anglizismen finden in dieser Arbeit keine Berücksichtigung. Im Prinzip werden also nur englische *Fremdwörter*[150] in die Analyse miteinbezogen.

---

[149] In diesem speziellen Fall habe ich mich für die englische Variante entschieden, da die Werbeanzeige aus dem Computerbereich stammt, wo englische Elemente besonders häufig vorkommen.
[150] vgl. Kapitel 1.2.2 : "Um ein F r e m d w o r t handelt es sich dann, wenn das Wort in seiner fremden Gestalt übernommen wird, wohingegen ein L e h n w o r t eine lautliche Anpassung an die Gastsprache durchmacht."

Dieses Vorgehen ist meiner Ansicht nach legitim, da es bei der Frequenz der Anglizismen nicht um absolute, sondern vielmehr um relative Werte geht, die verlässlich miteinander verglichen werden können. Hierzu muss sichergestellt werden, dass in allen Auszählungen dieselbe Art von englischen Einflüssen berücksichtigt wird, damit die Ergebnisse nicht verfälscht werden. Daher werden hier nur solche Anglizismen in die Bewertung miteinbezogen, die den Status des Fremdwortes (noch) nicht überschritten haben.

Da diese Vorgehensweise die Auswahl der berücksichtigten Anglizismen stark eingrenzt, ist davon auszugehen, dass der tatsächliche englische Einfluss, welcher wie erwähnt auch latente Einflüsse impliziert, in der Realität noch viel größer ist, als in dieser Arbeit gezeigt werden kann.

Bevor nun die einzelnen Untersuchungsergebnisse dargestellt werden, soll kurz auf die Charakteristika der beiden zur Analyse herangezogenen Zeitungen eingegangen werden.

4.3 Der Spiegel

"Der Spiegel – das deutsche Nachrichten-Magazin" ist Deutschlands wichtigstes und Europas größtes Nachrichten-Magazin. Er wurde 1947 von Rudolf Augstein nach dem Vorbild amerikanischer und britischer Modelle (*Time* und *Newsweek*) gegründet, erscheint wöchentlich und hat heute eine Auflage von ca. 1,1 Mio. Exemplaren.

Er ist politisch unabhängig und steht keiner Partei oder wirtschaftliche Gruppierung nahe. Das Themenspektrum des "Spiegel" reicht von Politik über Wirtschaft und Medien, Wissenschaft, Medizin und Technik, Kultur und Unterhaltung bis zu Sport und Gesellschaft.

Als Leser des Spiegel finden sich vorwiegend Personen mit gehobener Bildung und Berufsstellung sowie überdurchschnittlichem Einkommen, die sich umfassend über das deutsche und internationale Zeitgeschehen informieren wollen[151].

---

[151] vgl. Alphom 1994: 140 – 141, http://www.presse.de (23.01.2003), und http://media.spiegel.de/objektinfo/o_spiegel/objekt_spiegel_frame.html (23.01.20903), http://media.spiegel.de/objektinfo/o_spiegel/spiegel_frame_leser.html (23.01.2003), http://media.spiegel.de/objektinfo/o_spiegel/spiegel_frame_auflag.html (23.01.2003).

4.4 Le Nouvel Observateur

In der französischen Presselandschaft steht der "Nouvel Observateur" dem deutschen "Spiegel" am nächsten. Auch er erscheint wöchentlich und ist eher "links"-orientiert. Der "Nouvel Observateur" wurde im November 1964 von ehemaligen Journalisten des "France Observateur" gegründet, erreicht heute eine Auflage von ca. 430.000 Exemplaren ist insbesondere bei Studenten beliebt[152].

4.5 Ergebnisse und Interpretation der Analyse

Für die vorliegende Arbeit wurden fünf (fast) komplette Jahresausgaben des "Spiegel" bzw. des "Nouvel Observateur" auf ihre Werbeanzeigen hin untersucht; d.h. dass insgesamt 39.800 Seiten durchgesehen wurden, auf denen 16.593 Werbeanzeigen gefunden wurden. Von diesen 16.593 Anzeigen enthielten 3.713 englische Elemente, wie sie in Kapitel 4.2 definiert wurden.

Davon beschränken sich 2.204 Anzeigen auf den Gebrauch einzelner englischer Wörter, 1.509 hingegen bedienen sich ganzer englischer Wendungen. Die Zahl der verschiedenen Firmen, die mit Anzeigen werben, die englische Elemente enthalten, lässt sich mit 714 angeben.

In Prozent ausgedrückt ergeben sich folgende Ergebnisse: Die insgesamt 39.800 untersuchten Seiten enthielten 41,70% Werbeanzeigen, wovon wiederum 22,37% englische Elemente der oben beschriebenen Art aufzuweisen hatten. Dabei lagen im Schnitt bei 59,36% lediglich einzelne englische Wörter vor, und bei 40,64% ganze englische Wendungen.

	SPIEGEL 1976	SPIEGEL 2001	N. O.[153] 1976	N. O. 1977	N. O. 2001	Gesamt:
Gesamtzahl der Seiten:	10.092	12.398	5.510	5.650	6.150	39.800
Gesamtzahl der Werbeanzeigen:	6.386	4.664	1.856	1.990	1.697	16.593
Anzeigen mit englischen Elementen:	936	2.064	142	203	368	3713
davon mit einzelnen engl. Wörtern:	697	973	137	202	195	2204
davon mit ganzen engl. Wendungen:	239	1.091	5	1	173	1509

---

[152] vgl. Alphom 1994: 100 und Thody 1995: 290.
[153] N.O. = Nouvel Observateur

Zahl der Firmen, die mit 'engl.' Elementen werben:	182	332	44	50	106	714
Englische Elemente nach Sachgebieten:	Firmen/ Werbeanzeigen[154]	Firmen/ Werbeanzeigen	Firmen/ Werbeanzeigen	Firmen/ Werbeanzeigen	Firmen/ Werbeanzeigen	Werbezeigen
Kleidung, Mode, Schmuck (inkl. Uhren):	9/ 35	29/ 162	------	3/ 5	13/ 42	244
Kosmetik und Körperpflege:	10/ 63	8/ 15	1/ 5	-----	10/ 34	117
Nahrungs- und Genussmittel:	35/ 234	11/ 84	7/ 28	6/ 33	2/ 5	384
Reise, Hotel, Verkehr:	40/ 239	23/ 126	8/ 32	11/ 54	7/ 16	467
Fahrzeug (Auto, Motorrad) und -zubehör:	7/ 31	28/ 221	1/ 1	1/ 4	14/ 67	324
Einrichtungs- und Gebrauchsgegenstände:	21/ 72	22/ 73	7/ 13	6/ 26	6/ 24	208
Internet, Telekommunikation:	-----	23/ 153	------	-----	18/ 58	211
Computer (inkl. Zubehör und Software):	3/ 11	24/ 148	1/ 2	-----	9/ 37	198
Unterhaltungselektronik (inkl. Mobiltelefone):	23/ 116	26/ 257	7/ 29	12/ 38	8/ 34	474
Freizeit, Sport, Kultur:	4/ 12	2/ 2	3/ 10	3/ 8	1/ 7	39
Banken, Finanzen, Immobilien, Versicherungen:	7/ 33	40/ 330	-----	1/ 1	8/ 21	385
Dienstleistungen:	11/ 44	53/ 290	5/ 11	5/ 32	4/ 5	382
Zeitungen, Zeitschriften:	5/ 25	17/ 87	2/ 2	-----	1/ 1	115
Sonstiges:	6/ 21	26/ 116	2/ 9	2/ 2	5/ 17	165

Tabelle 1: Gesamtübersicht der Untersuchungsergebnisse

Im folgenden soll nun auf die einzelnen Ergebnisse der Analyse des "Spiegel" sowie des "Nouvel Observateur" eingegangen werden.

4.5.1 ERGEBNISSE UND INTERPRETATION DER ANALYSE DES „SPIEGELS"

4.5.1.1 Zahlenmäßige Auswertung

Für den 1976er Jahrgang des "Spiegel" wurden zusammengenommen 10.092 Seiten ausgewertet, die insgesamt 6.386 Werbeanzeigen (= 63,28%) enthielten. Davon wiesen 936 Anzeigen (= 14,66%) englische Elemente auf. Ein Großteil dieser "englischen" Anzeigen, nämlich 697 (= 74,47%), beschränkte sich dabei auf die Verwendung einzelner englischer Wörter, während lediglich 239 Anzeigen (= 25,53%) komplette englische Wendungen benutzten.

---

[154] Die erste angegebene Zahl bezieht sich auf die Anzahl der Firmen, die für ein entsprechendes Produkt werben; die zweite Zahl nimmt Bezug auf die Anzahl der gefundenen Werbeanzeigen pro Sachgebiet. Hierbei wird deutlich, dass die meisten Firmen ihre Anzeigen für ein Produkt mehrfach schalten, da die Anzahl der werbenden Firmen in der Regel jeweils weit unter der Zahl der gefundenen Werbeanzeigen insgesamt liegt.

Anglizismen in deutschen und französischen Werbeanzeigen

	Spiegel 1976		Spiegel 2001		N. O. 1976		N. O. 2001		Gesamt	
Gesamtzahl der Seiten:	10.092		12.398		5.510		6.150		39.800	
Gesamtzahl der Werbeanzeigen:	6.386	63,28%	4.664	37,62%	1.856	33,68%	1.697	27,59%	16.595	41,70%
Anzeigen mit englischen Elementen:	936	14,66%	2.064	44,25%	142	7,65%	368	21,69%	3.713	22,37%
davon mit einzelnen engl. Wörtern:	697	74,47%	973	47,14%	137	96,48%	195	52,99%	2.204	59,36%
davon mit ganzen engl. Wendungen:	239	25,53%	1.091	52,86%	5	3,52%	173	47,01%	1.509	40,64%
Zahl der Firmen, die mit 'englischen' Elementen werben:	182		332		44		106		714	
Englische Elemente nach Sachgebieten:	Werbeanzeigen		Werbeanzeigen		Werbeanzeigen		Werbeanzeigen		Werbeanzeigen	
Kleidung, Mode, Schmuck (inkl. Uhren):	35	3,74%	162	7,85%	0	0,00%	42	11,41%	244	6,57%
Kosmetik und Körperpflege:	63	6,73%	15	0,73%	5	3,52%	34	9,24%	117	3,15%
Nahrungs- und Genussmittel:	234	25,00%	84	4,07%	28	19,72%	5	1,36%	384	10,34%
Reise, Hotel, Verkehr:	239	25,53%	126	6,10%	32	22,54%	16	4,35%	467	12,58%
Fahrzeug (Auto, Motorrad) u....zubehör.	31	3,31%	221	10,71%	1	0,70%	67	18,21%	324	8,73%
Einrichtungs- u. Gebr.gegenstände:	72	7,69%	73	3,54%	13	9,15%	24	6,52%	208	5,60%
Internet, Telekommunikation:	0	0,00%	153	7,41%	0	0,00%	58	15,76%	211	5,68%
Computer (inkl. Zubehör u. Software):	11	1,18%	148	7,17%	2	1,41%	37	10,05%	198	5,33%
U-Elektronik (inkl. Mobiltelefone.):	116	12,39%	257	12,45%	29	20,42%	34	9,24%	474	12,77%
Freizeit, Sport, Kultur:	12	1,28%	2	0,10%	10	7,04%	7	1,90%	39	1,05%
Banken, Finanzen, Immobilien, Vers.:	33	3,53%	330	15,99%	0	0,00%	21	5,71%	385	10,37%
Dienstleistungen:	44	4,70%	290	14,05%	11	7,75%	5	1,36%	382	10,29%
Zeitungen, Zeitschriften:	25	2,67%	87	4,22%	2	1,41%	1	0,27%	115	3,10%
Sonstiges:	21	2,24%	116	5,62%	9	6,34%	17	4,62%	165	4,44%

Tabelle 2: Prozentuale Angaben der Untersuchungsergebnisse

Im Jahr 2001 sieht das für den "Spiegel" anders aus. In den 12.398 untersuchten Seiten wurden überraschenderweise nur 4.664 Werbeanzeigen gefunden, d.h. der Anteil der Werbeanzeigen liegt im Gegensatz zum Jahr 1976 nur noch bei 37,62%. Dafür hat sich allerdings der Anteil von Anzeigen mit englischen Elementen fast verdreifacht: Von den 4.664 gefundenen Werbeanzeigen enthielten 2.064 englische Elemente, was 44,25% entspricht. Im Jahr 1976 lag ihr Anteil noch bei 14,66%. Dabei hat sich auch das Verhältnis von Anzeigen, die sich auf einzelne englische Wörter beschränken, zu solchen Anzeigen, die komplette englische Wendungen verwenden, verändert. 2001 finden sich bei 1.091 "englischen" Werbeanzeigen (= 52,86%) komplette englische Wendungen, während der Anteil der Anzeigen mit einzelnen englischen Wörtern nur noch bei 47,14% (= 973 Anzeigen) – gegenüber 74,47% im Jahr 1976 - liegt.

Diagramm 1: "Spiegel" 1976: Werbeanzeigen mit englischen Elementen

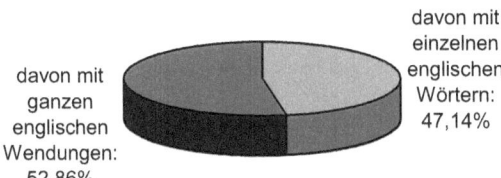

Diagramm 2: "Spiegel" 2001: Werbeanzeigen mit englischen Elementen

Zusammengefasst ergibt sich zahlenmäßig für den "Spiegel" 1976 und 2001 folgendes Bild:

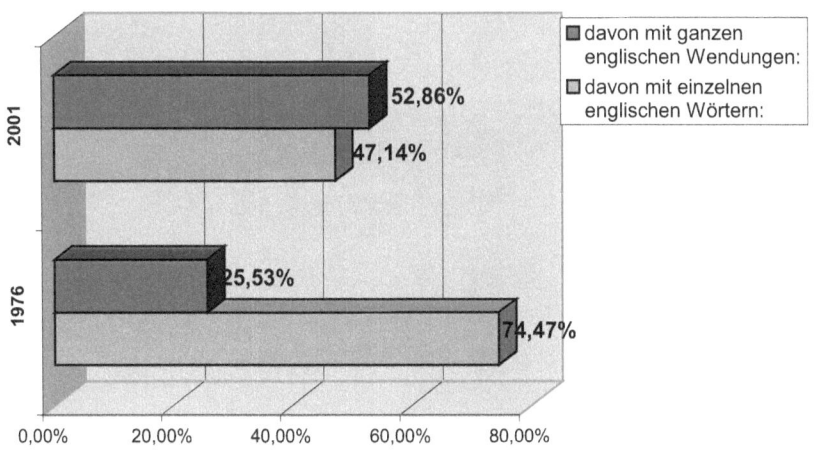

Diagramm 3: Vergleich "Spiegel" 1976 und 2001: Art des englischen Einflusses in Werbeanzeigen mit englischen Elementen

4.5.1.2 Inhaltsmäßige Auswertung

Nachdem nun eine zahlenmäßige Gesamtauswertung für den "Spiegel" vorliegt, stellt sich die Frage nach der Verteilung der Anglizismen auf einzelne Sachgruppen. Von besonderem Interesse ist hierbei, ob es Bereiche gibt, in denen die englischen Einflüsse auffälliger sind als in anderen. Zudem ergibt sich die Frage, ob es Unterschiede in der Verteilung zwischen 1976 und 2001 gibt.

1976 fallen vor allem die Bereiche "Nahrungs- und Genussmittel" (25,00%) und "Reise, Hotel, Verkehr" (25,53%) auf, die zusammen rund 50% der englisch beeinflussten Werbeanzeigen ausmachen. Nimmt man noch die "Unterhaltungselektronik[155]" mit einem Anteil von 12,39% an den "englischen" Werbeanzeigen hinzu, so machen allein diese drei Sachgebiete über 60% aus, während die anderen zehn Bereiche nur mit jeweils 1,28% ("Freizeit, Sport, Kultur") bis 7,69% ("Einrichtungs- und Gebrauchsgegenstände") zu Buche schlagen. Für den Bereich "Internet, Telekommunikation" konnte kein Belegbeispiel gefunden werden.

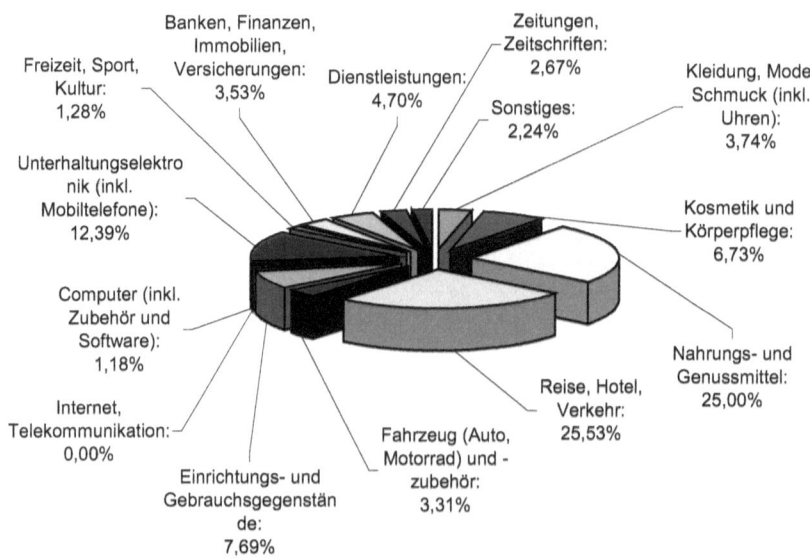

Diagramm 4: "Spiegel" 1976 : Werbeanzeigen mit englischen Elementen nach Sachgruppen

---

[155] Der Bereich der Unterhaltungselektronik wird 1976 vor allem durch HiFi-Geräte bestimmt, während 2001 Mobiltelefone eine größere Rolle spielen.

Im Jahr 2001 machen die Bereiche "Nahrungs- und Genussmittel" (4,07%) und "Reise, Hotel, Verkehr" (6,10%) zusammen nur noch rund 10% von den englisch beeinflussten Werbeanzeigen aus und haben damit enorm an Bedeutung verloren. Der Bereich der Unterhaltungselektronik ist mit 12,45% relativ konstant geblieben, auch wenn sich innerhalb dieses Gebietes die Schwerpunkte verschoben haben[153]. Dafür fallen jetzt die Bereiche "Banken, Finanzen, Immobilien, Versicherungen" und "Dienstleistungen" mit 15,99% bzw. 14,05% mehr ins Gewicht. Daneben nimmt nur noch das Sachgebiet "Fahrzeug (Auto, Motorrad) und –zubehör" mit 10,71% die 10%-Hürde. Die anderen zehn Bereiche machen Anteile an den Werbeanzeigen, die englische Elemente enthalten, zwischen 0,10 % ("Freizeit, Sport, Kultur") und 7,85% ("Kleidung, Mode, Schmuck (inkl. Uhren)") aus.

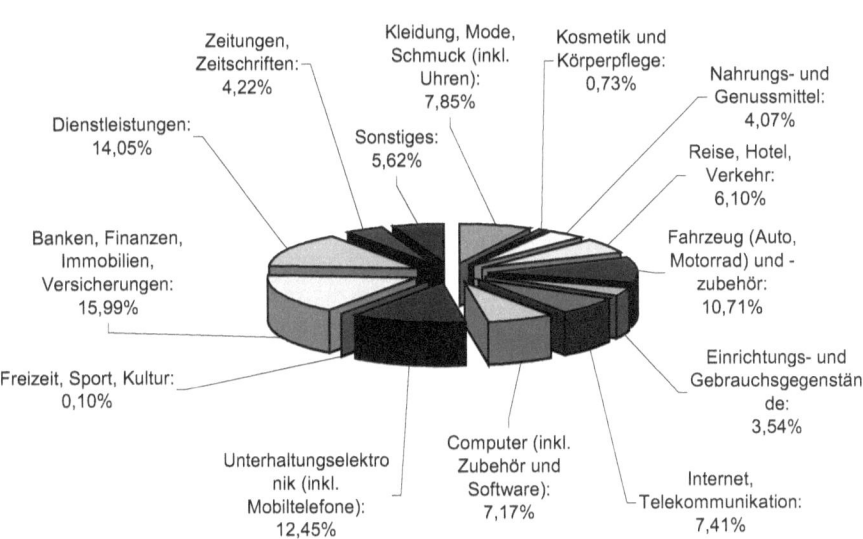

Diagramm 5: "Spiegel" 2001 : Werbeanzeigen mit englischen Elementen nach Sachgruppen

Erwähnenswert ist an dieser Stelle das Sachgebiet "Internet, Telekommunikation", welches im Jahr 2001 immerhin einen Anteil von 7,41% an den vom Englischen beeinflussten Werbeanzeigen besitzt, während es 1976 – logischerweise - noch überhaupt keine Rolle gespielt hat. Auch der

Bereich "Computer (inkl. Zubehör und Software)" hat gegenüber dem Jahr 1976 (1,18%) 2001 mit 7,17% merklich an Bedeutung gewonnen.

Insgesamt bleibt festzuhalten, dass sich 2001 die prozentualen Anteile der einzelnen Sachgebiete am Gesamtanteil der Werbeanzeigen mit englischen Elementen gleichmäßiger verteilen als noch 1976, als zwei Bereiche zusammen bereits über 50% ausmachten. Folglich scheint sich der englische Einfluss nicht auf einige wenige Sachgebiete zu konzentrieren, sondern findet in fast allen Bereichen mit ähnlicher Frequenz statt.

Zusammenfassend sei der Vergleich der Anteile an den verschiedenen Sachgruppen der englisch beeinflussten Werbeanzeigen im "Spiegel" 1976 bzw. 2001 wie folgt dargestellt:

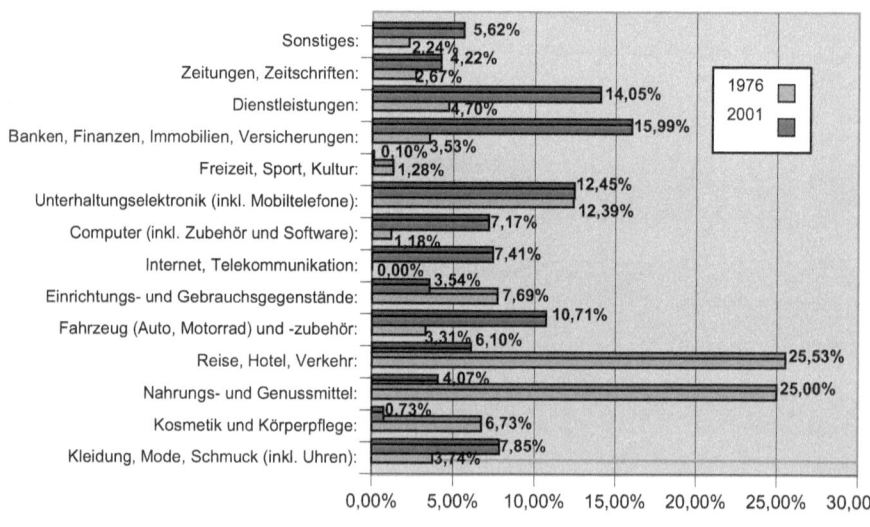

Diagramm 6: Vergleich "Spiegel" 1976 und "Spiegel" 2001: Werbeanzeigen mit englischen Elementen nach Sachgruppen

4.5.1.3 Beschreibung auffälliger Phänomene

Beim Betrachten der Werbeanzeigen von 1976 fällt auf, dass verwendete englische Ausdrücke z.T. kommentiert werden bzw. dass deren Bedeutung erklärt wird[156], wohingegen bei den meisten heutigen Werbeanzeigen Anglizismen oder sogar vollständig in englischer Sprache gehaltene Werbeanzeigen i.d.R. kommentarlos und ohne jegliche Erläuterung stehen .

So wird in einer Anzeige für "Johnnie Walker" in einer Fußnote bemerkt: "Smooth heißt: Angenehm mild, vollausgereift und geschmeidig", und ein Bad Reichenhaller Kurhotel stellt fest, dass "slim = schlank" bedeutet.

Wesentlich häufiger sind dagegen – bereits 1976 – Anzeigen, die komplett englisch gehalten sind und keine Erklärungen geben. Beispielsweise wird man vom "Kentucky International Tourism Office" zu folgendem aufgefordert[157]: "FOR FREE COLOR PUBLICATION AND OTHER INFORMATION ABOUT A VISIT TO KENTUCKY IN THE U.S.A., PLEASE FILL OUT COUPON." Die Firma "Gainsborough" wirbt für "G-man's line", offenbar eine Reihe von Pflegeprodukten für den Mann, was allerdings eher aus dem Bildelement als aus den aufgeführten Produkten hervorgeht; denn wer weiß schon genau, worum es sich bei "self tanner", "foam bath" oder gar "pre shave tonic" handelt[158]?!?

Solche Werbeanzeigen halte ich für problematisch, da die potentielle Zielgruppe einer solchen Anzeige sich sicherlich nicht auf englischsprachige Bürger beschränkt, wie es beispielsweise bei den Werbeanzeigen für das englische Magazin "Time" der Fall ist. Auch diese Anzeige besteht ausschließlich aus englischen Elementen[159]. Im Gegensatz zu anderen "englischen" Anzeigen richtet sich diese Reklame jedoch ausschließlich an Leser, die immerhin so gut englisch sprechen, dass sie in der Lage wären, eine englische Zeitung zu verstehen. Die Anzeige der "Time" fällt deshalb auf, weil sie relativ lange Fließtexte enthält, die eben nicht in deutscher Sprache verfasst sind[160].

Ein weiterer, häufig auftretender Typ von Werbeanzeigen verwendet englische Elemente, weil ein Produkt beworben wird, welches aus einem englischsprachigen Land stammt, wie es beispielsweise bei "Sir Winston Tea"

---

[156] vgl. Kapitel 7.3.3, Werbebeispiele 1 und 2 (pp. 164 - 165).
[157] vgl. Kapitel 7.3.3, Beispiel 3 (p. 166).
[158] vgl. Kapitel 7.3.3, Beispiel 9 (p. 172).
[159] vgl. Kapitel 7.3.3, Beispiel 4 (p. 167).
[160] vgl. Kapitel 4.1 der vorliegenden Arbeit.

der Fall ist[161]. Mit der Überschrift "It's tea-time, Sir! – Your Sir Winston Tea." werden v.a. Teekenner und -liebhaber angesprochen, die wissen, dass der beste Tee natürlich aus England kommt bzw. dass man in England nur den besten Tee trinkt, welcher sich - wie aus der Werbeanzeige ersichtlich wird - "Sir Winston" nennt. Mit der Überschrift soll dem Leser gezeigt werden, dass Engländer "Sir Winston" trinken, der folglich auch der beste Tee sein muss.

Des weiteren sind solche Werbeanzeigen interessant, die nicht nur auf englischsprachige Elemente zurückgreifen, sondern daneben noch französische, oder sogar japanische Ausdrücke verwenden. So bedient sich die Firma "Andemars Piguet" des französischen Slogans "la plus prestigieuse des signatures", nennt sein Produkt, eine Uhr, "Royal Oak" und versucht mit der englischen Überschrift "Some things in life speak for themselves..." die Aufmerksamkeit des Lesers zu erwecken[162]. Auch die Firma "New Man", die für "Jeans-Mode mit dem "savoir-vivre" der Franzosen" wirbt, die "Styled by Jacques Jaunet, France", ist, verwendet einen derartigen "Sprachenmischmasch", welcher sich nicht zuletzt in der Überschrift äußert: "Vive la jeunesse, Vive la liberté, Vive New Man!"[163].

Ein Extrembeispiel für Anzeigen, die sich Elementen aus verschiedenen Fremdsprachen bedienen, findet sich in einer Werbeanzeige der Firma "Teleton", die für "deutsch-japanisches HiFi" wirbt. Die Überschrift "Zwei Nationen-HiFi: deutsches Gesicht, japanisches Herz." wird verbildlicht, indem eine Hälfte der Anzeige in japanischer Schrift gehalten ist.[164] Dabei wird wiederholt deutlich, dass es in der Werbung nicht immer auf das Verständnis des Inhalts ankommt. Vielmehr spielen Optik, Lautung, o.ä. eine Rolle[165].

Ähnliches findet man auch in Werbeanzeigen aus dem Jahr 2001. Analog zu "Andemars Piguet" wirbt die Firma "Longines" mit dem französischen Slogan "L'ELEGANCE DU TEMPS DEPUIS 1832" und der englischen Überschrift "Elegance is an attitude" für eine Uhr, die sich mit dem wohlklingenden italienischen Namen "Longines DolceVita" schmückt[166]. Bei der Reklame von "Maserati" für den "Spyder" stellt sich die Frage, wo der italienische Name steckt, auf den mit der Aussage "Sportscars have Italian names." hingewiesen wird[167].

---

[161] vgl. Kapitel 7.3.3, Beispiel 5 (p. 168).
[162] vgl. Kapitel 7.3.3, Beispiel 6 (p. 169).
[163] vgl. Kapitel 7.3.3, Beispiel 7 (p. 170).
[164] vgl. Kapitel 7.3.3, Beispiel 8 (p. 171).
[165] vgl. Kapitel 4.1.
[166] vgl. Kapitel 7.3.4, Beispiel 1 (p. 173).
[167] vgl. Kapitel 7.3.4, Beispiel 2 (p. 174).

Auffällig ist auch die Selbstverständlichkeit, mit der englische Begriffe in einzelnen Anzeigen, v.a. in Werbungen für technisch-elektronische Geräte, verwendet werden[168]. So wirbt die Firma "Ericsson" für ein "Smartphone" mit "Display-Pen", das uns den Weg ins "Mobile Internet" ermöglicht, und mit "E-Mail", "WAP" und sogar einem "Organizer" ausgestattet ist. "Make yourself heard. Ericsson."[169] Das klingt schon sehr beeindruckend. Leider dürfte allerdings nur den wenigsten bekannt sein, um was es sich bei den verschiedenen "Features" im einzelnen handelt... Bei einer so mit englischen Begriffen überladenen Werbeanzeige fällt die Überschrift auf, die im Gegensatz zu Slogan und Fließtext auf Deutsch gehalten ist. Mit "Die bessere Methode? Das liegt doch auf der Hand." liegt ein Wortspiel vor, das im Zusammenwirken mit dem vorhandenen Bildelement entsteht. In diesem Fall ist die Verwendung der deutschen Sprache anscheinend werbewirksamer als das Englische, da ein Wortspiel mit englischsprachigen Elementen hier nur von einem verschwindend geringen Anteil verstanden werden würde.

Ein weiteres Beispiel für (die relativ häufig vorkommenden) Werbeanzeigen, die im Fließtext eine Vielzahl (pseudo-) technischer Begriffe in englischer Sprache verwenden, aber ihre Überschrift deutsch gestalten, findet sich in der Werbung von "Kyocera". "Kyocera" bietet neue Kompetenz für "Digital Office Solutions". "Die ECOLaser-Drucker stehen für Top-Performance im Output-Management und beste Network-Connectivity." Jedoch wird der Fließtext nur von den wenigsten Lesern beachtet[170], so dass diese ans Lächerliche grenzende Ausdrucksweise den meisten Leuten verborgen bleibt. Immerhin gestaltet "Kyocera" die Überschrift seiner Anzeige mit einer deutschen Wortspielerei ("Ich will nicht viel: nur das Beste – und das so wirtschaftlich wie möglich."), wobei wiederum der englische Slogan ("The best solution. That's what I want.") ein einigermaßen harmonisches Gesamtbild dieser Werbung nicht zulässt[171].

Interessant sind hingegen solche Werbeanzeigen, die mit dem englischen Einfluss spielen. Beispielsweise wirbt die Firma "Land's End" für

---

[168] Da die meisten dieser technischen Begriffe in den erläuternden Fließtexten gebraucht wurden, wurden diese nicht in die Zählung miteinbezogen. In den meisten Fällen wiesen derartige Werbeanzeigen jedoch auch Slogans, Überschriften oder andere auffällige Elemente mit englischen Begriffen auf, weshalb sie dann doch in den Zählungen berücksichtigt wurden (vgl. Kapitel 4.2 der vorliegenden Arbeit).
[169] vgl. Kapitel 7.3.4, Beispiel 3 (p. 175).
[170] vgl. Kapitel 4.1 dieser Arbeit.
[171] vgl. Kapitel 7.3.4, Beispiel 4 (p. 176).

"Innovative Software mit Fleece-Funktion." Dabei geht es keineswegs um Computerzubehör, was erst mit Betrachten des zugrundeliegenden Bildelementes deutlich wird. Geworben wird für "superweiche Fleece-Jacken".

Damit wird auch klar, dass "Software" sehr wahrscheinlich nicht "englisch" [ˈsɒftweə] ausgesprochen wird, sondern eben deutsch [sɔftvarə] mit der Bedeutung "softe (also: weiche) Ware". Doch ist davon auszugehen, dass ein Großteil der Leser zunächst von der englischen Variante ausgeht, was diese Anzeige besonders interessant macht[172].

Abschließend müssen noch einmal jene Anzeigen erwähnt werden, die komplett in englischer Sprache verfasst sind. Hier ergibt sich ein Ansatzpunkt für weitere detaillierte Untersuchungen der Gründe für diese Gestaltung der Werbung; denn für mich ergibt sich keine klare Antwort auf die Frage, was mit derartigen Werbeanzeigen bezweckt wird, bzw. ob erreicht wird, was ggf. bezweckt wird. Stammen solche Anzeigen von Firmen, die dieselbe Werbung in allen Ländern schalten, um so Geld zu sparen, oder steckt doch mehr dahinter? Diese Frage muss in dieser Magisterarbeit unbeantwortet bleiben, da eine detaillierte Untersuchung zu diesem Thema den Rahmen der Arbeit sprengen würde. Daher sei an dieser Stelle lediglich kommentarlos auf sie verwiesen[173].

Nachdem nun mehr oder weniger detailliert auf die Werbeanzeigen im "Spiegel" eingegangen wurde, soll im folgenden der Umgang der Franzosen mit englischen Elementen anhand von Werbebeispielen aus dem "Nouvel Observateur" näher beleuchtet werden.

---

[172] vgl. Kapitel 7.3.4, Beispiel 5 (p. 177).
[173] vgl. Kapitel 7.3.4, Beispiel 6 und 7 (p. 178 und p. 179).

4.5.2 Ergebnisse und Interpretation der Analyse des "Nouvel Observateur"

4.5.2.1 Zahlenmäßige Auswertung

Für den 1976er Jahrgang des "Nouvel Observateur" wurden insgesamt 5.510 Seiten durchgesehen, welche zusammengenommen 1.856 Werbeanzeigen (= 33,68%) enthielten. Davon wiesen lediglich 142 Anzeigen (= 7,65%) englische Elemente auf, wobei sich so gut wie alle "englischen" Anzeigen, nämlich 137 (= 96,48%), auf die Verwendung einzelner englischer Wörter beschränkten. Nur fünf Anzeigen (= 3,52%) benutzten komplette englische Wendungen.

Hier werden bereits einige gravierende Unterschiede zum "Spiegel" deutlich. Zum einen enthält der "Nouvel Observateur" generell wesentlich weniger Werbeanzeigen als der "Spiegel" (33,68% gegenüber 63,28%), und zum anderen ist auch der Anteil der Anzeigen mit englischen Elementen mit 7,65% im "Nouvel Observateur" deutlich geringer als im "Spiegel" desselben Jahrgangs (14,66%).

Diagramm 7: "Nouvel Observateur" 1976 : Werbeanzeigen mit englischen Elementen

Interessant wird es nun mit dem Jahrgang 1977 des "Nouvel Observateur", da im Januar 1977 das Gesetz zum Gebrauch der französischen Sprache (*Loi Bas-Lauriol*) in Kraft trat, welches schwerpunktmäßig darauf abzielte, Anglizismen aus dem Französischen zu verbannen[174]. Daher wäre zu erwarten, dass der Anteil englisch beeinflusster Werbeanzeigen mit dem Jahr 1977 drastisch sinkt, zumal der Gebrauch von Anglizismen unter Strafe gestellt wurde. Erstaunlicherweise ist aber der Anteil von Werbeanzeigen mit englischen Elementen nicht gesunken, sondern – im Gegenteil – weiter gestiegen. So enthalten die 5.650 untersuchten Seiten 1.990 Werbeanzeigen, wovon 203 Anglizismen im oben definierten Sinn aufweisen. Dies entspricht einem Anteil von 10,20%, während es 1976 noch 7,65% waren. Gesunken ist lediglich – wenn auch nur unwesentlich – der ohnehin geringe Anteil an Anzeigen, welche komplette englische Wendungen enthalten. Waren es 1976 noch 3,52%, so sind es 1977 mit einem einzigen gefundenen Belegbeispiel 0,49%.

Diagramm 8: "Nouvel Observateur" 1977 : Werbeanzeigen mit englischen Elementen

---

[174] vgl. Kapitel 3.2 der vorliegenden Arbeit.

Natürlich könnte man argumentieren, dass ein Gesetz nicht innerhalb so kurzer Zeit greifen kann und seine Berücksichtigung findet. Deshalb ist insbesondere auch das Jahr 2001 von Interesse für die vorliegende Untersuchung, zumal das Gesetz zum Gebrauch der französischen Sprache 1994 mit dem *Loi Toubon* novelliert wurde.

Allerdings muss auch für das Jahr 2001 ein weiterer Anstieg englisch beeinflusster Werbeanzeigen festgestellt werden. Die 6.150 betrachteten Seiten enthielten insgesamt 1.697 Werbeanzeigen (= 27,59%), wovon 368 teilweise aus englischen Elementen bestanden. Im Vergleich zu 1976 und 1977, als der Anteil der "englischen" Werbungen nur 7,65% bzw. 10,20% ausmachte, enthielten 2001 21,69% der Werbeanzeigen Anglizismen im oben definierten Sinn. Damit hat sich ihr Anteil mehr als verdoppelt – und das, obwohl in Frankreich alles getan wird, um Anglizismen aus der französischen Sprache zu eliminieren.

Hinzu kommt, dass auch der Anteil an Werbeanzeigen mit kompletten englischen Wendungen stark zugenommen hat. Mit einem prozentualen Anteil von nunmehr 47,01% (= 173 Anzeigen) halten sich die Werbeanzeigen, welche komplette englische Wendungen benutzen, und die 195 Anzeigen, die lediglich auf einzelne englische Wörter zurückgreifen (= 52,99%), in etwa die Waage.

Damit ergibt sich folgendes Bild:

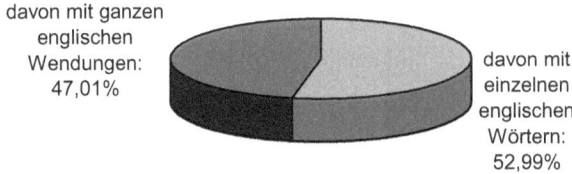

Diagramm 9: "Nouvel Observateur" 2001 : Werbeanzeigen mit englischen Elementen

Zusammenfassend lässt sich die zahlenmäßige Auswertung des "Nouvel Observateur" wie folgt darstellen:

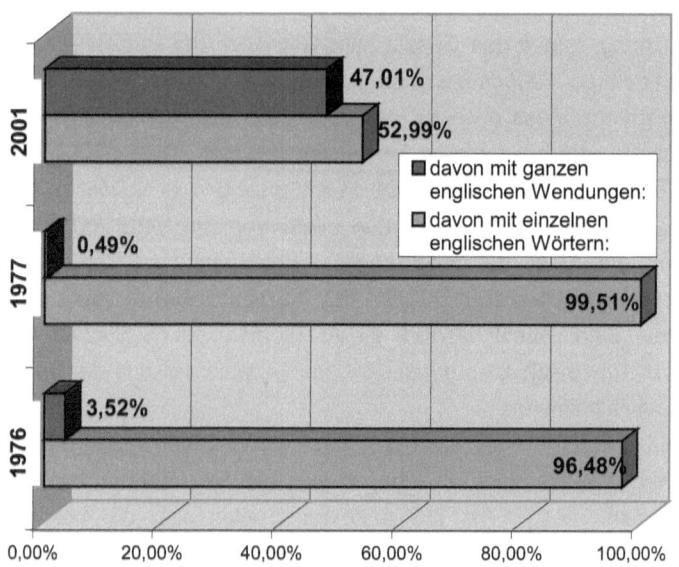

Diagramm 10: Vergleich "Nouvel Observateur" 1976, 1977 und 2001: Art des englischen Einflusses in Werbeanzeigen mit englischen Elementen

4.5.2.2 Inhaltsmäßige Auswertung

Nach der zahlenmäßigen Gesamtauswertung des "Nouvel Observateur" stellt sich nun auch hier die Frage nach der Verteilung der Anglizismen auf einzelne Sachgruppen.

1976 fallen – ähnlich wie beim "Spiegel" - vor allem die Bereiche "Reise, Hotel, Verkehr" (22,54%), "Unterhaltungselektronik" (20,42%) und "Nahrungs- und Genussmittel" (19,72%) auf, die zusammen über 60% der englisch beeinflussten Werbeanzeigen ausmachen, während die anderen acht Bereiche nur mit jeweils 0,70% ("Fahrzeug (Auto, Motorrad) und -zubehör") bis 9,15% ("Einrichtungs- und Gebrauchsgegenstände") zu Buche schlagen. Für die Sachgebiete "Kleidung, Mode, Schmuck (inkl. Uhren)", "Banken, Finanzen, Immobilien, Versicherungen" und "Internet, Telekommunikation" konnten keinerlei Belegbeispiele gefunden werden.

Anglizismen in deutschen und französischen Werbeanzeigen 111

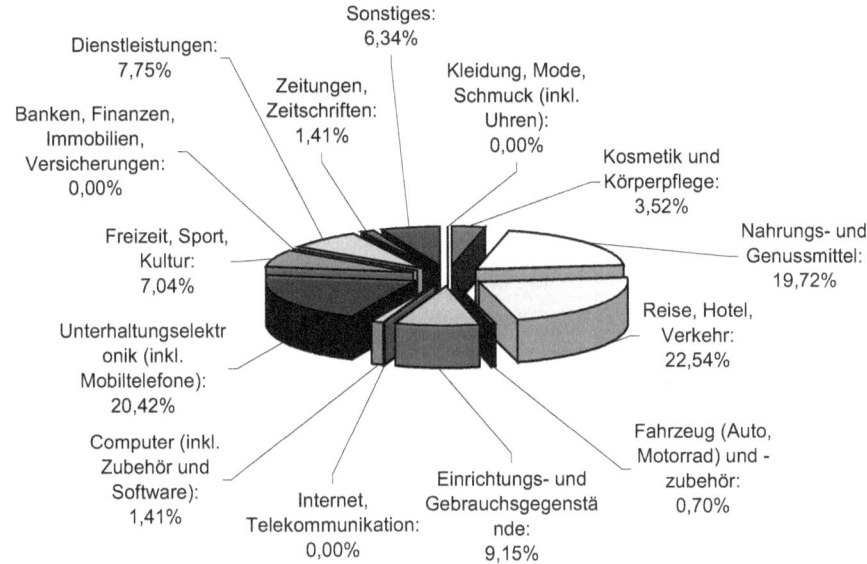

Diagramm 11: "Nouvel Observateur" 1976 : Werbeanzeigen mit englischen Elementen nach Sachgruppen

Ähnlich verhält es sich im Jahr 1977. Auch hier fallen die Bereiche "Reise, Hotel, Verkehr" (26,60%), "Unterhaltungselektronik" (18,72%) und "Nahrungs- und Genussmittel" (16,26%) auf, wobei außerdem das mit Anglizismen beworbene Gebiet der Dienstleistungen gegenüber dem Vorjahr zugenommen hat (15,76%). Keine Belegbeispiele finden sich für die Bereiche "Kosmetik und Körperpflege", "Internet, Telekommunikation", "Computer (inkl. Zubehör und Software)" sowie "Zeitungen, Zeitschriften". Hieraus allerdings bereits eine Tendenz abzuleiten, wäre sehr gewagt, da es sich wohl eher um eine zufällige Entwicklung handelt. Interessanter ist sicher ein Vergleich mit dem Zustand von 2001.

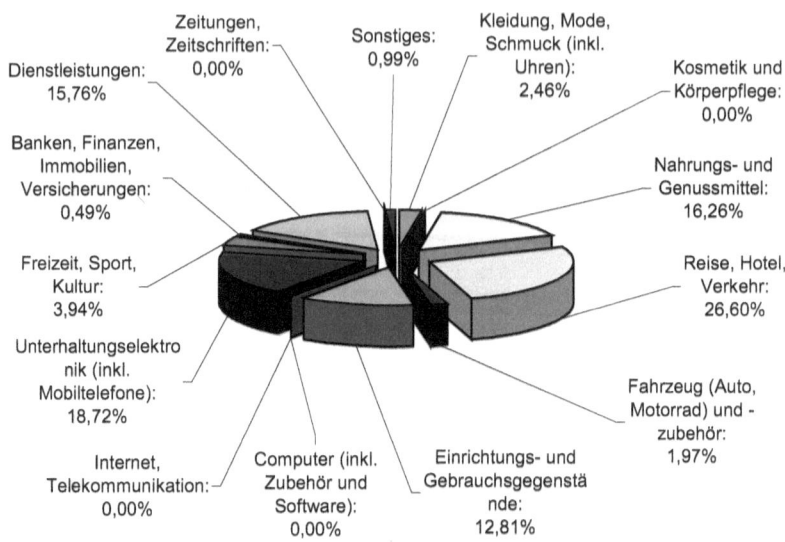

Diagramm 12: "Nouvel Observateur" 1977 : Werbeanzeigen mit englischen Elementen nach Sachgruppen

Analog zum „Spiegel" scheinen sich auch beim "Nouvel Observateur" im Jahr 2001 die Werbeanzeigen mit englischen Elementen gleichmäßiger auf die verschiedenen Sachgruppen zu verteilen, auch wenn immer noch vier Bereiche die 10%-Hürde überschreiten ("Kleidung, Mode, Schmuck (inkl. Uhren)": 11,41%; "Fahrzeug (Auto, Motorrad) und –zubehör": 18,21%; "Internet, Telekommunikation": 15,76% und "Computer (inkl. Zubehör und Software)": 10,05%).

Dabei steigt der Anteil des Sachgebietes "Keidung, Mode, Schmuck (inkl. Uhren)" von 0,00% im Jahr 1976 auf 11,41% im Jahr 2001, so dass die Anglizismen in diesem Bereich enorm an Bedeutung gewinnen. Auch die anderen drei Bereiche, die 2001 die 10%-Hürde überschreiten und damit die Bereiche mit den größten Anteilen an den Werbeanzeigen mit englischen Elementen darstellen, zählten 1976 bei weitem nicht zu den anteilsstärksten Sachgebieten. So stieg der Anteil des Bereiches "Fahrzeug (Auto, Motorrad) und –zubehör" von 0,70% auf 18,21%, der des Bereiches "Internet, Telekommunikation" von 0,00% auf 15,76% und der Anteil von "Computer (inkl. Zubehör und Software)" von 1,41% auf 10,05%.

Auffällig ist des weiteren – sowohl beim "Spiegel" als auch beim "Nouvel Observateur"-, dass insbesondere der Bereich "Reise, Hotel, Verkehr" im Jahr 2001 gegenüber dem Jahr 1976 deutlich an Bedeutung verloren zu haben scheint. Lag 1976 der Anteil "englisch" beeinflusster Anzeigen noch bei jeweils über 20%, so waren es 2001 nur 6,10% im Fall des "Spiegel", bzw. 4,35% im Fall des "Nouvel Observateur". Selbiges gilt für "Nahrungs- und Genussmittel", wo der Anteil von 19,72% im Jahr 1976 auf 1,36% im Jahr 2001 gesunken ist. Auch der Bereich "Unterhaltungselektronik (inkl. Mobiltelefone)" hat 2001 mit 9,24% gegenüber dem Jahr 1976 mit 20,42% an nennenswert an Bedeutung verloren.

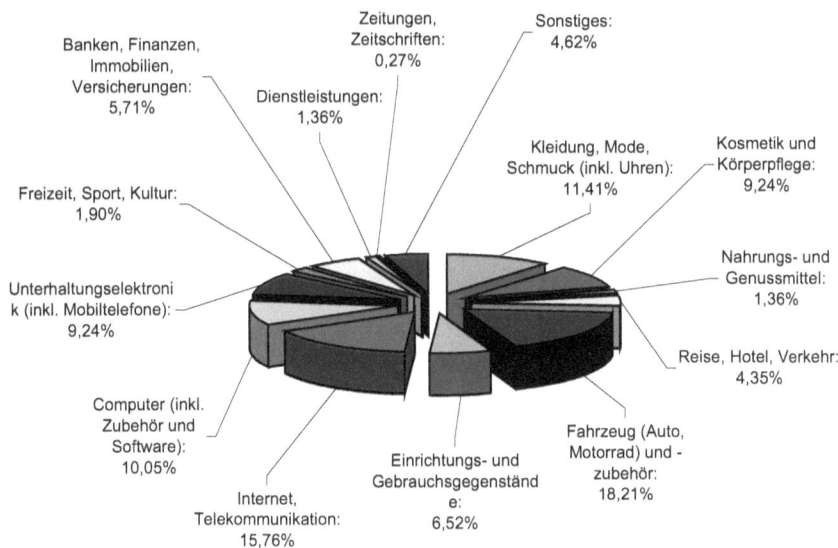

Diagramm 13: "Nouvel Observateur" 2001 : Werbeanzeigen mit englischen Elementen nach Sachgruppen

Der Anteil der anderen Bereiche liegt zwischen 0,27% ("Zeitungen, Zeitschriften") und 9,24% ("Kosmetik und Körperpflege" und "Unterhaltungselektronik (inkl. Mobiltelefone)").

Damit bleibt auch für den "Nouvel Observateur" festzuhalten, dass sich 2001 die prozentualen Anteile der einzelnen Sachgebiete am Gesamtanteil der

Werbeanzeigen mit englischen Elementen gleichmäßiger verteilen zu scheinen als 1976. Es gibt keine Sachgebiete mehr, die mit einem Anteil von über 20% hervorstechen oder für die sich überhaupt keine Belegbeispiele finden ließen. Der englische Einfluss konzentriert sich somit nicht mehr auf einzelne spezielle Bereiche, sondern erfasst alle Gebiete in mehr oder weniger gleichem Maße.

Zusammenfassend ergibt sich für den Vergleich der Anteile an den verschiedenen Sachgruppen der englisch beeinflussten Werbeanzeigen im "Nouvel Observateur" 1976, 1977 bzw. 2001 folgendes Bild:

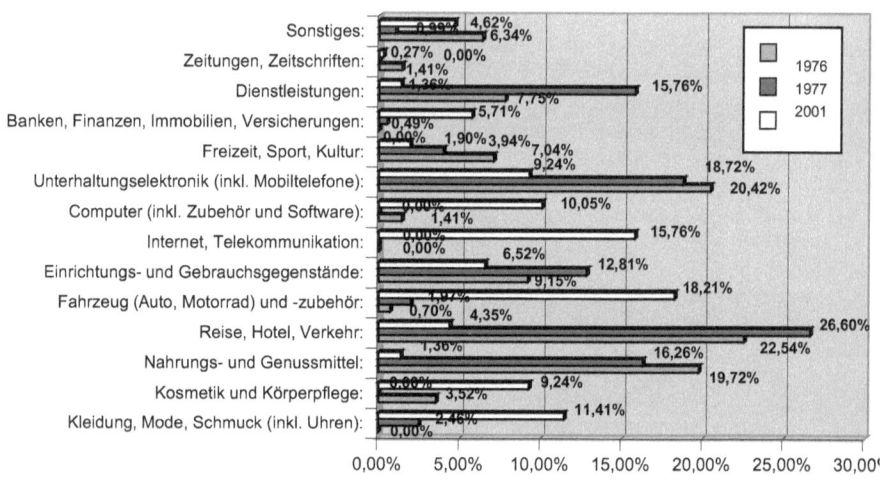

Diagramm 14: Vergleich "Nouvel Observateur" 1976, 1977 und 2001 : Werbeanzeigen mit englischen Elementen nach Sachgruppen

4.5.2.3 Beschreibung auffälliger Phänomene

Wie erwartet gehen die Werbeanzeigen des "Nouvel Observateur" aus bekannten Gründen[175] wesentlich sparsamer mit Anglizismen um als der "Spiegel". Trotzdem kann eine kontinuierliche, immense Zunahme des englischen Anteils in der französischen Werbung nicht von der Hand gewiesen werden.

In französischen Werbebeispielen aus den Jahren 1976 und 1977 fällt allerdings auf, dass englische Elemente teilweise anders verarbeitet werden als in der deutschen Werbung. Während im "Spiegel" englische Begriffe wie selbstverständlich in den Textelementen der Werbeanzeigen verwendet werden, scheinen die Franzosen zu versuchen, diese in die Bildelemente der Anzeigen zu integrieren, um so möglicherweise das *Loi Bas-Lauriol* zu umgehen (welches ja bekanntermaßen den Gebrauch von Anglizismen unter Strafe gestellt hat). So prangt beispielsweise in einer Werbeanzeige der Tabakfirma "Gitanes" der überschriftähnliche Schriftzug "A STAR IS BORN" im grellen "Neonröhrenlook", wobei fast das gesamte obere Drittel der Anzeige in Anspruch genommen wird. Das einzige "echte" Textelement dieser Anzeige findet sich in einem Fließtext im unteren Drittel der Anzeige, in dem auch der auf Französisch gestaltete Slogan integriert ist, so dass dieser kaum hervorsticht[176].

Obwohl in Kapitel 4.2 gesagt wurde, dass Bildelemente in dieser Arbeit nicht weiter berücksichtigt werden, muss in diesem Fall doch auf sie eingegangen werden, da sie – wie ich meine – bei einigen französischen Werbungen eine Sonderstellung einzunehmen scheinen. Denn in manchen Fällen enthalten sie fett gedruckte, sehr auffällige englische Elemente, die zwar als Bildelement kaschiert werden, aber eher den Textelementen zuzurechnen sind. Daher wurden derart gestaltete Anzeigen in der Untersuchung mitgezählt.

Weitere, vielleicht noch extremere, Beispiele hierfür stellen die Werbeanzeigen der Firmen "Kool" und "Craven" dar, die beide für Zigaretten werben, sowie eine Anzeige der Firma "Sandemann", welche Werbung für Portwein macht. Davon enthält lediglich letztere ein "echtes" Textelement, das – natürlich – auf Französisch verfasst ist[177]. Die beiden Zigarettenwerbungen bestehen hingegen ausschließlich aus einem Bildelement, wobei haupt-

---

[175] vgl.Kapitel 3.2 dieser Arbeit.
[176] vgl. Kapitel 7.3.5 (p. 180).
[177] vgl. Kapitel 7.3.6, Beispiel 3 (p. 183).

sächlich die jeweilige Zigarettenpackung abgebildet ist, auf der großflächig auf "Filter Kings"[178] bzw. "Filter-King Size"[179] hingewiesen wird.

Ein anderes Phänomen im Umgang mit Anglizismen in der französischen Werbung findet sich in vielen Werbeanzeigen des "Nouvel Observateur" 2001. Englische Elemente, deren Anteil – trotz Sprachreinigungsgesetz - in der französischen Werbung sehr stark zugenommen hat, werden nun auch offen in Textelementen verwendet und nicht mehr als Bildelement "getarnt". Dafür werden einzelne englische Begriffe oder Wendungen in Form von Fußnoten innerhalb der entsprechenden Werbeanzeigen übersetzt. Ein anschauliches Beispiel hierfür stellt die Anzeige für Sonnenbrillen von "Ray-Ban" dar. Die riesige, auffällige Überschrift "I DON'T WANT TO BE A MILLIONAIRE." wird in der Fußnote übersetzt mit "JE NE VEUX PAS ETRE MILLIONNAIRE."[180] Weitere Beispiele hierzu sind im Anhang (Kapitel 7.4) aufgeführt. Anhand derer wird deutlich, dass viele Übersetzungen schlichtweg übertrieben bzw. überflüssig sind, da aufgrund der Ähnlichkeit vieler englischer und französischer Begriffe die Bedeutung bereits klar ist - auch ohne Übersetzung[181]. Hier zeigt sich erneut, dass es den Franzosen nicht nur um die Verständlichkeit, sondern v.a. um die Reinerhaltung ihrer Sprache geht.

Abschließend ist ein Vergleich der werbenden Firmen interessant, wobei besonders die Frage von Belang ist, ob es bei den Werbeanzeigen von Firmen, die sowohl in Deutschland, als auch in Frankreich werben, Unterschiede hinsichtlich der Verwendung von Anglizismen gibt. Hierzu können die Listen mit allen gefundenen Belegbeispielen im Anhang (Kapitel 7.5) herangezogen werden.

Von Interesse ist dabei auch, ob Gawlittas (2000: 8) These, dass Werbeagenturen von international agierenden Unternehmen in Deutschland mit englischsprachigen Slogans werben, während in anderen Ländern in der jeweiligen Landessprache geworben wird, aufrecht erhalten werden kann. Eine Gegenüberstellung einzelner Beispiele ergibt folgendes Bild:

---

[178] vgl. Kapitel 7.3.6, Beispiel 1 (p. 181).
[179] vgl. Kapitel 7.3.6, Beispiel 2 (p. 182).
[180] vgl. Kapitel 7.3.7 (p. 184).
[181] Solche besonders auffälligen Beispiele sind im Anhang in Kapitel 7.4 fett gedruckt.

ÄQUIVALENTE WERBEANZEIGEN (Anzeigen, die sowohl in Frankreich als auch in Deutschland englische Elemente enthalten):	SICH UNTERSCHEIDENDE WERBEANZEIGEN:
<ul><li>CISCO SYSTEMS</li><li>SHARP</li><li>IBERIA</li><li>NIVEA FOR MEN</li><li>SAMSONITE</li><li>COMAPQ</li><li>AXA</li><li>NISSAN</li><li>ROVER</li><li>MANDARINA DUCK</li><li>MEPHISTO</li><li>FUJITSU/ SIEMENS</li><li>AMERICAN EXPRESS</li><li>NOKIA</li><li>BROTHER</li><li>HP (Hewlett Packard)</li><li>LUFTHANSA</li><li>BREITLING 1884</li><li>CANON</li><li>ORIS</li><li>BOSE</li><li>RUNNING HEART FOUNDATION</li><li>KODAK</li><li>usw.[183]</li></ul>	<ul><li>AVENTIS: Notre challenge, c'est la vie.</li><li>FUJITSU: Les possibilités sont infinies.</li><li>SONY: Mettez-vous au défi.</li><li>MITSUBISHI MOTORS: Le meilleur chemin pour y arriver.</li><li>SIEMENS: Soyez inspiré.</li><li>SWISS LIFE: Société Suisse</li><li>JOBPILOT.FR: Ne manquez pas le job de votre vie!</li><li>CONTINENTAL: Le pneu de technologie allemand.</li><li>EBEL: présente la nouvelle 1911.</li><li>usw.[182]</li></ul>

Aus dieser Gegenüberstellung wird schnell ersichtlich, dass Gawlittas These keine Allgemeingültigkeit besitzen kann. Die meisten Firmen, die sowohl in Deutschland, als auch in Frankreich werben, verwenden in beiden Ländern in der Regel auch dieselben Werbeanzeigen - zumindest, was die in dieser Arbeit ausgewerteten Beispiele betrifft. Hinzu kommt, dass einige Firmen, bei denen Unterschiede zwischen der deutschen und der französischen Werbeanzeige festgestellt werden konnten, teilweise mehrere verschiedene Anzeigen schalten, wobei es dann doch zu Übereinstimmungen

---

[182] Diese Liste erhebt keinerlei Anspruch auf Vollständigkeit. Hier wurden lediglich einige Beispiele zusammengetragen, die bei der Untersuchung der Werbeanzeigen aufgefallen sind. Werbebeispiele, die keine Anglizismen im oben definierten Sinn enthalten, wurden nicht in die Gesamtübersicht der gefundenen Belegbeispiele (Kapitel 7.5) aufgenommen und auch sonst nicht weiter berücksichtigt.

[183] vgl. auch Kapitel 7.4 im Anhang, wo ebenfalls Werbeanzeigen aufgeführt sind, die Anglizismen enthalten. Ein Großteil von den entsprechenden Firmen, die in der Liste aufgeführt sind, wirbt mit denselben Anzeigen auch in Deutschland - aber natürlich ohne die französischen Fußnoten.

zwischen beiden Ländern kommen kann. So wirbt die Firma "Sony" in Frankreich eben nicht nur mit dem Slogan "Mettez-vous au défi.", sondern auch - wie in Deutschland - mit dem englischen Slogan "go create".

Erwähnenswert ist der Fall der Firma "Nivea", die nur in Frankreich - nicht aber in Deutschland - mit einem englischen Slogan wirbt. So wirbt "Nivea" in Frankreich mit "Play hard - look young." und in Deutschland mit "Intensiv leben - gut aussehen.". Derartiges war vor der Analyse nicht zu erwarten und stellt sicherlich auch eine Ausnahme dar.

Umgekehrt wirbt die (deutsche!) Firma "Continental" in Deutschland mit dem englischen Slogan "Do it with German engineering." und in Frankreich mit dem französischen "Le pneu de technologie allemand.". Das Argument, dieselbe Werbung in verschiedenen Ländern zu schalten und daher die englische Sprache zu verwenden, kann somit in diesem Fall nicht geltend gemacht werden. Wie bereits erwähnt, wäre eine detailliertere Untersuchung zu den Beweggründen, welche zu derartigen Werbeanzeigen führen, wünschenswert.

Im Anschluss sollen die gewonnen Ergebnisse zusammengefasst und gegenüber gestellt werden.

4.6 Vergleichende Zusammenfassung der Untersuchungsergebnisse des "Spiegels" und des "Nouvel Observateur"

Mit der Analyse der Werbeanzeigen im "Spiegel" 1976 und 2001 sowie im "Nouvel Observateur" 1976, 1977 und 2001 hat sich die Ausgangshypothese bestätigt, dass nämlich generell im deutschen "Spiegel" mehr Anglizismen zu finden sind als im "Nouvel Observateur" - und das sowohl im Jahr 1976 als auch 2001.

Während im "Spiegel" der Anteil der Werbeanzeigen, die englische Elemente enthalten, bereits 1976 mit 14,66% relativ hoch war, hielt sich der "Nouvel Observateur" mit nur 7,65% noch etwas zurück. Im Jahr 2001 konnte für den "Spiegel" schließlich ein weiterer, enormer Anstieg hinsichtlich der englisch beeinflussten Werbeanzeigen festgestellt werden; ganze 44,25% aller gefundenen Anzeigen enthielten englische Elemente im in Kapitel 4.2 definierten Sinn.

Auch beim "Nouvel Observateur" war ein immenser Anstieg der englisch beeinflussten Anteile in der Werbung zu erkennen. Mit einem Anstieg des "englischen" Anteils von 7,65% im Jahr 1976 auf ganze 21,69% im Jahr 2001 hat sich der Anteil der Werbeanzeigen, die Anglizismen enthalten, fast verdreifacht - also genau wie im Fall des "Spiegels".

Interessant ist dabei auch die Beobachtung, dass der Anteil bereits innerhalb eines Jahres zwischen 1976 und 1977 auf 10,20% gestiegen ist. Dies ist nicht zuletzt aufgrund des 1977 in Kraft getretenen Gesetzes zum Gebrauch der französischen Sprache bemerkenswert, welches den Gebrauch von Anglizismen unter Strafe gestellt hat. Es ist offensichtlich, dass weder das *Loi Bas-Lauriol* aus dem Jahr 1977, noch das *Loi Toubon*, die novellierte Version des *Loi Bas-Lauriol*, aus dem Jahr 1994 den Anteil der englisch beeinflussten Werbeanzeigen eindämmen konnten. Obwohl generell im "Nouvel Observateur" zahlen- und anteilsmäßig weniger Anglizismen festzustellen waren, muss doch festgehalten werden, dass in beiden Fällen die Zunahme des Anglizismenanteils in der Werbung ähnlich schnell und ähnlich stark verlaufen ist: zwischen 1976 und 2001 hat sich der Anteil der englisch beeinflussten Werbeanzeigen fast verdreifacht.

Dabei sind auch Unterschiede hinsichtlich der Art des englischen Einflusses festzustellen. Fast verschwindend gering ist mit 3,52% der Anteil ganzer englischer Wendungen im "Nouvel Observateur" von 1976. Auch im "Spiegel" von 1976 überwiegt mit 74,47% der Anteil von Werbeanzeigen, die lediglich einzelne englische Wörter - und keine kompletten Wendungen -

benutzen. Hier ist allerdings im Jahr 2001 eine Umkehrung der Verhältnisse zu beobachten, da mit 52,86% der Anteil solcher Werbungen leicht überwiegt, die ganze englische Wendungen - und nicht mehr nur einzelne Wörter - beinhalten.

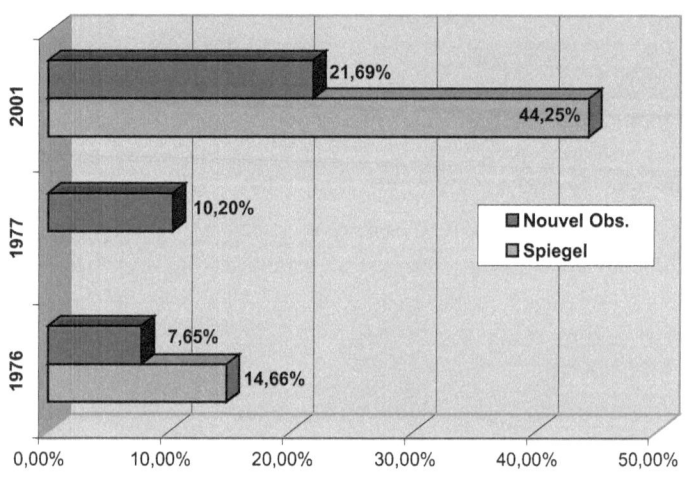

Diagramm 15: Vergleich "Spiegel" 1976 und 2001 und "Nouvel Observateur" 1976, 1977 und 2001: Anteil der Werbeanzeigen, die Anglizismen enthalten

In der Entwicklung der Werbeanzeigen im "Nouvel Observateur" zeichnet sich gegenwärtig ähnliches ab. Auch wenn eine Umkehrung der Verhältnisse (noch) nicht ganz erfolgt ist, scheint auch beim "Nouvel Observateur" eine Änderung in der Art des englischen Einflusses anzustehen, d.h. dass Werbeanzeigen vermehrt auf vollständige englische Wendungen zurückgreifen, anstatt lediglich einzelne englische Wörter zu verwenden. Dabei ist zu bemerken, dass im Fall der französischen Werbung ein intensiverer Wandel vorliegt, da der Anteil von Werbeanzeigen mit ganzen englischen Wendungen 1976 bei nur 3,52% lag, während er 2001 bereits fast 50% ausmachte und damit mit den Anzeigen im "Spiegel" beinahe gleichauf liegt.

Was die Verteilung der Anzeigen auf die einzelnen Sachgebiete anbelangt, so kann insgesamt festgehalten werden, dass auch in diesem Bereich ein Wandel vorzuliegen scheint. Zum einen kann beobachtet werden, dass sowohl im "Spiegel" als auch im "Nouvel Observateur" im Jahr 1976 einzelne Sachgebiete anteilsmäßig klar gegenüber den anderen dominieren.

Anglizismen in deutschen und französischen Werbeanzeigen 121

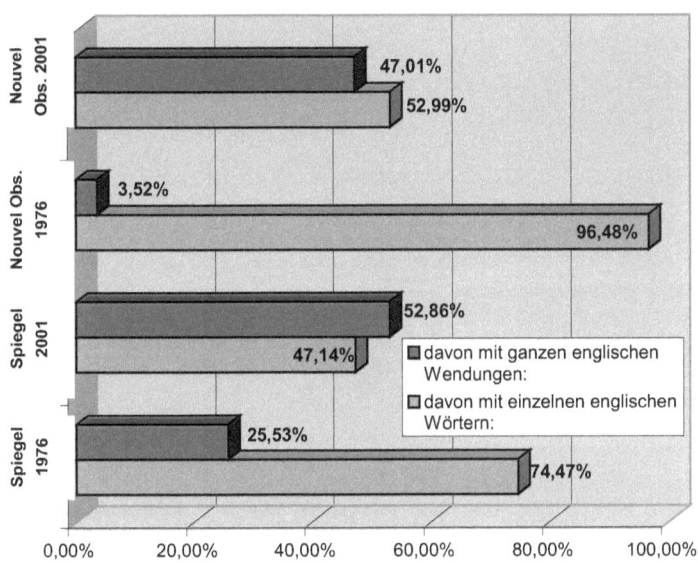

Diagramm 16: Vergleich "Spiegel" 1976 und 2001 und "Nouvel Observateur" 1976 und 2001: Art des englischen Einflusses in Werbeanzeigen mit englischen Elementen

Insbesondere gilt dies für die Bereiche "Reise, Hotel, Verkehr", "Unterhaltungselektronik" und "Nahrungs- und Genussmittel", die in beiden Fällen zusammen über 60% der englisch beeinflussten Werbeanzeigen ausmachen, während alle anderen elf Gebiete ein Randdasein zu pflegen scheinen. Im Jahr 2001 scheinen sich die Werbeanzeigen mit englischen Elementen gleichmäßiger auf die verschiedenen Sachgruppen zu verteilen, auch wenn immer noch einzelne Bereiche hervorstechen. Allerdings sind die anteilsmäßigen Unterschiede nicht mehr so gravierend wie noch 1976. Der englische Einfluss konzentriert sich somit nicht mehr auf wenige spezielle Bereiche, sondern erfasst alle Gebiete in mehr oder weniger gleichem Maße. Auch dies gilt für beide Magazine.

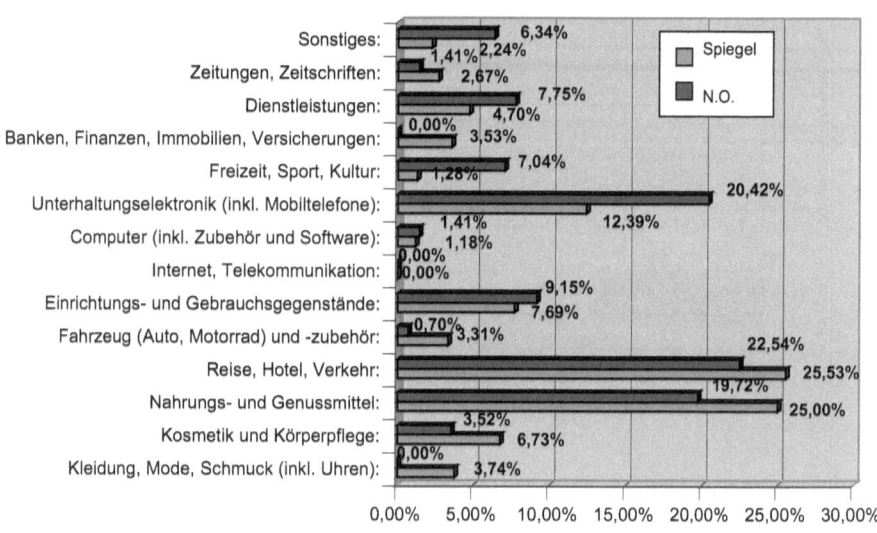

Diagramm 17: Vergleich "Spiegel" 1976 und "Nouvel Observateur" 1976: Werbeanzeigen mit englischen Elementen nach Sachgruppen

Zum anderen ist gleichzeitig ein Wandel in den bevorzugten Sachgebieten für Anglizismen festzustellen. Sowohl im "Spiegel" als auch im "Nouvel Observateur" sind es im Jahr 2001 nicht mehr die Bereiche "Reise, Hotel, Verkehr", "Unterhaltungselektronik" und "Nahrungs- und Genussmittel", die den größten Anteil bereitstellen, sondern es sind v.a. die Gebiete "Keidung, Mode, Schmuck (inkl. Uhren)", "Fahrzeug (Auto, Motorrad) und –zubehör", "Internet, Telekommunikation" und "Computer (inkl. Zubehör und Software)" im Fall des "Nouvel Observateur" und "Banken, Finanzen, Immobilien,

Versicherungen", "Dienstleistungen" und "Fahrzeug (Auto, Motorrad) und -zubehör" im Fall des "Spiegel", die an Bedeutung gewonnen zu haben scheinen, während die ehemals so stark vertretenen Sachgruppen nur noch einen recht kleinen Anteil besitzen. Zu den anteilsstärksten Bereichen im "Spiegel" gehört 2001 - wie bereits 1976 - zusätzlich noch die "Unterhaltungselektronik (inkl. Mobiltelefone)", wobei sich jedoch innerhalb dieses Gebietes die Schwerpunkte von HiFi-Geräten hin zu Mobiltelefonen verschoben haben.

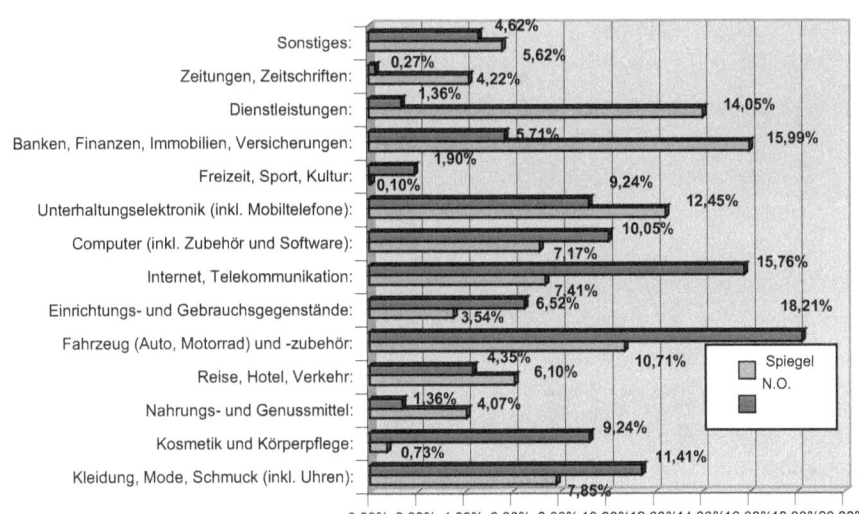

Diagramm 18: Vergleich "Spiegel" 2001 und "Nouvel Observateur" 2001: Werbeanzeigen mit englischen Elementen nach Sachgruppen

Bei einer genaueren Untersuchung einzelner, auffälliger Werbeanzeigen im "Spiegel" 1976 und 2001 sowie im "Nouvel Observateur" 1976, 1977 und 2001 fiel auf, dass die Anglizismen in den Werbebeispielen teilweise unterschiedlich verarbeitet wurden. Während es im "Spiegel" 1976 bereits selten ist, dass englische Begriffe erläutert oder kommentiert werden, ist es im "Nouvel Observateur" 2001 üblich, die verwendeten englischsprachigen Begriffe oder Wendungen in Form einer Fußnote ins Französische zu übertragen. Dabei sind viele Übersetzungsversuche schlichtweg überflüssig, da aufgrund der Ähnlichkeit vieler französischer und englischer Begriffe die Bedeutung der Anglizismen auch ohne Übersetzung klar ist. Es wird deutlich, dass es dabei nicht vorrangig um die Verständlichkeit der Werbeanzeigen gehen kann. Vielmehr scheint es sich um ein "zwanghaftes Französieren" aller englischen Elemente zu handeln, was den Hang der Franzosen zur Reinerhaltung ihrer Sprache widerspiegelt.

Zieht man die gewonnenen Ergebnisse der Analyse in Betracht, die klar zeigen, dass auch die beiden Gesetze zum Gebrauch der französischen Sprache den englischen Einfluss - zumindest in der Werbung - nicht vermindern konnten, so muss festgehalten werden, dass die versuchte Sprachreglementierung von wenig Erfolg gekrönt war. Auch durch die von Gesetzen angedrohte mögliche Strafen im Falle des Gebrauchs von Anglizismen konnten die "Invasion" von englischen Begriffen und Wendungen in der französischen Werbung nicht aufhalten. Allerdings fällt bei einzelnen Werbeanzeigen der Jahre 1976 und 1977 auf, dass die Franzosen nicht selten zu versuchen scheinen, englische Begriffe in die Bildelemente der Anzeigen zu integrieren - möglicherweise um das *Loi Bas-Lauriol* zu umgehen.

Im "Spiegel" werden hingegen englische Begriffe wie selbstverständlich in den Textelementen der Werbeanzeigen verwendet, was nicht selten lächerlich wirkt. Verwiesen sei an dieser Stelle nur nochmals auf die Werbeanzeigen der Firmen "Ericsson" und "Kyocera".

Erwähnenswert sind auch solche Werbeanzeigen, die mit dem englischen Einfluss zu spielen scheinen, wie das Beispiel der Firma "Land's End" gezeigt hat. Nicht zuletzt damit wird deutlich, dass die Deutschen viel offener mit dem englischen Einfluss umzugehen scheinen - vielleicht aber auch ein wenig zu offen, wie die Negativbeispiele[184] zeigen, bei denen nicht klar wird, was mit dem übermäßigen Einsatz der englischen Sprache bezweckt

---

[184] vgl. Kapitel 7.3.4, Beispiel 6 und 7 (p. 178 und p. 179).

werden soll. Hieraus ergibt sich ein Ansatzpunkt für weitere mögliche Untersuchungen im Bereich der Werbung, die sich mit der Frage beschäftigen, ob solche Anzeigen von Firmen stammen, die dieselbe Werbung in allen Ländern schalten, um so Geld zu sparen, oder ob doch mehr dahinter steckt.

Schließlich wurde ein Vergleich der werbenden Firmen angestellt, wobei besonders die Frage von Belang war, ob es bei den Werbeanzeigen von Firmen, die sowohl in Deutschland, als auch in Frankreich werben, Unterschiede hinsichtlich der Verwendung von Anglizismen gibt. In diesem Zusammenhang sollte auch Gawlittas (2000: 8) These überprüft werden, dass Werbeagenturen von international agierenden Unternehmen in Deutschland mit englischsprachigen Slogans werben, während in anderen Ländern in der jeweiligen Landessprache geworben wird.

In einer Gegenüberstellung einiger Firmen, die sowohl in Deutschland als auch in Frankreich werben, wurde schnell ersichtlich, dass Gawlittas These keine Allgemeingültigkeit haben kann. Bis auf einige wenige Ausnahmen werben die meisten international agierenden Firmen sowohl in Deutschland als auch in Frankreich in der Regel mit denselben Anzeigen - zumindest, was die in dieser Arbeit ausgewerteten Beispiele betrifft.

Um nun den Analyseteil dieser Arbeit abzurunden und abzuschließen, soll noch kurz auf das Verständnis der Anglizismen durch die Leserschaft sowie die Akzeptanz der Anglizismen in der Werbung eingegangen werden, da bereits mehrfach darauf hingewiesen wurde, dass es oftmals nicht um das Verständnis von Einzelbegriffen in der Werbung gehen kann. Des weiteren ist es interessant zu sehen, wie die Bevölkerung, welche den Einfluss des Englischen in der Werbung wohl bemerkt, zu den Anglizismen steht, d.h. ob diese befürwortet oder doch eher abgelehnt werden.

4.7 Zum Verständnis der Anglizismen durch die Leserschaft

Da eine eigene Untersuchung zum Verständnis von Anglizismen den Rahmen dieser Magisterarbeit sprengen würde, greife ich auf die Ergebnisse anderer Arbeiten zurück, obwohl diese z.t. 20 Jahre und älter sind. Auch wenn die Ergebnisse sicher nicht genau den heutigen entsprechen können, sollten sie doch ausreichen, um grundlegende Tendenzen aufzuzeigen. Dies soll für diese Arbeit genügen, da sie sich nicht schwerpunktmäßig mit dem Verständnis von Anglizismen beschäftigt.

Als die wesentlichen Variablen zum Verständnis und Gebrauch von Anglizismen im Deutschen haben sich bei verschiedenen Autoren folgende herausgestellt[185]:

- Geschlecht
- Alter
- Schulbildung/ Beruf
- Englischkenntnisse der Informanten
- Wohnort
- Mundart
- Zeitungs-/ TV-Konsum

In einer Untersuchung kamen Viereck/ Viereck/ Winter (1975: 219 - 224) zu dem Ergebnis, dass Bildung und Zeitungs- und TV-Konsum die wichtigsten Kriterien für die Kenntnis von Anglizismen sind. Der Einfluss von Englischkenntnissen und des Alters auf das Verständnis von Anglizismen war geringer als erwartet. Unterschiede in den Antworten weiblicher und männlicher Testpersonen zeigten sich vor allem in den Rubriken Wirtschaft und Weltpolitik, wobei weibliche Testpersonen insgesamt schlechter abschnitten als männliche.

Fink (1997: 120) weist auf eine Grey-Studie hin, die nur 32 % der deutschen Bevölkerung englische Sprachkenntnisse attestiert, wobei selbst bei diesem relativ geringen Anteil der Sprachschatz beschränkt ist. Trotzdem verwenden Werbetexter auch schwierige Vokabeln in extrem hohen Maße.

"'Ob der Adressat den Inhalt der Slogans versteht, ist letztlich gar nicht so wichtig. Was zählt ist die Signalwirkung, die von der Verwendung der englischen Sprache ausgeht', sagt Werbefachmann Michael. 'Es muß klar werden: Hier wirbt ein Unternehmen, das international tätig ist.'"
(DIE WELT, 24.Oktober 1996, zitiert bei Fink 1997: 120)

---

[185] vgl. Viereck/ Viereck/ Winter 1975: 218 und Viereck 1980b: 238.

Abschließend möchte ich hier Frimann (1977: 318 - 320) zitieren, die – obwohl ihre Arbeit aus dem Jahr 1977 stammt – dieses Kapitel recht treffend zusammenfasst:

> "Es kommt also in der Werbung nicht so sehr darauf an, dass man die verwendeten englischen Ausdrücke auch wörtlich versteht. Sollte dies jedoch der Fall sein, um so besser; die Bedeutung eines Markennamens ist auch oft nur positiv und steigert dadurch die Wirkung der Anzeige. Wenn z.B. ein Hemdenkragen *Swift Comfort* heißt, ruft schon der Name eine gewisse und auf jeden Fall positive Vorstellung über diesen Kragen hervor. Eine andere wichtige Seite bei der Wertung des angloamerikanischen Einflusses auf die deutsche Werbesprache ist die Tatsache, dass, von Markennamen abgesehen (die ja oft zu Appellativa geworden sind), mehrere dieser Ausdrücke nur selten in der täglichen Rede verwendet werden."

4.8 Zur Akzeptanz von Anglizismen in der Werbung

Mit der Akzeptanz von englischsprachigen Werbeslogans bei Personen unterschiedlicher Altersgruppen in Deutschland beschäftigt sich die Arbeit von Gawlitta (2000). Seine Erhebung in verschiedenen Regionen und Städten Deutschlands erbrachte 240 verwertbare Bögen, deren Auswertung zu folgenden Ergebnissen führten[186]:

> "Anhand der gewonnen Untersuchungsergebnisse ließ sich feststellen, dass insbesondere bei den über 50jährigen die Akzeptanz gegenüber englischen Werbeslogans sehr gering ist. Von den älteren Befragten würden sich 78% lieber von deutschsprachiger Werbung inspirieren lassen. Überraschenderweise zeigte sich auch bei der jüngeren Altersgruppe der 20- bis 35jährigen eine deutliche Distanz gegenüber der Werbung mit Anglizismen. Weiterhin konnte mit Hilfe des Sprachtests belegt werden, dass diese Ablehnung gegenüber englischen Slogans in der älteren Gruppe nicht in unmittelbarem Zusammenhang mit dem Sprachverständnis stehen dürfte." (Gawlitta 2000: 87)

Auch stellt Gawlitta fest, "dass es sich bei der Vernachlässigung der über 50jährigen durch die Werbewirtschaft um ungenutzte Marktchancen von beträchtlichem Ausmaß handeln könnte." (Gawlitta 2000: 88) Er ist der Meinung, dass eine zielgruppenkonformere Ansprache dieser Generation durch Werbung in der Landessprache den Unternehmen dabei helfen könnte, diese älteren Käuferschichten erfolgreicher zu erschließen, da sie sich durch die aktuelle Werbung, soweit sie auf Anglizismen aufbaut, nicht richtig angesprochen fühlt[187].

---

[186] vgl. Gawlitta 2000: 86.
[187] vgl. Gawlitta 2000: 69 und 88.

Dabei ist zu darauf hinzuweisen, dass die heutige Generation der Personen über 55 Jahren über mehr Geld verfügt als noch vor 10 bis 20 Jahren, und damit keine zu vernachlässigende Zielgruppe mehr ist.

> "Heute leben in Deutschland die wohlhabendsten Senioren aller Zeiten als Folge des durch keine größeren Störungen behinderten Vermögensaufbaus nach dem Zweiten Weltkrieg sowie der dynamischen Rentenanpassung der vergangenen Jahre. In ihrer Finanzkraft stehen die Älteren heute deutlich vor den von Marketing und Werbung heiß umworbenen Jüngeren (14 – 39 Jahre) und stehen nicht viel hinter den sog. Future Seniors (45 – 54 Jahre) zurück, welche die finanziell potenteste Verbrauchergruppe darstellen." (Gawlitta 2000: 73)

Ein letzter beachtenswerter Aspekt, der für die Attraktivität dieser Zielgruppe spricht, ist die Tatsache, dass die 55- bis 69jährigen schon jetzt ein Fünftel der Bevölkerung darstellen und in rund zehn Jahren fast jeder Dritte in der Bevölkerung zu der 55plus-Gruppe zählt[188].

Abschließend sei hier nochmals Gawlitta (2000: 70 - 71) zitiert:

> "Da knapp die Hälfte der 50- bis 65jährigen der Meinung ist, dass es schon mehr englische als deutsche Werbeslogans gibt, kann man anscheinend mit diesem stilistischen Mittel allein [=Anglizismen] heute nicht mehr auffallen. Englischsprachige Werbung wirkt nicht mehr anormal, sondern ist gewöhnlich geworden. Um sich aus dieser methodischen Sackgasse zu befreien, könnte man eine Möglichkeit darin sehen, wieder mehr in der Sprache der Kunden zu werben. Selbst wenn die Werbung mit englischen Worten inzwischen in hohem Maße alltäglich geworden ist, erinnert Pogarell daran, dass bei aller Gewöhnung an die Anglizismen doch nur in der Muttersprache sprachliche Feinheiten, Wortwitz, Anspielungen, Mehrdeutigkeiten und Zitate von der übergroßen Mehrheit der jeweiligen Zielgruppe wahrgenommen und durchschaut werden. Er bemerkt, dass besonders die deutschen Automobilhersteller diesen Zusammenhang erkannt haben und mit Slogans wie „Freude am Fahren", „Die tun was", „Nichts bewegt sie wie ein Citroën" und „Nichts ist unmöglich" glänzen."

---

[188] vgl. Gawlitta 2000: 74.

5 Schlussbemerkungen

Mit dieser Arbeit sollte der Einfluss des Englischen auf das Deutsche näher betrachtet und mit den Einflüssen des Englischen auf das Französische verglichen werden. Das Hauptaugenmerk lag dabei auf dem Umgang von Deutschen bzw. Franzosen mit Anglizismen, was anhand von Werbeanzeigen aus dem "Spiegel" der Jahre 1976 und 2001 bzw. aus dem "Nouvel Observateur" von 1976, 1977 und 2001 dargestellt wurde.

Wie erwartet, konnte für den deutschen "Spiegel" ein wesentlich höherer Anteil an anglizismenträchtigen Werbeanzeigen festgestellt werden, und das sowohl im Jahr 1976 als auch 2001. Erstaunlicherweise konnte jedoch beobachtet werden, dass der Anteil der englisch beeinflussten Anzeigen auch im "Nouvel Observateur" kontinuierlich zugenommen hat, und zwar in den selben Dimensionen wie im "Spiegel": In beiden Magazinen hat sich der Anteil anglizismenträchtiger Werbeanzeigen zwischen 1976 und 2001 verdreifacht.

Auch wenn diese Zunahme für den "Spiegel" erwartet werden konnte, so überrascht sie umso mehr, was den französischen "Nouvel Observateur" betrifft.

Obwohl generell für beide Länder ähnliche Einflüsse festzustellen waren, so gehen sie doch sehr unterschiedlich mit diesen um. Dies wurde am Beispiel der Sprachpflege in Deutschland bzw. in Frankreich gezeigt, durch das deutlich wurde, dass sich die aktuelle Sprachpflege in Deutschland ganz allgemein mit der Entwicklung der deutschen Sprache als solcher beschäftigt, wohingegen man sich in Frankreich vorwiegend dem Kampf gegen den englischen Einfluss auf die Sprache widmet. Während es in Deutschland gegen den guten Ton verstößt, eine Position gegen den anscheinend ständig wachsenden englischen Einfluss zu beziehen, werden Anglizismen in Frankreich mit diversen Sprachreinigungsgesetzen öffentlich bekämpft. Wie sich in der Analyse der Werbeanzeigen gezeigt hat, geschieht dies allerdings ohne durchschlagenden Erfolg.

Dies macht deutlich, dass man den Bürgern nicht einfach in Form von Gesetzen vorschreiben kann, welche Wörter sie benutzen dürfen, und welche nicht. Derartige Sprachreglementierungsversuche müssen daher von vornherein zum Scheitern verurteilt sein, zumal insbesondere bei den französischen Sprachgesetzen einige erschwerende Probleme festzustellen waren. Bei den Ersetzungen, die für die zu vermeidenden Anglizismen in Frankreich festgelegt werden, scheint es oftmals ausschließlich um eine hartnäckige Ausmerzung der englischen Begriffe auch auf Kosten der Verständlichkeit zu gehen, wobei nicht berücksichtigt wird, dass Entlehnungsprozesse bei in Kontakt stehenden Sprachen normal sind, v.a. in der heutigen Zeit der zunehmenden Globalisierung und Internationalisierung. Sie werden somit kaum durch radikale "Säuberungsversuche" und puristische Forderungen aufzuhalten sein. Dies konnte mit der Untersuchung der Anglizismen in deutschen und französischen Werbeanzeigen gezeigt werden.

Dem einen Extrem der radikalen Bekämpfung von englischen Einflüssen in Frankreich steht ein anderes Extrem, Deutschland, gegenüber. An einigen besonders negativ wirkenden Werbeanzeigen[189] ließ sich ersehen, dass die Deutschen anscheinend viel offener mit dem englischen Einfluss umgehen, was nicht unbedingt positiv zu bewerten ist; denn bei einigen Werbebeispielen wird nicht klar, was mit dem übermäßigen Einsatz der englischen Sprache bezweckt werden soll, d.h. welche Funktion die "Anglizismenflut" in einzelnen Beispielen erfüllen soll.

Obwohl gerade in der Werbesprache der hohe Anglizismenanteil besonders auffällt, so ist doch zu erwarten, dass auch in der Werbung der Reiz des Englischen irgendwann wieder abnehmen wird. Da englischsprachige Werbung inzwischen fast gewöhnlich geworden ist, fällt sie nicht mehr auf und erfüllt so ihren stilistischen Zweck nicht mehr. Hinzu kommt, dass die Werbeagenturen sich allmählich der Tatsache bewusst werden sollten, dass Verständlichkeit der Werbeanzeigen vielleicht doch eine größere Rolle spielt als der bloße zu erzielende stilistische Effekt.

Gawlitta hat zudem festgestellt, dass englische Werbeanzeigen in vielen Fällen ihre Wirkung verfehlen. Insbesondere die Gruppe der über 55jährigen fühlt sich von derartigen Werbeanzeigen nicht richtig angesprochen. Dabei ist bemerkenswert, dass gerade diese Personengruppe schon jetzt ein Fünftel der Bevölkerung darstellt. In rund zehn Jahren wird ihr Anteil bei einem Drittel liegen. Daher ist es kaum einsichtig, wieso die Werbebranche diesen so personenstarken Kreis als potentielle Zielgruppe bisher so wenig berücksichtigt hat, zumal die Älteren in ihrer Finanzkraft heute deutlich vor den Jüngeren (14 – 39 Jahre) stehen, welche allerdings die von Marketing und Werbung bevorzugte Zielgruppe darstellen.

Deshalb könnte unter Umständen der Gebrauch englischsprachiger Werbeanzeigen doch irgendwann zurückgehen. Dies gilt insbesondere dann,

---

[189] vgl. Kapitel 7.3.4, Beispiel 6 und 7 (p. 178 und p. 179).

wenn man die Tatsache berücksichtigt, dass sprachliche Feinheiten, Wortwitz, Anspielungen und Mehrdeutigkeiten von der übergroßen Mehrheit der jeweiligen Zielgruppe nur in der Muttersprache wahrgenommen und durchschaut werden. Deshalb wird in vielen Fällen jetzt wieder (bzw. immer noch) das Deutsche dem Englischen vorgezogen.

Abschließend bleibt zu bemerken, dass - auch wenn zahlreiche Sprachkritiker davon überzeugt sind - von einer Kolonisierung der deutschen Sprache durch englische Wörter keine Rede sein kann. Letztendlich sind es wir Sprecher, die möglicherweise - aus welchen Gründen auch immer - einem englischen Ausdruck den Vorzug gegenüber einem deutschen geben. Auch zwingt uns niemand, einen bestimmten englischen Ausdruck anzuwenden, wenn er uns mißfällt. Damit hängt es von der Sprachgemeinschaft ab, also von uns, welche Begriffe wir im Deutschen heimisch werden lassen und welche nicht. Wir selbst sind für die Entwicklung unserer Muttersprache verantwortlich. Jeder einzelne kann entscheiden, wie er mit Fremdwörtern umgeht. Denn

> "[n]iemand muss in einem *Body Shop* eine *Moisture Cream* kaufen; keiner ist gezwungen, einen Müsliriegel mit dem Namen *Corny* zu essen (der Name soll sowohl Assoziationen mit >körnig< und damit >gesund< hervorrufen; im Englischen bedeutet er jedoch >altmodisch<, >abgedroschen<, >schmalzig<); und niemand muss Filme besuchen, die, wie es heute immer mehr üblich ist, ihre englischen Titel auch in Deutschland beibehalten, oder seine neuesten Informationen von einem Fernsehsender beziehen, der seine Nachrichten „News" nennt." (Hoberg 1996: 141 – 142)

Für solche Entscheidungen sind sicherlich keine Sprachgesetze vonnöten.

6 Bibliographie

ALPHOM (Hrsg.) (1994): *Le guide de la presse.* Paris : Alphom. pp. 100 und 140 - 141.

ALTHAUS, H. P./ HENNE, H. / WIEGAND, H. E. (Hrsg.) (1980[2]): *Lexikon der germanistischenLinguistik (LGL).* Tübingen.

BÄR, G. (1989): "Die nationalen Hochsprachen, z.b. Französisch und Deutsch, als Grundlagen der nationalen Kulturen in der Auseinandersetzung mit der Weltsprache Englisch". In: HÄTTICH, M./ PFITZNER, P. (Hrsg.): *Nationalsprachen und die Europäische Gemeinschaft.* München: Olzog-Verlag.

BAUGH, A. C./ CABLE, T. (1993[4]): *A History of the English Language.* London: Routledge.

BECHEREL, D. (1981): "A propos des solutions de remplacement des anglicismes." In : *La Linguistique* 17/2, pp. 119 – 131.

BEINKE, C. (1990): *Der Mythos franglais. Zur Frage der Akzeptanz von Angloamerikanismen im zeitgenössischen Französisch – mit einem kurzen Ausblick auf die Anglizismen-Diskussion in Dänemark.* Frankfurt/ Main/ Bern/ New York/ Paris.

BEINKE, C. (1995): "*Tomatine* statt *ketchup.* Ein Weg zum reinen Französisch?". In: TRABANT, J.: *Die Herausforderung durch das Fremde in der Sprache.* Berlin. pp. 79 – 90.

BERSCHIN, H./ FELIXBERGER, J./ GOEBL, H. (1978): *Französische Sprachgeschichte. Lateinische Basis – Interne und externe Geschichte – Sprachliche Gliederung Frankreichs – Mit einer Einführung in die historische Sprachwissenschaft.* München: Max Hueber Verlag.

BESCH, W./ REICHMANN, O./ SONDEREGGER, S. (Hrsg.) (1984/ 85): *Sprachgeschichte. Ein Handbuch zur Geschichte der deutschen Sprache und ihrer Erforschung.* 2 Bde. Berlin, New York. (BRS)

BRASELMANN, P. (1999): *Sprachpolitik und Sprachbewusstsein in Frankreich heute.* (Romanistische Arbeitshefte, 43) Tübingen: Max Niemeyer Verlag.

BRAUN, P. (Hrsg.) (1979): *Fremdwort - Diskussion.* München: Wilhelm Fink Verlag.

BRAUN, P./ NOWACK, G. (1979): "Sprachpädagogische Beobachtungen zum Fremdwortgebrauch". In: BRAUN, P. (Hrsg.): *Fremdwort - Diskussion*. München:Wilhelm Fink Verlag. pp. 190 - 197.

BRAUN, P. (1998): *Tendenzen in der deutschen Gegenwartssprache*. 4. Aufl. Stuttgart, Berlin, Köln: Kohlhammer.

BRS: siehe BESCH, W./ REICHMANN, O./ SONDEREGGER, S.

BUNGERT, H. (1963): "Zum Einfluß des Englischen auf die deutsche Sprache seit dem Ende des zweiten Weltkrieges". In: *Journal of English and Germanic Philosophy* 62, pp. 703 – 717.

BURGER, A. (1979): "Die Konkurrenz englischer und französischer Fremdwörter in der modernen deutschen Pressesprache". In: BRAUN, P. (Hrsg.) *Fremdwort - Diskussion*. München: Wilhelm Fink Verlag. pp. 246 - 272.

BUSSE, U. (1999): "Keine Bedrohung durch Anglizismen". In: *Der Sprachdienst* 1, pp. 18 - 20.

CARSTENSEN, B. (1965): *Englische Einflüsse auf die deutsche Sprache nach 1945*. Heidelberg: C. Winter.

CARSTENSEN, B. (1979a): "Evidente und latente Einflüsse des Englischen auf das Deutsche". In: BRAUN, P. (Hrsg.): *Fremdwort - Diskussion*. München: Wilhelm Fink Verlag. pp. 90 - 94.

CARSTENSEN, B. (1979b): "Zur Intensität und Rezeption des englischen Einflusses". In: BRAUN, P. (Hrsg.): *Fremdwort - Diskussion*. München: Wilhelm Fink Verlag. pp. 321 - 326.

CARSTENSEN, B. (1979c): "Morphologische Eigenwege des Deutschen bei der Übernahme englischen Wortmaterials". In: *Arbeiten aus Anglistik und Amerikanistik*, Jg. 4, Heft 2, pp. 155 – 170.

CARSTENSEN, B. (1980): "Der Einfluß des Englischen auf das Deutsche: Grammatische Probleme". In: *Arbeiten aus Anglistik und Amerikanistik*, Jg. 5, Heft 1, pp. 37 – 63.

CARSTENSEN, B. (1982): "»Babys« oder »Babies«? Zum Plural englischer Wörter im Deutschen". In: *Muttersprache* 92, pp. 200 – 215.

CARSTENSEN, B./ HENGSTENBERG, P. (1983): "Zur Rezeption von Anglizismen Im Deutschen". In: WIEGAND, H. E. (Hrsg.): *Studien zur neuhochdeutschen Lexikographie*. pp. 67 – 118.

CARSTENSEN, B. (1984): "Wieder: Die Engländerei in der deutschen Sprache". In: *Die deutsche Sprache der Gegenwart. Vorträge gehalten auf der Tagung der Joachim-Jungius-Gesellschaft der Wissenschaften.* Göttingen. pp. 43 – 57 und 89 – 91.

CARSTENSEN, B. (1987): "Der englische Einfluß auf die deutsche Sprache". In: BIRKE, A. M./ KLUXEN, K. (Hrsg.): *Die europäische Herausforderung: England und Deutschland in Europa.* München u.a.: K. G. Saur. pp. 93 – 107.

COULMAS, F. (1987): "Why Speak English?". In: KNAPP, K./ ENNINGER, W./ KNAPP-POTTHOFF, A. (Hrsg.): *Analyzing Intercultural Communication.* Berlin: Mouton de Gruyter.

CRYSTAL, D. (1995): *The Cambridge Encyclopedia of the English Language.* Cambridge: University Press. pp. 114 f..

CRYSTAL, D. (1997): *English as a Global Language.* Cambridge: University Press.

DEBUS, F. (1990 / 91): "Zur Entwicklung der deutschen Sprache seit 1945". In: *New German Studies* 16, pp. 173 - 205.

DIETRICH, M. (1979): "Das Fremdwort in der Arbeit der GfdS (Gesellschaft für deutsche Sprache)". In: BRAUN, P. (Hrsg.): *Fremdwort - Diskussion.* München: Wilhelm Fink Verlag. pp. 182 - 185.

DROSDOWSKI, G./ HENNE, H. (1980²): "Tendenzen der deutschen Gegenwartssprache". In: ALTHAUS, H. P./ HENNE, H. / WIEGAND, H. E. (Hrsg.): *Lexikon der germanistischen Linguistik (LGL).* Tübingen. pp. 619 - 632.

DUCKWORTH, D. (1979): "Der Einfluß des Englischen auf den deutschen Wortschatz seit 1945". In: BRAUN, P. (Hrsg.): *Fremdwort - Diskussion.* München: Wilhelm Fink Verlag. pp. 212 - 245.

DUNGER, H. (1899): "Wider die Engländerei in der deutschen Sprache". In: *Zeitschrift des Allgemeinen Deutschen Sprachvereins* 14, pp. 241 - 252.

DURSMÜLLER, U. (2000): "Englisch als Katalysator". In: *Sprachspiegel*, 56. Jg., pp. 175 –176.

EGGERS, H. (1973): *Deutsche Sprache im 20. Jahrhundert.* München: R. Piper & Co. Verlag. pp. 91 - 111.

EICHHOFF, J. (1999):"Es liegt in unserer Hand". In: *Der Sprachdienst* 1, pp. 21 - 24.

ENGELS, B. (1976): *Gebrauchsanstieg der lexikalischen und semantischen Amerikanismen in zwei Jahrgängen der „Welt" (1954 und 1964): Eine vergleichende computer-linguistische Studie zur quantitativen Entwicklung amerikanischen Einflusses auf die deutsche Zeitungssprache.* Frankfurt/ Main: Peter Lang.

ÉTIEMBLE, R. (1980): Parlez-vous franglais ?. Nouvelle Édition. Paris: Gallimard.

FINK, H. (1975): "»Know-how« und »Hifi-Pionier«: Zum Verständnis englischer Ausdrücke in der deutschen Werbesprache". In: *Muttersprache* 85, pp. 186 - 203.

FINK, H. (1977): "'Texas-look' und 'Party-bluse' – Assoziative Effekte von Englischem im Deutschen". In: *Wirkendes Wort* 27, pp. 394 - 402.

FINK, H. (1980): "Superhit oder Spitzenschlager: Ein Versuch zur Häufigkeit und Funktion von Anglizismen und ‚Werbeanglizismen' in deutschen Jugendzeitschriften". In: VIERECK, W. (Hrsg.): *Studien zum Einfluß der englischen Sprache auf das Deutsche.* Tübingen: Narr. pp. 185 - 212.

FINK, H. (1997): *Von ‚Kuh-Look' bis ‚Fit for Fun': Anglizismen in der heutigen deutschen Allgemein- und Werbesprache.* Frankfurt/ Main: Peter Lang – Europäischer Verlag der Wissenschaften.

FRIMANN, K. (1977): *Zum angloamerikanischen Einfluss auf die heutige Werbesprache (= Studia Philologica Jyväskyläensia 9).* Jyväskylä: Universität Jyväskylä.

GÄRTNER, G.-H. (1997): "No future für Deutsch? Amerikanismen in unserer Standardsprache". In: *Der Sprachdienst* 4/ 5, pp. 133 - 142.

GÄRTNER, G.-H. (1999): "Wie viele Anglizismen verträgt unsere Sprache". In: *Der Sprachdienst* 1, pp. 24 - 26.

GALINSKY, H. (1977): "Amerikanisch-englische und gesamtenglische Interferenzen mit dem Deutschen und anderen Sprachen der Gegenwart". In: KOLB, H./ LAUFFER, H. (Hrsg.): *Sprachliche Interferenz. Festschrift für Werner Betz zum 65. Geburtstag.* Tübingen: Max Niemeyer Verlag. pp. 463 – 517.

GAUMANN, U. (1983): *„Weil die machen jetzt bald zu": Angabe- und Junktivsatz in der deutschen Gegenwartssprache.* Göppingen: Kümmerle.

GAWLITTA, L. (2000): *Akzeptanz englischsprachiger Werbeslogans: „Let's make things better".* Paderborn: IFB Verlag.

GLAHN, R. (2000): *Der Einfluss des Englischen auf die gesprochene deutsche Gegenwartssprache*. Frankfurt u.a.: Peter Lang.

GLINZ, H. (1980): "Deutsche Standardsprache der Gegenwart". In: ALTHAUS, H. P./ HENNE, H. / WIEGAND, H. E. (Hrsg.): *Lexikon der germanistischen Linguistik (LGL)*. 2.Aufl. Tübingen, pp. 609 - 619.

GLÜCK, H./ SAUER, W. W. (1990): *Gegenwartsdeutsch*. Stuttgart: Metzler.

GROßE, R. (1993): "Zur Frage nach den Entwicklungstendenzen der deutschen Gegenwartssprache". In: *Deutsch als Fremdsprache* 30, pp. 4 – 10.

HAENSCH. (1972): *Frankreich zwischen Ost und West. Die Reaktion auf den Ausbruch des Ost-West - Konflikts 1946 – 1948*. Berlin/ New Yorker: De Gruyter.

HAUGEN, E. (1987): *Blessings of Babel*. Berlin: Mouton de Gruyter.

HAWKINS, J. A. (1986): *A Comparative Typology of English and German: Unifying the Contrasts*. London/ Sydney: Croom Helm.

HELLER, K. (1966): *Das Fremdwort in der deutschen Sprache der Gegenwart*. Leipzig.

HENSEL, H. (2000): "Muttersprache Denglisch? Über die Anglisierung der Muttersprache durch die Werbung". In: *Sprachspiegel* 56. Jg, pp. 167 – 174.

HENTSCHEL, E. (1993): "Flexionsverfall im Deutschen? Die Kasusmarkierung bei partitiven Genitiv-Attributen". In: *Zeitschrift für germanistische Linguistik* 21, pp. 320 – 333.

HERINGER, H. J./ SAMSON, G./ KAUFFMANN, M./ BADER, W. (Hrsg.) (1994): *Tendenzen der deutschen Gegenwartssprache*. Tübingen.

HOBERG, R. (1996): "Fremdwörter: Wie soll sich die Gesellschaft für deutsche Sprache dazu verhalten?". In: *Der Sprachdienst* 5, pp. 137 – 142.

http://www.presse.de (23.01.2003)

http://media.spiegel.de/objektinfo/o_spiegel/objekt_spiegel_frame.html (23.01.2003)

http://media.spiegel.de/objektinfo/o_spiegel/spiegel_frame_leser.html (23.01.2003)

http://media.spiegel.de/objektinfo/o_spiegel/spiegel_frame_auflag.html
(23.01.2003)

JANICH, N. (1999): *Werbesprache. Ein Arbeitsbuch.* Tübingen: Narr.

JUNG, M. (1995): "Amerikanismen, ausländische Wörter, Deutsch in der Welt". In: STÖTZEL, G./ WENGELER, M.: *Kontroverse Begriffe. Geschichte des öffentlichen Sprachgebrauchs in der Bundesrepublik Deutschland.* Berlin, New York. pp. 245 - 283.

KÖNIGS, K. (1995): "Zur Übersetzung der Verlaufsform ins Deutsche". In: *Lebende Sprachen* 4, pp. 153 – 158.

LANGNER, H. (1980): "Zum Einfluss des Angloamerikanischen auf die deutsche Sprache der Gegenwart". In: *Sprachpflege* 29, pp. 69 – 73.

LANGNER, H. (1995): *Die Schreibung englischer Entlehnungen im Deutschen: Eine Untersuchung zur Orthographie von Anglizismen in den letzten hundert Jahren, dargestellt an Hand des Dudens.* Frankfurt/ Main u.a.: Peter Lang – Europäischer Verlag der Wissenschaften.

LENZ, B. (1996): "Wie *brauchen* ins deutsche Modalverb-System geriet und welche Rolle es darin spielt". In: *Beiträge zur Geschichte der deutschen Sprache und Literatur* 118, pp. 393 – 422.

LEOPOLD, W. F. (1967): *English Influence on Postwar German.* University of Nebraska Studies. New Series 36. Lincoln.

LGL: siehe Althaus, H. P./ Henne, H. / Wiegand, H. E.

LINK, E. (1983): "Fremdwörter – der Deutschen liebste schwere Wörter?". In: *Deutsche Sprache* 11, pp. 47 – 77.

LUBELEY, R. (1993): *Sprechen Sie Engleutsch? Eine scharfe Lanze für die deutsche Sprache.* Isernhagen: Verlag Gartenstadt.

MENTRUP, W. (1983):"Lexikographische Konzepte zur Beschreibung ‚schwerer Wörter'. Probleme und Vorschläge". In: HENNE, W./ MENTRUP, W. (Hrsg.): *Wortschatz und Verständigungsprobleme. Jahrbuch 1982 des Instituts für deutsche Sprache.* pp. 160 - 194.

MOSER, H. (1962): *Sprachliche Folgen der politischen Teilung Deutschlands.* Düsseldorf: Pädagogischer Verlag Schwann.

MOSER, H. (1974): "Neuere und neueste Zeit: Von den 80er Jahren des 19. Jahrhunderts bis zur Gegenwart". In: MAURER, F./ RUPP, H. (Hrsg.): *Deutsche Wortgeschichte*. Bd. 2. Berlin, New York: de Gruyter. pp. 529 - 645.

MOSER, H. (1984/ 85): "Die Entwicklung der deutschen Sprache seit 1945". In: BESCH, W./ REICHMANN, O./ SONDEREGGER, S. (Hrsg.): *Sprachgeschichte. Ein Handbuch zur Geschichte der deutschen Sprache und ihrer Erforschung*. 2 Bde. Berlin, New York. pp. 1678 ff.

MÜLLER, B. (1975): *Das Französische der Gegenwart. Varietäten, Strukturen, Tendenzen*. Heidelberg: C. Winter.

MUNSKE, H. H. (1980): "Germanische Sprachen und deutsche Gesamtsprache". In: ALTHAUS, H. P./ HENNE, H. / WIEGAND, H. E. (Hrsg.): *Lexikon der germanistischenLinguistik (LGL)*. 2. Aufl. Tübingen, pp. 661 - 672.

NIEDERHAUSER, J. (2000): "*Coole Kids* und *Parisienne People*: Zur «Engländerei» in der deutschen Sprache". In: *Sprachspiegel* 56. Jg., pp. 177 – 188.

NIEHR, T. (2002): "Linguistische Anmerkungen zu einer populären Anglizismen-Kritik. Oder: Von der notwendig erfolglos bleibenden Suche nach dem treffenderen deutschen Ausdruck". In: *Sprachreport* 4, [Hrsg.: Institut für Deutsche Sprache]. Mannheim, pp. 4 - 10.

NÜSSLER, O. (1979): "Das Sprachreinigungsgesetz". In: BRAUN, P. (Hrsg.): *Fremdwort -Diskussion*. München: Wilhelm Fink Verlag. pp. 186 - 189.

OSCHLIES, W. (1988): "Hat der Dispatcher die Broiler abgecheckt? Anglizismen im sprachlichen Alltag der DDR". In: *Muttersprache* 98, pp. 205 - 213.

OSKAAR, E. (1995): "Zur Verteidigung einer Sprache gegen das Fremde. Sozio- und psycholinguistische Überlegungen". In: TRABANT, J.: *Die Herausforderung durch das Fremde in der Sprache*. Berlin. pp. 19 – 33.

PFAFF, L. (2000): "Neudeutsche Absurditäten". In: *Sprachspiegel* 56. Jg., pp. 189 – 196.

PFLUG, G. (1997): "Grußwort des Vorsitzers der Gesellschaft für deutsche Sprache zur Eröffnung der Jahresversammlung am Abend des 25. April 1997 im Ratssitzungssaal des Erfurter Rathauses". In: *Der Sprachdienst* 4/ 5, p. 137.

PLÜMER, N. (2000): *Anglizismus – Plurismus – Sprachliche Identität: Eine Untersuchung zu den Anglizismen in der deutschen und französischen Mediensprache*. Frankfurt/ Main u.a.: Peter Lang – Europäischer Verlag der Wissenschaften. [= Europäische Hochschulschriften: Reihe 13, Französische Sprache und Literatur; Bd. 251]

PÖCKL, W./ RAINER, F. (1994²): *Einführung in die romanische Sprachwissenschaft*. (Romanistische Arbeitshefte, 33) Tübingen: Max Niemeyer Verlag.

POLENZ, P. VON (1979): "Fremdwort und Lehnwort sprachwissenschaftlich betrachtet" In: BRAUN, P. (Hrsg.): *Fremdwort - Diskussion*. München: Wilhelm Fink Verlag. pp. 9 - 31.

POLENZ, P. VON (1999): *Deutsche Sprachgeschichte vom Spätmittelalter bis zur Gegenwart*. Bd. 3. 19. und 20. Jahrhundert. Berlin, New York: de Gruyter.

REIMANN, A. (1996): *Die Verlaufsform im Deutschen. Entwickelt das Deutsche eine Aspektkorrelation?*. Diss. Bamberg.

RUSS, C.V.J. (Hrsg.) (1984): *Foreign Influences on German*. Dundee.

SCHELPER, D. (1995): *Anglizismen in der Pressesprache der BRD, DDR, Österreichs und der Schweiz: Eine vergleichende, typologische und chronologische Studie*. Diss. Québec.

SCHIPPAN, T. (1992): *Lexikologie der deutschen Gegenwartssprache*. Tübingen: Niemeyer. pp. 263 - 269.

SCHMIDT, G. D. (1978): "Neues im Wortschatz der deutschen Sprache". In: *Deutsche Sprache* 6, pp. 323 - 345.

SCHMITT, CH. (1977): "Sprachengesetzgebung in Frankreich". In: *Osnabrücker Beiträge zur Sprachtheorie* 5, pp. 107 - 117.

SCHÜTTE, D. (1995): *Das schöne Fremde: Anglo-amerikanische Einflüsse auf die Sprache der deutschen Zeitschriftenwerbung*. Opladen: Westdeutscher Verlag.

SCHÜTZ, A. (1968): *Die sprachliche Aufnahme und stilistische Wirkung des Anglizismus im Französischen – aufgezeigt an der Reklamesprache (1962 – 1964)*. Meisenheim am Glan: Verlag Anton Hain.

SEIBICKE, W. (1984/ 85): "Die Lexik des Neuhochdeutschen seit dem 17. Jahrhundert". In: BESCH, W./ REICHMANN, O./ SONDEREGGER, S. (Hrsg.): *Sprachgeschichte. Ein Handbuch zur Geschichte der deutschen Sprache und ihrer Erforschung*. 2 Bde. Berlin, New York. pp. 1512 ff.

SKUDLIK, S. (1990): *Sprachen in den Wissenschaften. Deutsch und Englisch in der internationalen Kommunikation*. Tübingen: Narr.

SOMMERFELDT, K.-E. (1988): *Entwicklungstendenzen in der deutschen Gegenwartssprache*. Leipzig. pp.100 ff.

STARKE, G. (1993): "Droht uns eine Bindestrich-Inflation?". In: *Muttersprache* 103, pp. 50 – 60.

STICKEL, G. (1984a): "Anmerkungen zur Anglizismenforschung". In: RUSS, C.V.J. (Hrsg.): *Foreign Influences on German*. Dundee. pp. 38 – 57.

STICKEL, G. (1984b): "Einstellungen zu Anglizismen". In: BESCH, W. ET AL. (Hrsg.): *Festschrift für Siegfried Grosse zum 60. Geburtstag*. Göppingen. pp. 279 - 310.

STICKEL, G. (1994): "Engleutsch". In: *Sprachreport 4* [Hrsg.: Institut für Deutsche Sprache], Mannheim, p. 13 f.

THODY, P. (1995): *Le Franglais: Forbidden English, Forbidden American: Law, Politics and Language in Contemporary France: A Study in Loan Words and National Identity*. London/ Atlantic Highlands: The Athlone Press.

TRESCASES, P. (1982): *Le franglais vingt ans après*. Montréal/ Québec: Guérin.

VIERECK, K./ VIERECK, W./ WINTER, I. (1975): "Wie Englisch ist unsere Pressesprache?". In: *Grazer Linguistische Studien* 2, pp. 205 – 226.

VIERECK, K./ VIERECK, W./ WINTER, I. (1979): "Englisches in der österreichischen Pressesprache: Ein Vergleich mit der *Süddeutschen Zeitung*". In: BRAUN, P. (Hrsg.): *Fremdwort - Diskussion*. München: Wilhelm Fink Verlag. pp. 314 – 320.

VIERECK, W. (1980a): "Zur Thematik und Problematik von Anglizismen im Deutschen". In: VIERECK, W. (Hrsg.): *Studien zum Einfluss der englischen Sprache auf das Deutsche*. Tübingen: Narr. pp. 9 – 24.

VIERECK, W. (1980b): "Empirische Untersuchungen insbesondere zum Verständnis und Gebrauch von Anglizismen im Deutschen". In: VIERECK, W. (Hrsg.): *Studien zum Einfluß der englischen Sprache auf das Deutsche*. Tübingen: Narr. pp. 237 - 321.

VIERECK, W. (1984/ 85): "Britisches Englisch und Amerikanisches Englisch/ Deutsch". In: BESCH, W./ REICHMANN, O./ SONDEREGGER, S. (Hrsg.): *Sprachgeschichte. Ein Handbuch zur Geschichte der deutschen Sprache und ihrer Erforschung.* 2 Bde. Berlin, New York. pp. 938 ff.

WALLBERG, E. (1962): "Verborgene Einflüsse des Englischen auf die deutsche Sprache". In: *Muttersprache* 72, pp. 17 – 19.

WARDHAUGH, R. (1987): *Languages in Competition; Dominance, Diversity and Decline.* Oxford: Blackwell.

WEGENER, H. (2000): "*Da, denn* und *weil* – der Kampf der Konjunktionen. Zur Grammatikalisierung im kausalen Bereich". In: THIEROFF, R.: *Deutsche Grammatik in Theorie und Praxis.* Tübingen: Max Niemeyer. pp. 69 - 81.

WILLEMS, K. (1994): "weil es hat mit Bedeutung nichts zu tun ...: Zum Sprachwandel einer Konjunktion". In: *Deutsche Sprache* 22, pp. 261 – 279.

WILSS, W. (1958): "Das Eindringen angloamerikanischer Fremdwörter in die deutsche Sprache seit Ende des zweiten Weltkrieges". In: *Muttersprache* 68, pp. 180 – 188.

WILSS, W. (1966): "Der Einfluß der englischen Sprache auf die deutsche seit 1945". In: *Beiträge zur Linguistik und Informationsverarbeitung* 8, pp. 30 – 48.

YANG, W. (1990): *Anglizismen im Deutschen. Am Beispiel des Nachrichtenmagazins "DER SPIEGEL".* Tübingen.

ZEIDLER, H. (1993): "30 Jahre Kampf gegen das *franglais* – linguistisch betrachtet". In: *französisch heute* 2, pp. 123 – 131.

ZIMMER, D. E. (1986): *Redens Arten. Über Trends und Trollheiten im neudeutschen Sprachgebrauch.* Zürich: Haffmans Verlag. pp. 23 - 30.

ZIMMERMANN, G. (1984): "Der Genitivapostroph im Deutschen". In: *Muttersprache* 94, pp. 417 - 434.

7 Anhang

7.1 Abbildungs-/ Tabellen- und Diagrammverzeichnis

Abb. 1: Kreismodell nach Braj Kachru 27
Abb. 2: Stammbaumrepräsentation des Weges, auf dem Englisch sich um die Welt ausgebreitet hat. Der Einfluss der beiden Hauptzweige des amerikanischen und des britischen Englisch wird ebenfalls dargestellt. 29
Tabelle 1: Gesamtübersicht der Untersuchungsergebnisse 96
Tabelle 2: Prozentuale Angaben der Untersuchungsergebnisse 97
Diagramm 1: "Spiegel" 1976: Werbeanzeigen mit englischen Elementen 98
Diagramm 2: "Spiegel" 2001: Werbeanzeigen mit englischen Elementen 99
Diagramm 3: Vergleich "Spiegel" 1976 und 2001: Art des englischen Einflusses in Werbeanzeigen mit englischen Elementen 99
Diagramm 4: "Spiegel" 1976 : Werbeanzeigen mit englischen Elementen nach Sachgruppen 100
Diagramm 5: "Spiegel" 2001 : Werbeanzeigen mit englischen Elementen nach Sachgruppen 101
Diagramm 6: Vergleich "Spiegel" 1976 und "Spiegel" 2001: Werbeanzeigen mit englischen Elementen nach Sachgruppen 102
Diagramm 7: "Nouvel Observateur" 1976 : Werbeanzeigen mit englischen Elementen 107
Diagramm 8: "Nouvel Observateur" 1977 : Werbeanzeigen mit englischen Elementen 108
Diagramm 9: "Nouvel Observateur" 2001 : Werbeanzeigen mit englischen Elementen 109
Diagramm 10: Vergleich "Nouvel Observateur" 1976, 1977 und 2001: Art des englischen Einflusses in Werbeanzeigen mit englischen Elementen 110
Diagramm 11: "Nouvel Observateur" 1976 : Werbeanzeigen mit englischen Elementen nach Sachgruppen 111
Diagramm 12: "Nouvel Observateur" 1977 : Werbeanzeigen mit englischen Elementen nach Sachgruppen 112
Diagramm 13: "Nouvel Observateur" 2001 : Werbeanzeigen mit englischen Elementen nach Sachgruppen 113
Diagramm 14: Vergleich "Nouvel Observateur" 1976, 1977 und 2001 : Werbeanzeigen mit englischen Elementen nach Sachgruppen 114
Diagramm 15: Vergleich "Spiegel" 1976 und 2001 und "Nouvel Observateur" 1976, 1977 und 2001: Anteil der Werbeanzeigen, die Anglizismen enthalten 120
Diagramm 16: Vergleich "Spiegel" 1976 und 2001 und "Nouvel Observateur" 1976 und 2001: Art des englischen Einflusses in Werbeanzeigen mit englischen Elementen 121
Diagramm 17: Vergleich "Spiegel" 1976 und "Nouvel Observateur" 1976: Werbeanzeigen mit englischen Elementen nach Sachgruppen 122
Diagramm 18: Vergleich "Spiegel" 2001 und "Nouvel Observateur" 2001: Werbeanzeigen mit englischen Elementen nach Sachgruppen 123

7.2 Nicht-lexikalische Einflüsse auf die deutsche Sprache – Zusammenstellung der von verschiedenen Autoren vermuteten Einflüsse auf das Deutsche

Wie in Kapitel 2.1.2.4 dargelegt wurde, kann in den im folgenden aufgeführten Punkten ein möglicher Einfluss des Englischen auf das Deutschen zwar vermutet, nicht aber nachgewiesen werden. Genauso gut könnte es sich bei den gegenwärtigen Entwicklungen des Deutschen um innersprachliche Tendenzen des Deutschen handeln. Denkbar ist auch die Möglichkeit der Parallelentwicklungen der beiden Sprachen oder eine Verbindung aus englischem Einfluss und Parallelentwicklung, wobei auch dialektale Varianten des Deutschen eine Rolle spielen können[190].

Des weiteren ist darauf hinzuweisen, dass viele der angeführten Beispiele als Belege für englische Einflüsse fraglich erscheinen. Sicherlich handelt es sich bei einigen Fällen um einmalige "Patzer", die nicht generalisiert werden können.

Bereits Carstensen (1965) stellt eine recht ausführliche Liste mit möglichen englischen Einflüssen auf das Deutsche zusammen, wobei er nach verschiedenen Einflussbereichen unterscheidet[191]:

1. **Schreibung**
   - *c* vs. *k*
   - *c* vs. *z*
   - *-ss-* vs. *ß*
   - *sh* vs. *sch*
   - einfache vs. Doppelschreibung (*Stop/ Stopp*)
   - Pluralbildung: *ie* vs. *y/ ies* vs. *ys*[192]
   - Groß- vs. Kleinschreibung
   - Umlaute *ae, oe, ue* statt *ä, ö, ü*
   - Apostroph beim Genitiv; (Abtrennung des Plural-s?)[193]
   - Bindestrich fällt häufig fort (*Amerika Haus*)[194]

---

[190] vgl. Moser 1962.
[191] Soweit nicht anders angegeben, entstammen die aufgeführten Punkte und Beispiele Carstensen 1965.
[192] vgl. Carstensen 1982.
[193] vgl. Zimmermann 1984.
[194] vgl. Starke 1993.

- Briefanfang: *Lieber Max,*   } statt: *Lieber Max!*
                 Lieber Max:

Generell erfolgt die Anpassung eines englischen Wortes an die deutsche Orthographie stufenweise:

"Zunächst wird das englische Wort im Deutschen nur vereinzelt zitiert (*shredder*). Sobald es weniger häufig verwendet wird, erfolgt bei Substantiven die Anpassung an die deutsche Großschreibung (*Shredder*), wobei das Wort abgesehen von der Großschreibung zunächst hauptsächlich dem Englischen gemäß geschrieben wird und nur vereinzelt eingedeutschte Schreibungen auftauchen (*Shredder; Schredder*). Nach und nach wird die eingedeutschte Schreibung immer häufiger verwendet, und die englisch gehaltene Schreibweise wird von der Hauptform zur Nebenform (*Schredder; Shredder*), bis schließlich fast ausschließlich die deutsche Schreibung üblich ist (*Schredder*). Wird aus diesem Substantiv ein Verb *schreddern* abgeleitet, wird das mit den deutschen Konjugationsformen konjugiert." (Niederhauser 2000: 186)

2. Lautung

Carstensen 1965 untersucht den Aspekt der Lautung nicht näher, da er der Ansicht ist, dass allgemeinere Einflüsse des Englischen auf die deutsche Aussprache nicht festzustellen sind.

3. Morphologie
- **Komposition**

  ⇨ wörtliche Übernahmen: *Playboy, Callgirl, Do-it-yourself*

  ⇨ engl. + dt. Wort
  - nach engl. Muster: *Team-Arbeit, Werbeslogan*
  - ohne solches Muster: *Freizeithobby, Managerkrankheit*

  ⇨ beide Elemente deutsch, aber nach englischem Muster gebildet: *Spielmädchen, Kurzgeschichte*

Kompositionsfuge

  ⇨ fehlt meistens

  ⇨ *-a/ -o* (*Vaporub, Chocomint*); kommen im amerikanischen Englisch häufig vor, wobei *-a* sich im Deutschen aber nicht durchgesetzt hat bzw. diese Kompositionsfugen im Deutschen schon alt sind.

  Laut Carstensen 1965 kann hier kein englischer Einfluss nachgewiesen werden.

Substantivkomposita
- ⇨ Tendenz des heutigen Deutsch zur direkten Aneinanderreihung zweier oder mehrerer Substantive
- ⇨ besonders häufig: Zusammensetzungen mit *US-* (entsprechendes Adjektiv ist nicht vorhanden; auch im Englischen)
- ⇨ Minister: Ressort + Name: *Post-Stückle, Finanz-Eberhard*
- ⇨ Hotels: Name steht vor statt wie bisher nach: (*Hilton-Hotel* statt: *Hotel Hilton*)
- ⇨ *Kennedy-Familie/ Adenauer Familie*: statt *Familie Adenauer*
- ⇨ Firmenbezeichnungen wie *Hansen-Gebrüder* (*Hansen Brothers*) statt: *Gebrüder Hansen*

Komposita mit Sätzen
- ⇨ kommen besonders in der Werbesprache vor
(TWA zeigt an: Die *„Bei-diesen-Preisen-wäre-ich-verrückt-bis-nächstes-Jahr-zu-warten"* Amerikareise.[195])

Zusammengesetzte Adjektive und Adverbien
- ⇨ kommen – aufgrund ihrer Ausdrucksstärke - auch vor allem in der Werbesprache vor (*aromafrisch, löffelfertig, verlagsneu*)

Mischkompositionen
- ⇨ englisches + deutsches Wort (kommt häufig vor)
- ⇨ zeigt besonders deutlich, wie stark das englische Wortgut im Deutschen lebendig ist (*-ticket, Camping-, Team-*)

- **Kürzungen**[196]
    - ⇨ *ad, vet, Profi, Krimi, Uni*
    - ⇨ Initialwort: *G.I., o.k.*
    UNO, UNESCO, NATO ⇨ im Dt. nicht sehr ausgeprägt
    V-day ⇨ *U-Haft, E-Musik, ABC-Waffen*
    - ⇨ *G.B.S.* für *George Bernard Shaw; M.M.* für *Marilyn Monroe*

---

[195] Beispiel aus Carstensen 1980: 45.
[196] vgl. auch Moser 1961.

Carstensen 1979 führt als weiteren Punkt Kürzungen an, die wohl aus englischen Elementen hervorgegangen sind, aber im Englischen überhaupt nicht existieren (*Profi, Pulli, fesch*).

Kürzungen von Einheiten aus mehr als einem Wort[197]
- *last not least (last but not least)*
- *upper ten (the upper ten thousand)*
- *Gin Tonic (Gin and Tonic)*
- *Whiskey Soda (Whiskey and/ with soda)*

Morphologisch veränderte Formen
- *happy ending*   ⇨ *Happy End*
- *punch-ball*   ⇨ *Punchingball*
- *mixed pickles*   ⇨ *Mixpickles*
- *knocked out*   ⇨ *Knockout*
- *non iron*   ⇨ *no iron*
- *nonsense*   ⇨ *Nonsens*
- *dog*   ⇨ *Dogge*
- *flag*   ⇨ *Flagge*
- *Shakehands*   ⇨ *Handshake*

- **Wortmischungen**

    ⇨ *Motel, Smog, Euratom, Eurovision*

    ⇨ *Blends*[198]: Wortmischungen aus englischem und deutschem Wortmaterial

    Snobiety (Snob + society)

    Mokick (Moped + Kickstarter)

Affigierung
  weltweit, -wide

---

[197] vgl. Carstensen 1979a und 1979c.
[198] vgl. Carstensen 1979a und 1979c.

Präfigierung[199]

All-, Anti-, auto-, Beinahe-, Co-, Ex-, Fast-, Inter-, Ko-, Mit-, Marathon-, Mikro-, Mini-, Multi-, Non-, Quasi-, Re-, Sub-, Super-, Supra-, ultra-, zwischen-

Suffigierung[200]

-ant, -aster, -bewußt, -cid, -er, -esk, -eteria, -ette, -gefühl, -ian, -ical, -ist, -matic, -rama, -sicher, -ster, -thon, -weit

- **Ableitung ohne besondere Ableitungssilben: Rückbildung und flexivische Derivation**

Konversion

⇨ Crack (im Dt.: hervorragender Sportler) ⇨ Im Englischen ist die Verwendung als Substantiv erheblich weniger üblich als die Verwendung als Adjektiv[201].

⇨ das Muß[202]

Verben

Leitartikel ⇨ leitartikeln

schlussfolgern (im Deutschen häufig defektiv)

bausparen

Substantive

Ultra, Neutra, Extra: wie im Englischen zu Substantiven geworden

Treff für Treffen (meet neben meeting getreten)

- **Flexion**
  - s-Plural (Bsp.: Ich finanzier' doch nicht ihre Telefons.)[203]
  - Genitiv-s[204]

---

[199] vgl. Glahn 2000.
[200] vgl. Glahn 2000.
[201] vgl. Carstensen 1979a und 1979c.
[202] vgl. Carstensen 1980.
[203] gehört in der Talkshow "Franklin" auf SAT1.
[204] vgl. Punkt 1: Schreibung.

Englischer Einfluss in der Flexion beschränkt sich wohl aber darauf, dass der Wortbestand bestimmter Flexionsklassen durch Übernahmen aus dem Englischen vergrößert wurde.

Nomina

Genus
⇨ muss einem der drei deutschen Genus zugeteilt werden

Genitiv Singular
⇨ Maskulina + Neutra: Formen mit und ohne –s stehen nebeneinander (*des Test/-s*)

Plural
⇨ meist *-s*[205]

Adjektive
⇨ passen sich dem deutschen Flexionssystem an
⇨ manche Adjektive werden nur prädikativ verwendet

Verben
⇨ alle schwach flektiert (*killen, twisten*)
⇨ meist deutsche Endung *en* im Infinitiv

4. Lehnsyntax

- **Konjunktionen**
⇨ *seit* als kausale Konjunktion *since*
⇨ *wer immer, wie immer, was immer* ... (*whatever*...)[206]
⇨ *beide, ...und...* (*both...and...*) statt: *sowohl... als auch*..[207]

---

[205] vgl. Carstensen 1982.
[206] Carstensen 1980 beschreibt dieses Phänomen als "generalisierendes *immer*" (*wer, wann, was, wo, wie, wenn immer*).
[207] vgl. Carstensen 1980.

- **Verwendung der Präpositionen**
  - i n 1960 (im Jahr 1960)
  - i n anderen Worten (mit anderen Worten)
  - Mitleid f ü r jemanden haben
  - sich f ü r 6 Monate in der Schweiz aufhalten
  - a n Ostern (statt: zu)
  - diesen Sommer (i n diesem Sommer)/ letzten Sommer (i m letzten Sommer)[208]
  - durch (hindurch/ lang) ⇨ (though)[209]
  - i n dieser Weise
  - i n Deutsch
  - Nachfrage für ... (nach)[210]
  - in der Suche... (bei)
  - in sich (an sich)
  - früh im Tage
  - austauschen für ... (gegen)
  - am deutschen Markt
  - in amerikanischer Sicht
  - gefolgt von (followed by)
  - bekannt sein für (wegen)[211]
  - für etwas betteln (um)

Umdeutung deutscher Fremdwörter[212]
  - Kritik/ kritisieren
  - Kontrolle/ kontrollieren
  - realisieren
  - einen Eindruck geben (machen)[213]
  - Freude bringen (machen)
  - Arbeit geben (machen)
  - Befriedigung geben (verschaffen)
  - warnen (statt: raten)
  - ein anderes (ein zweites)

---

[208] Carstensen 1980 spricht hierbei vom "adverbialen Akkusativ".
[209] vgl. Wallberg 1962.
[210] vgl. Carstensen 1980.
[211] vgl. Wallberg 1962.
[212] vgl. Carstensen 1980.
[213] vgl. Wallberg 1962.

- *dieses (folgendes)*

- **Artikelgebrauch**
  ⇨ Unterdrückung des Artikels bei Zeitungsüberschriften
  ⇨ nähere Bestimmungen werden ohne Artikel zum Eigennamen gesetzt; bei Titeln und Berufsangaben ist diese Form im Englischen wie im Deutschen alt hergebracht: *Kaiser Wilhelm, Kanzler Ebert* ⇨ nun aber Ausweitung auch auf andere Angaben zur Person (*Denker Heidegger*)
  ⇨ Gebrauch des Artikels vor Familiennamen im Plural[214]
  ⇨ zunehmender Gebrauch des Artikels in den Wendungen:
  unter dem Ausschluss der Öffentlichkeit
  mit der Hilfe von
  (im Deutschen steht im Gegensatz zum Englischen hier oft kein Artikel)

- **Possessivpronomen**[215]
  ⇨ Anwendung des Possessivpronomens bei Körperteilen:
  Er stützte s e i n e n Kopf in s e i n e n Arm.
  Sie wirft s i c h in seine Arme.

- **Genitiv**[216, 217]
  ⇨ Voranstehender Genitiv:
  Hamburgs Bürgermeister statt: *der Bürgermeister von Hamburg*[218]

  ⇨ Name eines Landes im Genitiv + Eigenname (meist Parteichef oder Regierungsoberhaupt): *Kubas Castro*
  ⇨ Name eines Landes im Genitiv + Nicht-Personenname: *Italiens Fiat*
  ⇨ Name einer Stadt im Genitiv + Name einer prominenten Persönlichkeit:
  Münchens Dr. Vogel
  ⇨ Name einer Stadt im Genitiv + Nicht-Personenname: *Kölns Stadtbad*
  ⇨ Genitiv + Superlativ: *Europas größtes Versandhaus* (statt: *das größte Kaufhaus Europas*)

---

[214] vgl. Carstensen 1980.
[215] vgl. Glahn 2000.
[216] vgl. Carstensen 1980.
[217] Hentschel 1993 behandelt dieses Thema sehr ausführlich.
[218] Glahn 2000 sieht auch diese Genitivbildung, die Umschreibung des Genitivs mit *von*, als möglichen Einfluss an, so dass die vermutlich korrekte Form *der Hamburger Bürgermeister* lauten müsste.

⇨ Genitiv bei Mengen- und Zahlenangaben:
- alle von uns (wir alle)
- viele der Beamten
- die meisten der Stücke
- 40 der Bewohner

- **Verwendung des Adjektivs**
  ⇨ fast häufiger als Substantiv[219]: *feuerfest, holz-, metall-, weiterverarbeitend*

- **Besonderheiten bei der Steigerung**
  ⇨ analytische Steigerungsform mit *meist/ mehr*:
  - *das mehr normale Verhalten*
  - *Mehr billig, mehr Spaß!*[220]

  ⇨ Wiederholung des Komparativs: *es wurde dunkler und dunkler*
  statt: *immer dunkler*

  ⇨ Steigerungsform mit *–best*

  ⇨ Anschluss des Komparativs mit *denn* statt mit *als* (= älterer dt. Sprachgebrauch)

  ⇨ Steigerung mit *am meisten* (europäisch)[221]

  ⇨ *mehr als die Hälfte* (über die Hälfte)

  ⇨ außergewöhnliche Steigerungsformen wie beispielsweise ein entlehntes englisches Adjektiv mit deutschem Superlativsuffix: *topfittest, swingendsten, horribelsten*

- **Die Zeitformen des Verbs**

Vergangenheitstempora
  ⇨ Pressesprache: Vernachlässigung des Perfekts gegenüber des (kürzeren) Imperfekts (⇨ Dialekteinfluss?)

Zusammengesetzte Zeiten bei Modalverben
  du solltest das nicht getan haben

---

[219] vgl. Moser 1962.
[220] TV-Werbung für MEDIA-MARKT (27.11.2001).
[221] vgl. Carstensen 1980.

Verlaufsform (Gebrauch der imperfektiven Aktionsart zum Ausdruck der Dauer)

das ist am Werden

er ist am/ beim Schreiben

An dieser Stelle kommt die Frage auf, ob das Deutsche dabei ist, eine Verlaufsform auszubilden[222]. Reimann 1996 diskutiert diese Frage im Detail. Carstensen 1980 betitelt dieses Phänomen als "Präposition mit substantiviertem Infinitiv".

- **Das Verb und seine Konstruktion**

Aussparung des Reflexivpronomens

⇨ dt. reflexive Verben werden intransitiv verwendet:[223]

Nebel, nur zögernd auflösend

Hinter einem abschwächenden Tief

Ein selbst regierender Freistaat

Die beiden Türen öffnen so weit.

Transitivierung

⇨ intransitive Verben werden transitiv verwendet:

einen Wagen fahren

einen Angriff fliegen

⇨ ursprünglich präpositionale Wendungen machen nun einer Transitivkonstruktion Platz: *Fliegen Sie X* (statt: *Fliegen Sie mit der Luftfahrtsgesellschaft X*)

⇨ *erinnern* mit folgendem Objekt

Aktiv und Passiv

⇨ aktive Form bei passivischem Sinn: *Das Museum öffnet am 20. Juli.* (*The museum opens...*)

Infinitivkonstruktionen und Gebrauch von Modalverben[224]

⇨ *to have to*: der Soldat hat zu gehorchen.

vs. *haben zu* statt: *sollen, müssen*

⇨ *es hassen zu* ⇨ Analogie zu *es lieben zu, sich beeilen zu*

---

[222] vgl. Königs 1995.
[223] vgl. Wallberg 1962.
[224] Lenz 1996 diskutiert die Modalverben im Detail.

- **Der Wortverband**
  - ⇨ im Englischen heute sehr produktiv:
    Muster: Verb + Adverb oder Präposition (in dieser Reihenfolge der Glieder):
    Come-back, Drive-in, Lay-out(-er), make-up, pick-up, roll-back, take-over, count-down
  - ⇨ dies ist auch bei Substantiven möglich oder in umgekehrte Reihenfolge (weniger) produktiv: *overkill*
  - ⇨ Verb + Partikel auch im Deutschen heute produktiv
  - ⇨ Adjektiv + substantiviertes Zahlwort[225]:
    die hilfreichen Sieben
    die kostbaren Sechs
    die glorreichen Sieben
    die auserwählten Zehn
    die praktischen Sieben

- **Nominalsprache**
  - ⇨ Nominalkonstruktionen[226]
  - ⇨ Substantivierung von Infinitiven (= Gerundium)[227]
  - ⇨ Satzlänge: Tendenz zur Verkürzung[228]

- **Formelsprache**
  - ⇨ höflich ausgedrückte Unbestimmtheit[229]
    wenn ich so sagen darf
    ich möchte doch meinen
    Ich würde sagen.
    Ich möchte meinen.
    etc.
    Ich könnte meinen.
    Ich könnte mir vorstellen.
    I should/ would say, think
  - ⇨ der Schreiber dieser Zeilen; der Rezensent dieses Buches

---

[225] vgl. Carstensen 1980.
[226] vgl. Moser 1962.
[227] vgl. Glahn 2000.
[228] vgl. Carstensen 1980.
[229] vgl. Glahn 2000.

⇨ formelhafte Kurzsätze: *Kein Kommentar. Genau. Ich danke* Ihnen (am Ende eines Vortrags)[230]

- **Wortstellung**

Die Stellung des Objekts
⇨ kein englischer Einfluss auf dt. Satzstellung

Die Stellung der Negation
⇨ *alle konnten nicht teilnehmen*
⇨ *die Absicht konnte dem Angeklagten mit Sicherheit nicht nachgewiesen werden*

Inversion
⇨ *Alberte Meier...*
⇨ *Drängte der Oldenburger...*
⇨ *Formulierte Beck...*
(⇨ Ellipse, etwa von *Da...* oder *Es...?*)
⇨ Als alt gilt: folgendes *doch*

Auch hier ist der englische Einfluss fraglich.

- **Fehlübersetzungen**

Beispiel:

"Literatur, die konsumiert, aber kaum je verstanden wird. Hat unsere Kritik Wesentliches beigetragen zur Deutung und Beurteilung extremer nuer Formen ...? S i e h a t n i c h t. [Hervorhebung der Verf.] Sie beschränkt sich in der Regel auf ein „schön und gut" ..." (*Zeit* 6/ 1964, 14.2.1964, S.9) (Carstensen 1965: 87)

oder

- *ein anderer* (Fehlübersetzung von: *another*): *ein zweiter*[231]
- *ein oder zwei (one or two): einige*
- *Das war der beste Architekt je.* (Dozentin in einer Vorlesung)
- *einmal mehr* (*wieder einmal; wieder, noch einmal*) für *once more*
- *nicht länger* (*nicht mehr*) für *any more*
⇨ *nicht mehr länger*= Kontamination aus *nicht länger* und *nicht mehr*

---

[230] vgl. Carstensen 1980.
[231] vgl. ebd.

⇨ nicht länger mehr= Kontamination aus nicht länger und nicht mehr
Fehlübersetzung geschehen oft aus Zeitnot oder einfach "Faulheit", einen entsprechenden deutschen Begriff zu finden.

- **weil als nebengeordnete Konjunktion**[232]
  ⇨ v.a. im Sprachverhalten junger Menschen
  ⇨ Schwierigkeiten beim Beweis für eine Beeinflussung durch das Englische[233]

- **Redewendungen**
  Zeit ist Geld![234]
  ⇨ schwer: Abgrenzung zur Lehnsyntax
  Beispiele aus Wallberg 1962:
  - *in dieser Weise*
  - *in anderen Worten*
  - *in einem Wort*
  - *in diesen Umständen*
  - *mit jemandem Tee haben*
  - *im Haus leben (wohnen)*
  - *in der Straße (auf)*
  - *so weit, so gut*   ⎫ bisher:
  - *so weit, so anerkennenswert* ⎬ *so weit gut*   oder
  - *so schön, so gut*   ⎭ *schön und gut* o.ä.

  Beispiele aus Carstensen 1979:
  sei fesch   ⎫ keine englischen
  Da war Highlife   ⎭ Entsprechungen!

- **Imperativ**[235]
  Gewinnen Sie ... statt: ⎫ *...zu gewinnen;* oder:
  Fliegen Sie ...   ⎭ *Sie können ... gewinnen*

---

[232] vgl. Hoberg 1996: 140.
[233] vgl. auch Wegener 2000, Willems 1994, Gaumann 1983.
[234] vgl. Lehnert 1986: 38.
[235] vgl. Carstensen 1980.

- **kein + substantivierter Infinitiv**[236]

    no + V-ing: Konstruktionen aus substantiviertem Infinitiv + *ist unnötig, überflüssig, nicht erforderlich, möglich* ODER *Sie brauchen nicht zu V.* werden noch bevorzugt.

- **Wiederaufnahme des Hilfsverbs**[237]

    Hatte die Armee gepfuscht? – Sie hatte nicht.
    Eigentlich: *Nein, es war nicht so*
    ...und so bin ich es.

- **Weitere Lehnsyntagmen**[238]
    - *Es ist kein Zweifel. (Es besteht kein Zweifel./ Es gibt keinen Zweifel.)*
      – There is no doubt.
    - *Er sagt, er kommt morgen.* statt: *dass er morgen kommt*; vgl. Englisch: "that"- und "which"-Auslassung, wenn ein vollständiger Satz folgt./ Verwendung des Indikativs und nicht des Konjunktivs 1 oder 2
    - *nicht wirklich* (statt: *eigentlich nicht*)
    - Berufsbezeichnungen (*Controller, Executive Search Assistant, Junior und Senior Partner, Marketing Manager*) ganz auf Englisch oder nach englischem Muster gebildet: GF[239] *Verkauf*
    - *P.O.Box* statt *Postfach*
    - *vergleicht* statt *verglichen*
    - *Ich denke, dass ...* statt: *ich glaube, dass..*[240]
    - *Das macht keinen Sinn.* statt: *Es ergibt keinen Sinn.*
    - *zweihundertmal mehr Strahlung* statt: *zweihundert mal so viel Strahlung*[241]

- **Gebrauch einzelner Zeichen**[242]

    z.B. @ = Ikone des Computerzeitalters (Wirtsch@ft)

---

[236] vgl. ebd.
[237] vgl. ebd.
[238] vgl. ebd.
[239] GF steht für "Geschäftsführer".
[240] vgl. Hensel 2000: 167.
[241] vgl. Niederhauser 2000: 183.
[242] vgl. Niederhauser 2000: 184.

7.3 Werbebeispiele

7.3.1 Werbebeispiele aus der Einleitung

1)

Soft Shower Cream und **Soft Body Milk**. Gemeinsam pflegen sie die junge Haut besonders sanft. Soft Shower Cream reinigt besonders mild und schonend. Gleichzeitig schützt Panthenol die Haut vor dem Austrocknen. Soft Body Milk enthält zusätzlich Vitamin E und versorgt die Haut mit langanhaltender Feuchtigkeit, die schnell einzieht. So bleibt junge Haut glatt und geschmeidig und bekommt die Streicheleinheiten, die sie braucht.

2)

Anglizismen in deutschen und französischen Werbeanzeigen 159

3)

4)

5)

6)

7.3.2 Aufbau einer Werbeanzeige

1: Headline
2: Subheadline
3: Fließtext
4: Slogan
5: Logo
6: Bildelement

7.3.3 WERBEBEISPIELE AUS DEM "SPIEGEL" 1976

1)

2)

Das Bad Reichenhaller » Panorama «
Kurhotel der vier Jahreszeiten

Entdecken Sie das elegante Ferien- und Kurhotel der Spitzenklasse am schönsten Aussichtspunkt auf das Alpenpanorama von Bad Reichenhall. Jede Annehmlichkeit, jeder Komfort, den Sie sich wünschen, ist für Sie da.

Die Grüne Saison und Ihre Slim-Kur

Speziell für Gäste, die ohne Hunger und Strapazen schnell "slim = schlank" werden wollen, gibt es im Hotel die international renommierte „Biologische Abnahmekur" nach Dr. Simeons. Bis zu 8 Pfund Gewichtsabnahme in einer Woche unter täglicher ärztlicher Betreuung. Auch Samstag und Sonntag.

Coupon

Bitte unverbindlich Informationen zur "Slim-Kur" und Frühlingsangebot:

Kurhotel Panorama, Postfach 429
8230 Bad Reichenhall, Tel.: 08651/61001-03

Name: ....
Vorname: ....
Straße: ....
PLZ: .... Ort: ....

3)

4)

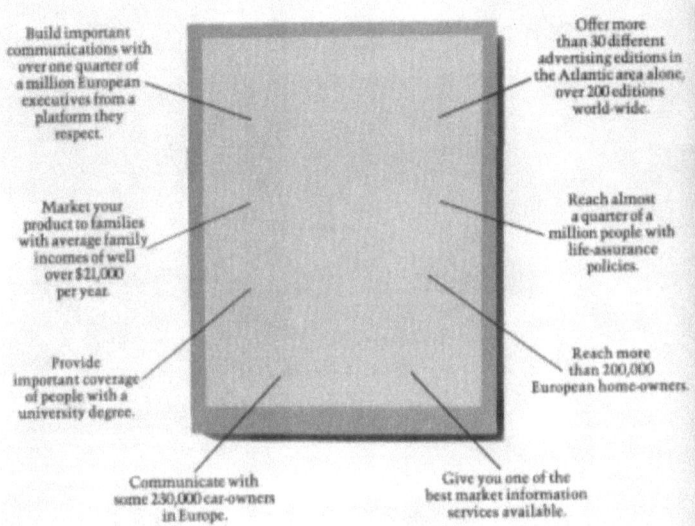

5)

6)

7)

8)

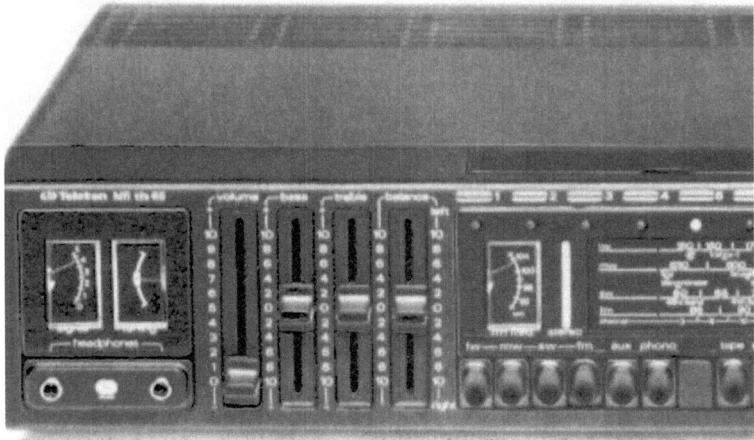

9)

Anglizismen in deutschen und französischen Werbeanzeigen 173

7.3.4 WERBEBEISPIELE AUS DEM "SPIEGEL" 2001

1)

2)

3)

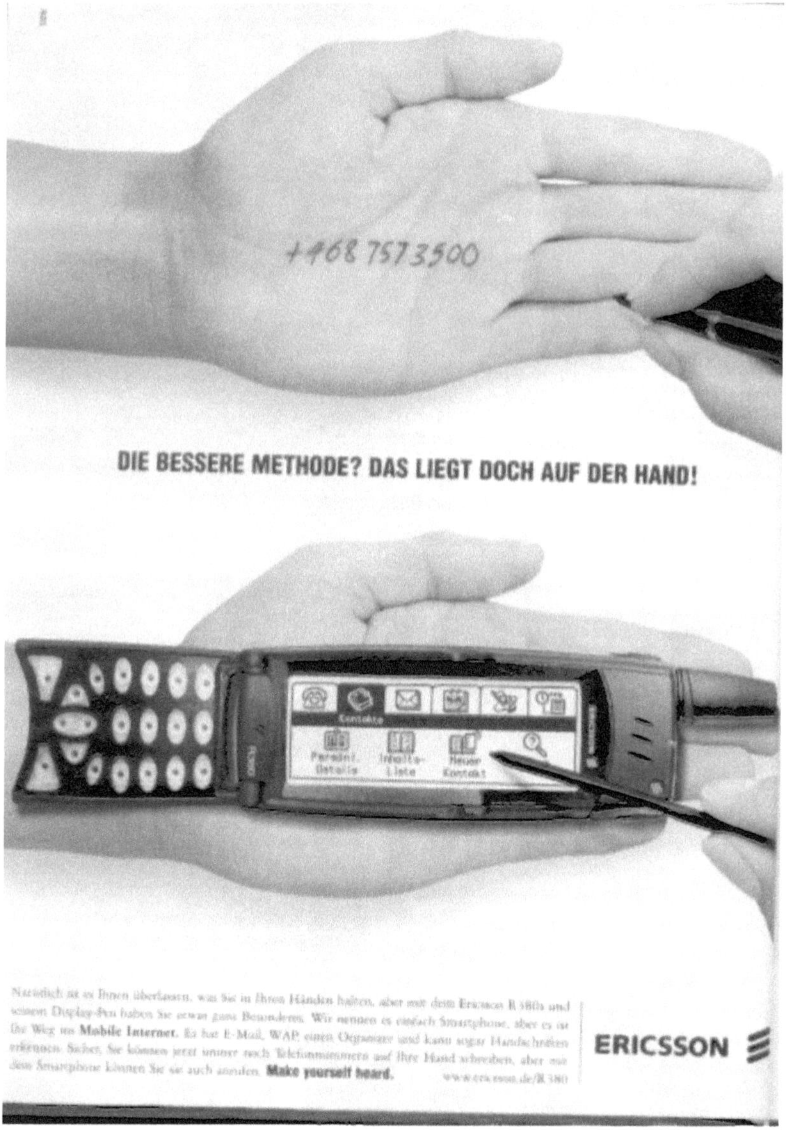
+468 7573500
DIE BESSERE METHODE? DAS LIEGT DOCH AUF DER HAND!
Mobile Internet.
Make yourself heard.
ERICSSON

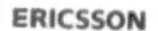

4)

5)

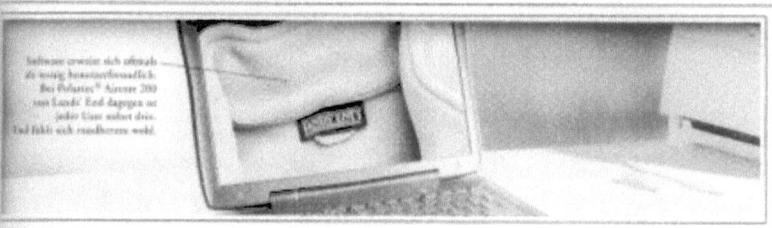

6)

7)

7.3.5 Werbebeispiele aus dem "Nouvel Observateur" 1976

Anglizismen in deutschen und französischen Werbeanzeigen 181

7.3.6 WERBEBEISPIELE AUS DEM "NOUVEL OBSERVATEUR" 1977

1)

2)

3)

7.3.7 Werbebeispiele aus dem "Nouvel Observateur" 2001

7.4 Beispiele zu französischen Übersetzungen von Anglizismen in der französischen Werbung[243]

BELEGBEISPIEL:	FRANZÖSISCHE ÜBERSETZUNG IN FORM EINER FUSSNOTE:
FUJITSU/ SIEMENS COMPUTERS: • Energizing your life. • Energize your business.	• Pour une vie pleine d'énergie. • Dynamisez vos activités.
ROCHE BOBOIS: • soft feeling. • **home safari.** • smooth leather. • **unique touch.** • peace & loft. • **natural chic.** • black light. • leather & colors.	• Sensation douce. • **Safari maison.** • Douceur du cuir. • **Toucher unique.** • Paix et loft. • **chic naturel.** • Lumière noire. • Cuir et couleurs.
JEEP: There's only one.	Seule Jeep est unique.
THALESGROUP: Where people come first.	Notre talent, c'est de révéler le vôtre.
SHARP: • Follow your dreams with LCD. • Bringing LCD to life.	• Réalisez vos rêves avec le LCD (écran à cristaux liquids). • Entrez dans l'ère LCD.
VOLVO: for life.	Vivez.
BROTHER: at your side.	A vos côtés.
COMPAQ: **Inspiration Technology.**	**Technologie de l'inspiration.**
MERCEDES BENZ: On the road again.	Sur la route encore.
DOCKERS KHAKIS: No restrictions.	Aucune contrainte.
MANDARINA DUCK: • **Legend of Frog Trolley.** • **Frog Trolley.**	• **Légende du trolley Frog.** • **Trolley Frog.**
MEPHISTO: • **members of the MEPHISTO**	• **Membres du mouvement**

---

[243] Die fett gedruckten Belege sind - meiner Meinung nach - Beispiele für ziemlich überflüssige Übersetzungen, da der englische Ausdruck bzw. die englische Wendung aufgrund der großen Ähnlichkeit mit dem entsprechenden französischen Ausdruck oder der entsprechenden französischen Wendung sicherlich auch von einem Franzosen verstanden würde, der der englischen Sprache nicht mächtig ist.

movement. • Finest Walking Shoes. • Handmade by Master Shoemakers.	**MEPHISTO.** • Chaussures de première qualité. • Fabrication artisanale par des maîtres chaussures.
RENAULT: ESP Electronic Stability Program.	Calcule l'angle de braquage, la vitesse du véhicule, stabilise la trajectoire et optimise l'adhérence.
AMERICAN EXPRESS: forward.	Plus loin.
ROLEX: **Perpetual Spirit.**	**Esprit perpétuel.**
LUFTHANSA: There's no better way to fly.	Il n'y a pas plus belle façon de s'envoler.
CANON: Imaging across networks.	Images et réseaux.
RAY BAN: I don't want to be a millionaire.	Je ne veux pas être un millionnaire.
SKY TEAM: Caring more about you.	Vous d'abord.
SERGIO TACCHINI: Natural Player.	Joueur par nature.
NIVEA FOR MEN: Play hard - look young.	Vivez intensément - restez jeune.
SONY: go create.	A vous de créer.
ROVER: A class of its own.	Une classe à part.
TISSOT: take care of details.	le soin du détail.
EURONEXT: go for growth.	Cap sur la croissance.
FORD: IPS (Intelligent Projection System)	Système de Protection Intelligent.
TECHNO MARINE (Professional Diving Watches): return to the ocean.	Retour aux origines.
RUNNING HEART FOUNDATION: Speed can save your life.	La vitesse peut sauver la vie.
HUGO BOSS: expect everything.	Attendez-vous à tout.
DEVOTEAM: Get on up.	Progresser.
GEORGES RECH: So French, so Rech.	Tellement français et tellement Georges Rech.

MOTOROLA:	
▪ Fashion technology.	▪ Technologie à la mode.
▪ Intelligence everywhere.	▪ Toujours de l'intelligence.

7.5 Gesamtübersicht der gefunden Belegbeispiele

7.5.1 BELEGBEISPIELE AUS DEM "SPIEGEL" 1976

BELEGBEISPIEL:	FUNDSTELLE:
JOHNNIE WALKER: ...der Tag geht... Johnnie Walker kommt. Born 1820 – still going strong. (Alkohol)	1/2: 2; 6: 2; 10: 2; 41: 2; 45: 2; 50: 2;
TOUROPA: Fly Dich frei. Touropa: Die Urlaubsexperten. (Tourismus)	1/2: 13;
FINNLINES: Finnlandschiffe GmbH (Fähre)	1/2: 23; 3: 109; 4: 75;
Konferenzen, Tagungen, Seminare, Incentives: Finnjet. Individuelle Planung ihrer Veranstaltung.	49: 143; 50: 13; 53: 93;
PENNWORLD: Action Holidays. Im Urlaub die Welt erleben. Pennworld: Penn Worldtrek Heidelberg. (Tourismus)	1/2: 85; 6: 142; 7: 94;
Action Holidays: Erlebnisreisen in Europa, Asien, Afrika und Island. Pennworld: Penn Worldtrek Heidelberg.	3: 98; 4: 112; 5: 104;
ADIG INVESTMENT: Wertpapiere mit vielen Werten. (Finanzen)	1/2: 101; 4: 23; 6: 13; 8: 143; 10: 17; 12: 15; 14: 217; 16: 13; 18: 6; 20/21: 153; 23: 47; 24: 79; 26: 149; 29: 137; 36: 155; 39: 249; 42: 6; 47: 249; 50: 6; 52: 6;
SABENA: belgian world-airlines (Fluggesellschaft)	3: 8; 6: 133; 9: 46; 11: 110; 49: 21; 51: 108;
BRUNE LUFTBEFEUCHTUNG: Was hat man von einem Luftbefeuchter? Mr. B sagt: Vielleicht eine Erkältung weniger. (Luftbefeuchter)	3: 31;
BRUNE LUFTBEFEUCHTUNG: Was hat man von einem Luftbefeuchter?	5: 79;

Mr. B sagt: Endlich saubere Luft. BRUNE LUFTBEFEUCHTUNG: Was hat man von einem Luftbefeuchter? Mr. B sagt: Auch eine niedrigere Ölrechnung.	7: 78;
LUFTHANSA: First Class mit Lufthansa. Ab Januar '76 auch in Deutschland und Europa. (Fluggesellschaft)	3: 40;
Lufthansa__Avis flydrive (Flug + Auto)	10: 149; 12: 127; 14: 183; 16: 225; 19: 113; 20/21: 43; 36: 157; 38: 39; 40: 245; 41: 22; 42: 193; 43: 73; 45: 13; 47: 19; 48: 225; 49: 6;
Neu bei Lufthansa von 6 bis 7.30 Uhr: der Check-in Kaffee. Lufthansa.	15: 184;
EUROPCAR: Der Super Service von Europcar. Europcar macht das Automieten leichter. (Autovermietung)	3: 55; 5: 9; 7: 135; 9: 76; 11: 8; 13: 9; 15: 82; 18: 209; 19: 10; 23: 16; 25: 12; 27: 61; 32: 6; 37: 39; 39: 12; 41: 243; 43: 16; 45: 71; 47: 242; 49: 12;
GEM: Heimorgeln von General Electro Music. GEM Heimorgeln. Da steckt ein ganzes Orchester drin... und nur pfeifen ist leichter. (Heimorgel)	3: 78;
BRITISH AIRWAYS: Weltweit in guten Händen. (Fluggesellschaft)	3: 90-91; 5: 56; 7: 109; 9: 40; 11: 157; 15: 40; 17: 69; 20/21: 184; 23: 66; 26: 107;
Can we help you? British airways	45: 91; 47: 168; 49: 107; 51: 86;
DAILY MAIL SMOKING TOBACCO: Irish Melange, Old London Blend, Scottish Mixture. (Tabak)	4: 8; 7: 143; 9: 110;
SHERATON HOTELS: Frankfurt-Sheraton Hotel. Sheraton Hotels & Motor Inns Worlwide. (Hotel)	4: 10; 9: 77; 12: 78; 18: 81; 22: 188; 36: 29; 39: 244; 42: 112;
SHERATON HOTELS: München-Sheraton Hotel. Sheraton Hotels & Motor Inns weltweit.	8: 9; 10: 153; 11: 9; 12: 17; 14: 137; 16: 227; 18: 33; 20/21: 7; 42: 259; 45: 33; 47: 17;
Sheraton Hotels in Europe.	22: 17; 23: 135; 24: 87; 39: 198; 40: 15; 43: 83;

Sheraton Hotels let you move to the rhythm of Latin America: Sheraton Hotels in Latin America.	31: 131; 37: 127;
SIR WINSTON: the great tea from Great Britain. (Tee)	4: 12; 8: 138; 12: 87; 44: 42; 47: 38; 49: 94;
MAC BAREN'S: Tobaccos of international distinction. Alleinimport: Joh. Wilh. von Eicken: The House of Fine Pipe Tobacco. Geschmack kann wechseln. Die Marke bleibt Mac Baren's. (Tabak)	4: 63; 7: 95; 11: 70; 16: 236; 18: 95; 22: 155; 24: 50; 28: 96; 32: 61; 36: 80; 39: 245; 42: 208; 45: 8; 49: 153;
FOUR ROSES: Was Millionen Bürger schätzen, schmeckt auch der Beamtenschaft. (Alkohol/ Bourbon)	4: 67;
Zum Marketing-Mix gehört auch ein guter Drink. Pur oder gemixt: Four Roses: Was Millionen Kenner schätzen, schmeckt auch dem Management.	6: 47;
King of Bourbon: Four Roses: Was kluge Wechselwähler trinken, das schmeckt den Rechten wie den Linken.	39: 187;
King of Bourbon: Four Roses: was den Zuschauern mundet, schmeckt erst recht dem Sprecher.	41: 149;
Four Roses: Was erhitzte Gemüter besänftigt, labt auch den Schiedsrichter.	43: 88;
King of Bourbon: Four Roses: Was die Fans mögen, sollte dem Show-Star willkommen sein.	45: 196;
King of Bourbon: Four Roses: Was bei jedem Wetter schmeckt, wird auch dem Meteorologen zusagen.	47: 80;
King of Bourbon: Four Roses: Was bei vielen den brennenden Durst stillt,	49: 80;

löscht auch den „Brand" bei Feuerwehrleuten.	
TELEFUNKEN: Neu: die Receiver-Cassetten-Kombination für HiFi-Liebhaber. Telefunken: Technik, mit der die meisten Funk- und Plattenstudios arbeiten. (Unterhaltungselektronik)	4: 93; 6: 112;
Telefunken magnetophon C2400hifi: Bei diesem Cassetten-Recorder hören Sie keinen Unterschied zu einer HiFi-Tonbandmaschine. Telefunken: Technik, mit der die meisten Funk- und Plattenstudios arbeiten.	7: 158; 11: 109;
Telefunken Plattenspieler S600hifi: Nur ein Präzisions-Plattenspieler kann sich eine so deutliche Drehzahlkontrolle leisten. Telefunken: Technik, mit der die meisten Funk- und Plattenstudios arbeiten.	9: 6;
Telefunken hifi center 4040: Ist stark genug für den Kanzler-Bungalow. Und braucht kaum mehr Platz als eine Geburtstagstorte. Telefunken: Technik, mit der die meisten Funk- und Plattenstudios arbeiten.	10: 45; 13: 53;
Telefunken opus 7050: Bringt schon ganz leise so viel wie andere bei voller Lautstärke. Telefunken: Technik, mit der die meisten Funk- und Plattenstudios arbeiten.	12: 168; 14: 184; 16: 195;
Neu: Farb-Portable 616 von Telefunken. Stark genug, um sich mit jedem Großen zu messen. Telefunken: Technik von den Leuten, die das beste Farbfernseh-System erfunden hat.	15: 72; 17: 96;
Zwischen einem HiFi-Stereo-Mozart und einem Stereo-Mozart liegen schon Welten. Zwischen dem Telefunken opus hifi 7050 und der HiFi-	33: 50-51; 49: 130-131;

Mindestnorm erst recht. Telefunken: High Fidelity für Profis, Fans und Amateure.	
Das Telefunken compact center 6002 hifi ist ein Paradebeispiel dafür, welches Klangerlebnis High Fidelity ist. Und wie einfach die Bedienung sein kann. Telefunken: High Fidelity für Profis, Fans und Amateure.	35: 74-75; 43: 138-139;
Das Telefunken electronic center 6001 hifi: Top-Receiver und Top-Plattenspieler für verwöhnteste Ohren. Plus Komfortbedienung für Genießer-Naturen. Telefunken: High Fidelity für Profis, Fans und Amateure.	37: 104-105; 46: 90-91;
Der neue Telefunken TRX 2000 hifi: Das Receiver-As made in Germany. Telefunken: High Fidelity für Profis, Fans und Amateure.	39: 128–133;
SATURN: HiFi-Studios – führend in Europa (Elektrogeschäft)	4: 104;
LEIV ERIKSON: Nordisch milde Mischungen. Leiv Erikson. Mild Danish Blend – Extra Mild Norwegian Blend. (Tabak)	4: 123; 7: 71; 10: 6; 13: 171; 16: 6; 23: 11;
CPAIR – CANADIAN PACIFIC: Freiheit for sale! (Fluggesellschaft)	5: 28;
CPHotels – Canadian Pacific	8: 33; 12: 195; 16: 95; 39: 166; 42: 127;
PHILIPS: Data Systems. (Elektronik)	5: 52-53; 6: 42-43;
Philips Computer – Rüstzeug für unternehmerisches Handeln. Philips Data Systems.	17: 18;
Philips Philetta schwarz-weiß-Portable.	17: 135; 18: 24; 20/21: 54;
SWISSAIR (Fluggesellschaft)	5: 70-71; 7: 82-83; 9: 142-143; 11: 98-99; 12: 120-121; 14: 114-115; 15: 198-199; 16: 126-127; 18: 154-155; 19:

	230-231; 20/21: 102-103; 23: 126-127; 24: 154-155; 25: 134-135; 27: 82-83; 40: 222-224; 42: 138-139; 44: 130-131; 46: 154-155; 48: 126-127; 50: 70-71;
SEALINK: Urlaub vom ich. In Britains Countryside. BTA British Tourist Authority (Fähre)	5: 83; 8: 40; 11: 115; 14: 40;
Sealink: der angenehme Weg zum Nachbarn Großbritannien.	8: 39; 9: 73; 11: 147; 13: 51;
HOVERLLOYD: Fliegen Sie mit uns auf Geschäft nach Old England. Hoverlloyd: Die England-Linie der Individualisten. (Fähre)	5: 87; 10: 162;
DIGITAL EQUIPMENT: Let's work together. (Computerservice)	5: 102; 7: 106; 10: 88; 12: 84; 14: 212; 16: 90; 18: 145; 19: 192; 22: 46;
L&S STADTLAGER MÜNCHEN: hifi-stereo – HiFiPaket zum Sparpreis (Elektrogeschäft)	5: 116; 6: 140; 7: 148; 8: 24; 9: 148; 10: 172; 11: 111; 12: 108; 13: 84; 14: 203;
MANAGER MAGAZIN: Deutschlands Management-Zeitschrift. (Zeitung)	5: 137; 14: 221; 40: 246; 44: 240; 48: 18; 51: 167;
manager magazin: Forum für Führungskräfte – Lektüre der Leitenden.	9: 35;
Planer und Entscheider in verantwortlicher Position benötigen umfassende Information. Dieses Vorzugsangebot bringt sie. Wer es nutzt, sichert sich weltweites Know-how, manager magazin + Harvard Business Review + International Management.	18: 35;
Wenn Sie wissen wollen, was Manager für Manager schreiben, dann müssen Sie manager magazin lesen.	25: 145;
Wenn Sie als international arbeitender Manager umfassend informiert sein wollen, dann müssen Sie manager	30: 51; 35: 145;

magazin + Fortune im Doppelabonnement [...] bestellen.	
THE ROYAL FACTORIES THEODORUS NIEMEYER LTD: Diese auserlesenen Tabake und Pfeifen erhalten Sie in guten Tabak-Fachgeschäften. (Tabak)	6: 37; 8: 125; 12: 85; 16: 213; 18: 69; 23: 205; 27: 51;
SWISS CHALETS – INTER HOME (Chalets)	6: 46; 8: 54; 10: 114; 40: 90; 43: 183;
VAT 69: Real Scotch. Imported from Scotland. Produced by William Sanderson. Since 1882. (Man kommt zurück zum Reellen.) (Alkohol)	6: 99; 8: 97; 12: 214; 15: 103; 17: 186; 19: 153;
WHITE LABEL: Der klassische Scotch Whisky bietet jetzt seine Classics zum Verkauf. (Alkohol)	6: 104; 8: 43; 12; 160; 13: 99; 15: 56;
SANDEMAN SHERRY: Seco Sherry, Cream Sherry, Medium Dry Sherry. (Alkohol)	6: 150; 10: 25;
SANDEMAN SHERRY: Dry Don, Armada Cream, Fino Apitiv.	8: 15;
HOLIDAY INN HOTELS: Weltweit unübertroffene Gastlichkeit. (Hotel)	7: 8; 9: 19; 10: 97; 11: 168; 12: 159; 13: 78; 16: 235; 17: 8; 18: 198; 20/21: 145; 23: 154; 38: 15; 40: 180; 42: 46; 45: 205;
Für Autofahrer öfter mal ein Holiday-Weekend in einer anderen Stadt. Holiday Inn Hotels.	15: 52; 24: 132; 37: 182;
Holiday Inn Hotels	22: 29;
Vor und nach anstrengenden Tagen ein Holiday-Weekend! Holiday Inn Hotels.	30: 87;
Sie haben immer einen Grund für ein Holiday-Weekend. Holiday Inn Hotels.	41: 194;
Wir brauchen alle mal eine schöpferische Pause, ein Holiday-Weekend. Holiday Inn Hotels.	43: 7;

Holiday-Weekend – die außergewöhnliche Geschenk-Idee! Holiday Inn Hotels.	47: 169;
CYPRUS AIRWAYS: bringt Sie hin (Fluggesellschaft)	7: 21; 10: 142;
OLD SMUGGLER: Finest Scotch Whisky. Alles Gute kommt von oben. (Alkohol)	7: 40; 9: 140; 11: 130; 14: 27; 16: 69; 19: 228;
ICELANDAIR & LOFTLEIDIR ICELANDIC: Die Island-Spezialisten. (Tourismus)	7: 42; 9: 65;
Loftleidir Icelandic: Loftleidir macht Ihr Amerikageschäft noch lukrativer.	10: 26; 12: 115; 15: 138; 36: 136; 38: 102; 48: 65; 49: 110;
DUNHILL: International anerkannt. Eine der exclusivsten Cigaretten der Welt (one of the most distinguished tobacco houses in the world). (Zigarette)	7: 53; 11: 40; 16: 189; 20/21: 160; 23: 53; 25: 104; 36: 35; 40: 48; 43: 55; 46: 224; 49: 213;
THAI AIRWAYS: Ausserhalb von Bangkok - Beautiful Thai. (Fluggesellschaft)	7: 54;
Thai Airqays International LTD.: Bezauberndes Bali – Beautiful Thai.	11: 181;
Sunburnt Country. Beautiful Thai: Thai Airways International LTD.	20/21: 19;
Geheimnisvoller Orient. Beautiful Thai: The Airways International LTD.	29: 6;
Executive thinking. Beautiful Thai: Thai Airways International LTD.	38: 107;
SLENDERTONE: alec eden of London (Sportgerät)	7: 119; 17: 189; 19: 95; 24: 115; 28: 122; 32: 9;
AIR-PRESS: Zugfreie Frischluft. Air-Press: Passform Regen- und Windabweiser DBGM für Autoseitenfenster aus Vacuumverformtem Acrylglas. Seibert Industriemechanik GmbH. (Autotechnik)	7: 142; 8: 122; 9: 113; 10: 12; 11: 142; 12: 140; 14: 126; 16: 224; 18: 206;
NON FOOD: Wir wollen Ihr Non-Food-Produkt verkaufen. (Distributeur)	8: 7;

MD4: anti smoking method. Um sich das Rauchen abzugewöhnen. (Gesundheit)	8: 17; 10: 156; 12: 22; 14: 144; 19: 142; 27: 8; 29: 9;
WEMPE: Wempe präsentiert: Lady Pulsar. Der Master Time Computer für das zarte Handgelenk. Das Original. Wempe: Feinuhrmacher & Juwelier. (Uhr)	8: 32; 12: 32; 20/21: 113; 24: 21;
Wempe: Pulsar Time Computer mit Auto-Command.	15: 79;
Pulsar Time Computer Calculator. Das Original.	17: 108;
Prestige und Präzision des originalen Time Computers sind kein Privileg für Männer. Deswegen führen wir Lady Pulsar.	27: 10;
WILKINSON SWORD: Auf die Klinge kommt es an. (Kosmetik)	8: 70-71; 11: 62-63; 13: 102-103; 30: 62-63; 32: 66-67;
Wilkinson Sword. Wilkinson präsentiert: Die einstellbare Doppelklinge.	27: 102-103; 35: 90-91;
THE LARK PERMAMATIC: Das neueste leichteste unverwüstliche Nylon-Gepäck aus den USA! (Koffer)	8: 121; 9: 88; 23: 161; 24: 167; 48: 158; 50: 73;
BRAUN: Braun High Fidelity. Unser Wissen bringt Ihnen mehr. (Unterhaltungselektronik)	8: 123;
Braun regie 450. Mit diesem Receiver machen Sie eine ganz neue Entdeckung: den Rundfunk. Braun HighFidelity: Unser Wissen bringt Ihnen mehr.	11: 189;
Braun audio 308s. Soviel High Fidelity für das Geld ist wirklich selten. Braun HighFidelity: Unser Wissen bringt Ihnen mehr.	14: 63; 16: 229;
Braun Kameras gehören zu den Besten. Und hier ist die Beste von	19: 115; 25: 103;

Braun: Nizo professional. Braun Film- und Fototechnik.	
Braun Macro OMZ864: Die Camera mit eingebautem HappyEnd!	20/21: 217; 25: 19; 28: 26; 41: 189; 45: 23;
Nizo 2056 Sound, die erste Pistenton-Kamera von Braun. 50 Jahre haben wir Filmtechnik gelernt und 40 Jahre Tontechnik. Heute präsentieren wir die neue Tonfilmkamera von Braun.	23: 71;
Das Rechnen ist wieder etwas sicherer geworden. Sicher rechnen. Braun control (Taschenrechner)	42: 115; 44: 11; 46: 24; 47: 13; 49: 43; 51: 22;
Nizo professional von Braun. Damit Sie all Ihre Filmideen in Bild und Ton realisieren können.	44: 31; 47: 159;
Einer der besten Reveiver, die Sie kaufen können. Braun.	51: 201;
HONDA: Come out on a Honda 750 Four. Honda CB 750 Four. Motorradfahren. (Motorrad)	8: 126; 16: 115;
HONDA: Come out on a Honda 500 Four. Honda CB 500 Four. Erfolg verpflichtet.	10: 174; 17: 213;
Honda GL1000 Gold Wing. Das Erlebnis. Come out on a Honda.	12: 64; 18: 131; 22: 56;
FINNAIR (Fluggesellschaft)	8: 150; 10: 157; 12: 193;
FAIRWIND: Der andere Filter. Fairwind mit dem Charcoal Filter. Fairwind: Leicht wie der Flug des Vogels. (Zigarette)	8: 164; 10: 180; 15: 228; 19: 252; 23: 252;
MARUMAN: IC Multispark. Vergleichen Sie es nicht mit Ihrem Feuerzeug. Sondern mit ihrem Computer... Maruman: Ein Feuerzeug geht um die Welt. (Feuerzeug)	9: 13+15;
BALLANTINES: Superb Scotch	9: 43; 11: 160; 13: 37; 15: 176; 17: 85;

Whisky. The more you know about Scotch, the more you like Ballantine's. (Alkohol)	44: 98-99; 46: 176; 48: 88; 50: 205; 52: 101;
WALTER RAU: Die Quint-Essenz. Walter Rau: Cosmetics exclusiv. (Kosmetik)	9 : 72 ; 11: 46; 13: 100;
JIM BEAM : Bourbon Whiskey. Seit 1795 in der Neuen Welt. Jim Beam Bourbon Whiskey: „abenteuerlich" mild im Geschmack (Alkohol)	9: 117; 13: 104; 17: 43; 22: 48; 31: 35; 34: 166; 37: 97; 41: 172; 45: 37;
SANKYO: Tonfilmen life – spielend leicht mit Sankyo-Sound! (Unterhaltungselektronik)	9: 151;
MAIL ORDER KAISER: Unser Service: Alle Bücher (Buchlieferdienst)	9: 160;
BURBERRY'S OF LONDON: The English Look Is the Burberry Look. (Kleidung)	10: 48; 12: 149; 14: 80; 15: 173; 16: 56; 38: 171; 40: 205; 42: 37; 44: 204; 47: 88;
APOLLINARIS: The Queen of Table Waters. Aus dieser Quelle trinkt die Welt. (Mineralwasser)	10: 56; 44: 46;
GERMANAIR: Gut reisen mit Germanair. (Fluggesellschaft)	10: 75;
CEBIT: management by information. Cebit '76 den Kopf freihalten für das Entscheidende. (Messe)	10: 113; 14: 175;
CAMEL: Keine schmeckt besser. Camel Filter – nicht stärker als eine normale Filterzigarette. (Zigarette)	10: 120; 11 : 133 ; 12 : 176 ; 14 : 45 ; 15 : 136 ; 16 : 43 ; 18 : 48 ; 19 : 165 ; 20/21 : 32 ; 38 : 181 ; 39 : 48 ; 40 : 141 ; 41 : 62 ; 43 : 175 ; 45 : 62 ; 47 : 224 ; 48 : 69 ; 50 : 79 ;
AP (ANDEMARS PIGUET) : Some things in life speak for themselves. (Uhr)	11: 10; 13: 156;
AP (ANDEMARS PIGUET) : Some things in life speak for themselves.. Andemars Piguet: la plus prestigieuse des signatures.	20/21: 10; 43: 260; 47: 39;
AIWA: for craftmanship. (Unterhaltungselektronik)	11: 15; 16: 8; 52: 71;
WEGA: Aus nüchterner Technik	11: 27;

machen wir High Fidelity. (Unterhaltungselektronik)	
IRELAND TOURISM: Urlaub in Irland (Tourismus)	11: 36-37; 13: 133-134; 14: 92-93;
CITY HOTEL RÜSSELSHEIM: Der Tagungs-Tip. (Hotel)	11: 68;
TABAC: Tabac Original: Der individuelle Duft. Tabac Original After Shave – Tabac Original Shaving Foam. Pflege und Frische für die Naßrasur. (Kosmetik)	11: 72; 14: 157; 17: 61; 22: 61; 29: 50; 32: 77;
Tabac Original Deodorant gibt Frische für einen langen Tag. Tabac Original Anti-Transpirant hemmt Achselnässe für viele Stunden. Tabac Original: Der individuelle Duft.	25: 125;
HAAR TABAC DRY: Das individuelle Haarwasser.	41: 112; 44: 215;
TAP: The Airline of Portugal. (Fluggesellschaft)	12: 8; 14: 97;
OLD SPICE: die Frische der Sieben Meere. (Kosmetik)	12: 45; 15: 192; 18: 67; 22: 157; 24: 35; 27: 114; 39: 66; 42: 164; 45: 93; 48: 179; 50: 208; 51: 165;
RR TEST ELECTRONIC: kontrolliert den Blutdruck. (Blutdruckmessgerät)	12: 132; 20/21: 84; 36: 62; 42: 172; 47: 65;
SCHICK INJECTOR RASIERSYSTEM: Gründlich. Sanft. Sicher. (Rasierer)	12: 139; 13: 39; 14: 153; 15: 105; 16: 163; 18: 13; 20/21: 183; 23: 101; 24: 146;
CANADIAN CLUB (Whiskey): der Geschmack eines jungen Landes. (Alkohol)	12: 141; 14: 72; 16: 197; 18: 53; 20/21: 200; 43: 64; 44: 163; 46: 64; 48: 171;
AGFA: Super Ferro Dynamic. Musik total erleben! (Audio-Kassetten)	12: 144; 15: 53; 17: 184;
Die neue MOVEXOOM. (Super8 Kamera)	19: 6; 20/21: 221; 22: 222; 24: 19; 25: 11; 27: 6;
Super Ferro Dynamic bringt den totalen Klang auf allen Recordern! Musik dynamisch wiedergeben! Agfa-	23: 77; 47: 37;

Gevaert.	
Super Ferro Dynamic. Höchste Dynamik und Transparenz selbst bei Fortissimo!	28: 100; 38: 133; 51: 157;
Super Ferro Dynamic bringt 90% mehr Dynamik! Musik total erleben.	43: 60;
EMERY AIR FREIGHT: Die kürzeste Entfernung zwischen zwei Punkten. (Luftfrachtgesellschaft)	13: 97; 39: 13;
HEATHKIT: Rangehn! Selbst bauen! (Buch- und Bausatzsystem)	14: 62; 18: 42; 23: 155;
ETIENNE AIGNER: Cosmetics (Kosmetik)	14: 95; 16: 222; 18: 191;
SIR >IRISCH MOOS<: Abenteuer Frische. Die grüne Pflegeserie für den Mann. Eau de Cologne – After Shave Lotion – Pre Shave Lotion – Herrenseife – Rasiercreme – Deodorant Spray. (Kosmetik)	14: 141; 16: 48; 18: 165;
Tribut an die Persönlichkeit: SIR >canada ceder< (After Shave Lotion)	37: 131; 39: 108: 41: 206; 44: 176; 47: 51; 50: 156;
DFDS SEAWAYS: Die Dänischen Autoreiseschiffe. (Fähre)	14: 150;
AUSTRIAN AIRLINES: Die West-Ost-Verbindung. Ihr Trumpf nach Osteuropa – Austrian. (Fluggesellschaft)	15: 9; 16: 23; 17: 116; 18: 12; 19: 244; 22: 207;
YARDLEY: Black Label: Magie eines Duftes. Englisch gepflegt sein mit Black Label von Yardley. (Kosmetik)	15: 31; 20/21: 173; 28: 52; 37: 112; 40: 163;
UHER: Royal Flash (Tonbandgerät): Uns kann keiner etwas vormachen. Geschweige denn nachmachen. (Uher: Dem Spaß auf der Spur.) (Unterhaltungselektronik)	15: 39; 37: 63; 44: 133;
EDDING: Highlighter (Stift)	15: 106;
TEXAS INSTRUMENTS: European Calculator Division. (Taschenrechner)	15: 160-161; 19: 96-97; 22: 184-185; 37: 31; 40: 80; 44: 135;
TIME: What can this magazine do for	15: 222; 25: 158;

your campaign? ... it takes TIME. (Zeitung)	
Der gemeinsame Nenner. ...heißt TIME.	36: 161; 40: 123; 42: 202;
Was kann TIME für Ihre Werbung tun? TIME	39: 243;
More than just news. TIME: The Weekly Newsmagazine of the World.	46: 226; 48: 233; 51: 97;
CONTACTAIR: rent a jet (Flugzeugvermietung)	16: 172; 22: 148; 39: 54; 42: 194;
IRISH CONTINENTAL LINE: The best way to Ireland. (Fähre)	16: 177;
SINGAPORE AIRLINES: A great way to fly. (Fluggesellschaft)	16: 199; 18: 88; 20/21: 178; 24: 198-199; 28: 6; 34: 134; 36: 104; 39: 19; 41: 105; 43: 100; 45: 217; 47: 223; 49: 60;
DUAL:HiFi-Plattenspieler Dual CS 510-Belt Drive. Damit Sie Ihre Stereo-Platten klangtreu und sicher wie ein HiFi-Profi erleben. Zum guten Ton gehört Dual. (Unterhaltungselektronik)	16: 220; 19: 54;
Die HiFi-Perfektion von Dual tritt den klangvollen Beweis an. Dual: Zum guten Ton gehört Dual.	40: 70-71; 43: 130-131; 47: 122-123;
LEYLAND PRINCESS: Das Gesicht des Fortschritts. (Auto)	17: 45;
Die Linie des Fortschritts: Princess. Neu von Leyland.	20/21: 53; 26: 124;
Die Form des Fortschritts. Princess. Neu von Leyland.	24: 69;
Fortschritt für Fortgeschrittene: Princess von Leyland.	30: 45; 33: 93; 36: 66; 42: 270;
STAFF KG: Staff-Strahler "ministar" von und für Professionals. (Elektronik)	17: 70;
ROCKWELL INTERNATIONAL: ... where the science gets down to	17: 106; 18: 78; 20/21: 203;

business. (Rechner)	
CARRIER KLIMATECHNIK: Teamwork = Carrier Klimatechnik. Carrier: Für Klimatisierung Nr. 1 in der Welt. Carrier International Corporation, Subsidiary of Carrier Corporation. (Technik)	17: 170-171; 22: 42-43; 40: 202-203;
PHILIPPINE AIRLINES (Luftgesellschaft)	17: 198;
ASC ELECTRONIC: HiFi Wiedergabeanlage AS400LV. (Unterhaltungselektronik)	18: 16;
HONEYWELL BULL COMPUTER: Der Weg zur innovativen Datenverarbeitung. (Computer)	18: 63;
BAD REICHENHALLER „PANORAMA"-KURHOTEL DER VIERJAHRESZEITEN: Die grüne Saison und Ihre Slim-Kur. (Hotel/ Gesundheit)	18: 206;
SWEET DUBLIN: Sein Geheimnis offenbart sich in der Pfeife. (Tabak)	19: 56;
Sweet Dublin. Der gute Geschmack aus Dänemark. Original Import from Denmark.	32: 49;
ELAC: Für HiFi-Qualität gibt's nur einen Maßstab: Ihr kritisches Ohr! Kritische Ohren hören ELAC. (Unterhaltungselektronik)	20/21: 6;
Lassen Sie beim HiFi-Kauf allein Ihr Ohr entscheiden. Elac: Kritische Ohren hören Elac.	23: 122;
Verlangen Sie von einer HiFi-Anlage hörbare Qualitätsbeweise. Elac: Kritische Ohren hören Elac.	25: 9;
B&B BENTON & BOWLES UND PARTNER: It's not creative unless it sells. (Werbeagentur)	20/21: 93;
WATER PIK MASSAGEDUSCHEN: Der größte Fortschritt, seitdem es	20/21: 149;

fließendes Wasser gibt. (Massageduschen) Die neue Massagedusche von Water Pik	43: 108; 44: 32; 45: 74; 46: 6; 47: 68;
KOREAN AIR LINES: Ein Tourismus ohne Touristen. (Fluggesellschaft)	22: 35; 24: 168;
NORTH WEST INDUSTRIAL DEVELOPMENT ASSOCIATION. (Aufbaumöglichkeiten Nord-West-England)	22: 68;
PRINCESS HOTELS: Princess Reservation Service. (Hotels)	22: 122; 23: 201; 24: 178; 26: 140;
MARTINI: Extra Dry. Extra trocken. Extra leicht. (Alkohol)	22: 149; 23: 192; 24: 66; 26: 51; 27: 116; 34: 35; 35: 112; 37: 163; 38: 56; 39: 45; 43: 116; 44: 173; 46: 104; 47: 93; 48: 43;
MEDLEY: so gut kann Bourbon sein. Distilled by Medley Distilling Company, Owensboro/ Kentucky, USA. Imported by Carl Hertzberg, Lübeck. (Alkohol)	22: 181; 32: 58;
Medley, Variation Nr. 21. Medley gibt den Ton an. Since 150 years.	42: 161; 44: 104; 47: 157; 49: 66; 51: 134;
RANK XEROX: Jedes management by... braucht ein management by communication. Rank Xerox: Kopieren – Vervielfältigen – Drucksysteme – Telekommunikation – Textverarbeitung – Medizinische Systeme (Bürozubehör)	22: 198-199;
BORKUM RIFF THE BOURBON SMOKE: Eine der größten Pfeifentabak-Marken der Welt. Neu in Deutschland. Blended in Sweden. (Tabak)	23: 87; 24: 124; 25: 63; 26: 76;
IRAN AIR: Die Vorzüge der neuen 747 SP Frankfurt-Teheran. Nonstop ab Frankfurt 16.20 an Teheran 23.30. (Fluggesellschaft)	23: 223; 24: 113;
IRAN AIR: Keiner wächst so schnell wie wir.	27: 111; 32: 37; 43: 166; 52: 48;

HIT HAPPEL INDUSTRIE TECHNIK: Happel Know-How. (Industrietechnik)	24: 27; 28: 60; 33: 15;
SCHWEPPES: Entertainer. Schweppes Indian Tonic Water. (Getränk)	24: 72; 26: 54; 28: 49; 31: 87; 32: 96; 34: 49; 38: 64; 43: 39;
PAN AM: Das einzige First-class-Restaurant über den Wolken. Exklusiv in Pan Am's Worls. Pan Am: Die erfahrenste Fluggesellschaft der Welt. (Fluggesellschaft)	24: 160; 39: 216; 42: 175; 46: 205; 52: 115;
In Pan Am's World geht es jeder Sekretärin blendend. Pan Am: Die erfahrenste Fluggesellschaft der Welt.	25: 45; 37: 59; 44: 88;
Kein Terminal ist bequemer als unser Kennedy-Worldport in New York: das schönste Sprungbrett in Pan Am's World. Pan Am: Die erfahrenste Fluggesellschaft der Welt.	26: 122; 41: 44;
Starten Sie in Pan Am's World! Beginnen Sie in New York! Pan Am: Die erfahrenste Fluggesellschaft der Welt.	48: 91; 50: 145;
BANK AMERICA TRAVELER CHEQUES: Sonderangebot zur Zweihundertjahrfeier. Sie sparen bis zu 50,- mit Bank America Traveler Cheques. BA Cheque Corporation. A Subsidiary of Bank America Corporation. (Finanzen)	24: 163;
INTERLEASING: Nutzen statt Besitzen. Unser ICC Service (Interleasing Credit Card) ist die Unabhängigkeitserklärung im Fahrzeug-Leasing. (Finanzen)	24: 169; 26: 10;
MARITIM: Die Luxus-Liner-Hotels: action&relaxing (Hotel)	25: 132; 26: 48; 28: 10;
CONDOR-JET-SHOP: Fluggepäck im Boutique-Style. (Koffer)	25: 149;
SHARP: Bestseller sind kein Zufall.	26: 41; 31: 12; 40: 236;

Sharp: Wir kümmern uns um Sie. (Taschenrechner)	
Your Sharp, Sir! (Taschenrechner)	42: 31; 44: 16; 45: 18;
SAA: South African Airways. Where no-one's a stranger. (Fluggesellschaft)	26: 63; 29: 127; 31: 82; 33: 9; 36: 143; 39: 110; 42: 246; 44: 103; 46: 138;
NEWSWEEK: The International News Magazine. Weltgeschichte in wöchentlichen Folgen. (Zeitung)	26: 166; 38: 214; 43: 218;
MANAGEMENT INSTITUT HOHENSTEIN GMBH: Bücher und Seminare für Manager. (Dienstleistung)	27: 87;
TRI-BEL: Exclusiv in Funktion und Design. Das Ding mit dem Dreh. (Brausekopf)	27: 98;
JOHN PLAYER SPECIAL: Versuchen Sie jemanden kennenzulernen, der John Player Special raucht; vielleicht fangen Sie Feuer. (Zigaretten)	29: 45; 32: 44; 34: 37; 37: 176;
HARVARD BUSINESS REVIEW LIBRARY: Mit der H.B.R.L. stehen Ihnen 658 führende amerikanische Wirtschaftsexperten zur Verfügung, die Ihnen bei der Lösung von Management-Aufgaben helfen wollen. (Sammlung von Beiträgen von Wirtschaftsexperten)	30: 115;
MANAGEMENT DIARY 1977: praxisgerechtes Arbeitskalendarium für Manager. (Kalender)	34: 39; 36: 139; 38: 217; 40: 11;
SHELL: Es gibt ein neues Motorenöl: Shell Super Motor Oil 15W/50. Wieder ein Unterschied. Shell Super Motor Oil 15W/50: Es gibt kein besseres. (Autozubehör)	34: 68;
VREDESTEIN: Vrededstein radials, the best tires your money can buy. Vredestein: die unbekannte Spitzenmarke. (Autozubehör)	35: 10; 38: 204;
BIPLINE: Jetzt gibt es Möbel, die Sie pfundsweise kaufen können.	36: 9;

Anglizismen in deutschen und französischen Werbeanzeigen   205

(Möbel) ISOPHON: Garantie für vollendete HiFi-Qualität. (Unterhaltungselektronik)	36: 51; 39: 151; 42: 179; 46: 62;
NORDDEUTSCHE LANDESBANK: Vertrauensbilanz – Balance of Confidence '75. Girozentrale Hannover – Braunschweig. (Finanzen)	37: 47;
AMERICAN EXPRESS: American Express präsentiert: The Businessman's Passport. (Kreditkarte)	37: 50-51; 39: 210-211; 41: 50-51; 43: 122-123; 45: 178-179;
VICTOR: Frische on the rocks. (Kosmetik)	37: 197; 42: 70; 46: 47;
AIR CANADA: Wir freuen uns auf Sie. (Fluggesellschaft)	37: 211; 40: 136; 42: 264; 46: 76;
PELIKAN: Silverstar. Die Schreibperfektion. Präzision innen wie außen. (Stift)	38: 9; 39: 139; 40: 75; 41: 136; 42: 19; 43: 126; 44: 202; 45: 103; 46: 87; 47: 239; 48: 112; 49: 159; 50: 233; 51: 21;
UWE SUNSTREAM: garantiert Urlaubsbräune in 7 Tagen (Solarium)	38: 24; 39: 142; 43: 208;
ROTHMANNS: Die Welt raucht Rothmanns King Size. Rothmanns of Pall Mall world famous since 1890. (Zigarette)	38: 37; 41: 208; 44: 37;
SAS Hotel Scandinavia: Western International Hotels. (Hotel)	38: 116+117; 41: 142-143; 43: 61; 45: 58+59; 48: 38-39; 50: 154-155;
LONG JOHN: Über kurz oder long sind Sie doch bei Long John (Finest Scotch Whisky). (Alkohol)	38: 149; 41: 39; 43: 180; 46: 48; 49: 171; 50: 153;
FABER-CASTELL: Tkfine Zeichenstifte: Die „klare Linie" beim technischen Zeichnen. (Stift)	38: 155; 40: 218; 44: 91;
DRY SACK: Unverwechselbarer Sherry (Alkohol)	38: 191; 40: 17; 42: 132; 45: 149; 47: 137; 49: 137;
SILVER CIRCLE: Hosen für Anspruchsvolle (Kleidung)	38: 207; 40: 143; 42: 135; 44: 186;
3. INTERNATIONALE AUSSTELLUNG MIT FESTIVAL	39: 102;

DÜSSELDORF [...]: Verbindung von Musik und Technik. hifi '76 (Messe)	
OLD RED FOX: 8 Years Old Kentucky Straight Bourbon Whiskey. (Alkohol)	39: 173; 41: 89; 43: 168; 45: 60; 47: 221; 48: 56; 49: 199; 50: 95; 51: 124; 52: 35;
CLARKS: Original Desert Boot. N°1 around the world. (Schuhe)	39: 182;
Spot the similarity. Clarks Nature Trek.	44: 72;
HAPAG-LLOYD: Touristik made by Hapag-Lloyd. (Touristik)	39: 183; 47: 244;
Im Offshore-Geschäft sitzt Hapag-Lloyd an der (Öl) Quelle. Hapag-Lloyd: zu Lande, zu Wasser, in der Luft.	43: 203;
SABA: Neu: Saba Ultra HiFi: So gut wie die Teuersten. Nur nicht so teuer. Saba: Qualität aus Tradition. (Unterhaltungselektronik)	40: 6; 41: 247;
Neu: Saba Ultra HiFi: Sie werden kaum ein HiFi-Gerät finden, das so viel leistet und so wenig kostet. Saba: Qualität aus Tradition.	42: 11; 44: 249;
Neu: Saba Ultra HiFi: Extra viel Leistung muß nicht extra teuer sein. Saba: Qualität aus Tradition.	46: 11; 48: 241;
Neu: Saba Ultra HiFi: Da kostet selbst eine hochwertige HiFi-Dreierkombination kein Vermögen. Saba: Qualität aus Tradition.	50: 11;
CREST HOTELS EUROPE (Hotel)	40: 9;
G-MAN'S LINE GAINSBOROUGH: a Division of the Juvena Group. (Kosmetik)	40: 19; 42: 145; 44: 21;
CITY-PARK-HOTEL Homburg/ Saar: Für Ihre Tagungen, Konferenzen, Seminare, usw. (Hotel)	40: 81; 43: 200; 46: 150; 49: 113;
MONT BLANC: Der neue Mont Blanc Quickpen mit dem 3x1 System:	40: 177; 41: 8;

Anglizismen in deutschen und französischen Werbeanzeigen 207

Schreibt, wie Sie wollen. Mont Blanc: Die Weltmarke mit dem weißen Stern. (Stift)	
BEEFETAER LONDON DRY GIN: Take the best-take Beefeater Gin. Qualität hat seinen Preis. (Alkohol)	40: 195; 41: 60; 47: 165; 49: 147;
Der kleine feine Gin-Unterschied. Beefeater London Dry. Take the best-take Beefeater Gin. Qualität hat seinen Preis.	43: 215; 45: 46; 50: 100; 51: 88;
GRUNDIG: Super HiFi: Vorstoß in eine Welt des lebendigen Klangs. (Unterhaltungselektronik)	41: 10-11;
An seiner großzügigen Ausstattung erkennt man seine Sonderklasse: der neue HiFi-Receiver 30 von Grundig. Grundig Super HiFi: Vorstoß in eine Welt des lebendigen Klangs.	44: 234-235;
SONY: Hohe HiFi – Ansprüche verkürzen den Weg zu Sony. (Unterhaltungselektronik)	41: 43;
HARVEY'S BRISTOL CREAM (Sherry): Es gibt nichts Vergleichbares. Man erkennt ihn am Geschmack. (Alkohol)	41: 75; 43: 189; 45: 119; 47: 181; 49: 112; 51: 46;
PIONEER: Neu von Pioneer; dem größten HiFi-Spezialhersteller der Welt. (Unterhaltungselektronik)	41: 154; 44: 94; 50: 207; 52: 9;
BASF: Mehr HiFi-Originalität von BASF. BASF: Technisch weiter – hörbar besser. (Unterhaltungselekronik)	41: 219; 43: 21; 45: 21;
ESS POINT: Der neue Maßstab für Funktion und Form. (Skibindung)	42: 81; 44: 178;
CALCU-PEN: Der Star unseres Weltneuheiten- Angebotes. (Stift)	42: 149;
MBO: Extravaganzen. Creation by MBO. (Tacshenrechner)	42: 150; 44: 169; 45: 150;
NEW MAN: Vive la jeunesse, vive la	42: 170-171;

liberté, vive New Man ! Jeans-Mode mit dem "savoir vivre" der Franzosen : einmalig im Schnitt... vielfältig in den Farben... leicht und lässig am Körper... New Man: Styled by Jacques Jaunet, France. (Kleidung)	
TECHNICS: hifi. Verführung zu dem Wunder Technics. (Unterhaltungselektronik)	42: 204-205;
Am Ende aller HiFi-Suche steht das Wunder Technics. Technics hi-fi.	46: 106-107;
DUGENA: blue fire (Schmuck)	42: 224; 45: 242-243; 47: 48-49;
HIGH ZÜRS: For V.I.P.s only. Verkehrsamt Zürs/ Vorarlberg. (Tourismus)	42: 228;
TULLAMORE DEW WHISKEY: It's Irish. It tastes Irish. (Alkohol)	43: 173; 44: 112; 45: 165; 46: 96; 47: 197; 49: 62;
ONKYO: Andere machen den HiFi-Spaß „compact". Wir machen Ihn für Sie komplett. Onkyo: Die japanische HiFi-Intelligenz. (Unterhaltungselektronik)	44: 59;
Onkyo TX 2500 Servo Locked. Der erste HiFi-Receiver der Welt mit Servo-Synchronisation. Onkyo: Die japanische HiFi-Intelligenz.	46: 238;
Onkyo TX 4500 Quartz Locked. Der erste Quarz-Receiver der Welt. Onkyo: Die japanische HiFi-Intelligenz.	48: 19; 50: 141;
SIEMENS: Quality by Know-How. Siemens: Bildmeister. Siemens: Langlebige Technik – Siemens-TV. (Unterhalktungselektronik)	44: 85; 46: 101;
ROYAL CARRIBEAN CRUISE LINE: Karibik-Kreuzfahrten 76/ 77. (Touristik)	44: 118;
FIRST CLASS: Silhouette Modellbrillen. (Brillen)	44: 171; 47: 96;
JVC: JVC's „Super Portable" (Unterhaltungselektronik)	44 : 203 ; 47: 250; 49: 183; 50: 55;

LOEWE : mastersound SDK 804 oder: Warum an dieser HiFi-Dreierkombination die 80 Watt nicht das Wichtigste sind. ... lieber LOEWE: Fernsehen – Rundfunk – HiFi. (Unterhaltungseletronik)	44: 257; 48: 249;
FAIRCHILD: Für alle, die am Drücker sind: Eine elektronische Fairchild. Fairchild: Perfekt und schön. (Uhr)	45: 129; 49: 251;
PHILIPP MORRIS: American Blend ohne Filter ist so schön kräftig. Und kräftig rauchen wird ja immer exclusiver. Philipp Morris King Size. (Zigarette)	45: 229; 47: 59;
American Blend ohne Filter? Ein einziges Gedicht. Für Menschenhände viel zu schade. Philipp Morris: King Size.	49: 114;
WIRTSCHAFT & INVESTMENT ANLAGEN-REPORT: Das Fachjournal für Geldanlage seit 1957 (Zeitung)	46: 14;
TELETON: Zwei-Nationen-HiFi: deutsches Gesicht, japanisches Herz. Teleton: deutsch-japanisches HiFi. (Unterhaltungselektronik)	46: 15;
Eines der schönsten Ergebnisse deutsch-japanischer Zusammenarbeit. Teleton HiFi: deutsches Gesicht-japanisches Herz.	49: 175;
Wenn Deutsche und Japaner zusammengehen, ist höchste Perfektion zu erwarten.... Teleton HiFi: deutsches Gesicht-japanisches Herz.	51: 35;
GENERAL MOTORS: Jetzt sind sie da! Die 77er Amerikaner von General Motors. American Cars by General Motors. (Auto)	47: 145; 52: 73;
Fahren Sie anders als die anderen. American Cars by General Motors.	49: 172;
PILOT CASE: Der Original-Piloten-	47: 161;

Koffer (Koffer)	
KARLSBERG: Best-Seller Karlsberg (Bier) (Alkohol)	47: 173; 50 : 37 ;
FORBES EUROPE INC.: Own a part of Forbes' Sangre De Christo Ranch In Colorado-U.S.A. (Immobilien)	48: 12; 50: 140; 52: 124;
ORLAC: Telefon-Register und die ganze Welt des Schenkens. Im Orlac-Look. Orlac: Ordnung. Form. Funktion. (Bürozubehör)	48: 221; 49: 58; 50: 206; 51: 133; 52: 31;
TOYOTA: Corolla Lift Back 1600GSL. Styling, Stauraum, Leistung – alles Spitze. Toyota: Begeisterung auf Rädern. (Auto)	48: 239;
CITIZEN QUARTZ CRYSTON. SOLARCELL: Vorsprung in der neuen Zeitmessung. (Uhr)	50: 48;
MAI BASIC/ FOUR COMPUTER: MAI-Computer heißt Management Assistance. (Computer)	50: 229;
KENTUCKY: Kentucky International Tourism Office. (Tourismus)	53: 41;
AIR MALTA: Fliegt Sie hin. Jeden Freitag ab Frankfurt. Nonstop. (Fluggesellschaft)	53: 65;

7.5.2 BELEGBEISPIELE AUS DEM "SPIEGEL" 2001

BELEGBEISPIELE:	FUNDSTELLE:
INVESCO EUROPAFONDS: Neun europäische Prachtexemplare für Ihre Fondssammlung. Invesco Europafonds: All we do is invest. (Finanzen)	1: 2;
Invesco: All we do is invest.	4: 21;
NATURAL AMERICAN SPIRIT: Kennen Sie dieses amerikanische	1: 3;

Märchen? Natural American Spirit: Made without Additives from 100% whole leaf Virginia Tobaccos. (Zigarette)	
Was wir von „fire and forget" halten. Natural American Spirit: Made without Additives from 100% whole leaf Virginia Tobaccos.	2: 98;
Warum weniger mehr kostet. Natural American Spirit: Made without Additives from 100% whole leaf Virginia Tobaccos.	3: 19;
Was bedeutet der Indianer auf unserer Cigarettenpackung? Natural American Spirit: Made without Additives from 100% whole leaf Virginia Tobaccos.	4: 12;
Wie entsteht eine Light-Cigarette? Natural American Spirit: Made without Additives from 100% whole leaf Virginia Tobaccos.	5: 19;
Amerikas beste Cigarette? Natural American Spirit: Made without Additives from 100% whole leaf Virginia Tobaccos.	6: 19;
Warum kannten die Indianer kein BSE? Natural American Spirit: Made without Additives from 100% whole leaf Virginia Tobaccos.	8: 19;
Handarbeit passt zu unserer Philosophie: Natural American Spirit: Made without Additives from 100% whole leaf Virginia Tobaccos.	10: 152;
Natural American Spirit: Made without Additives from 100% whole leaf Virginia Tobaccos.	12: 12; 14: 104; 16: 111; 19: 12;
ACCENTURE: Beratung – Technologie – Outsourcing – Allianzen – Risikokapital. (Dienstleistung)	1: 9; 2: 147; 3: 94; 4: 187; 5: 21; 6: 39; 17: 173; 20: 155;

2007 wird Chinesisch die Web-Sprache Nr. 1 sein. Accenture: Beratung – Technologie – Outsourcing – Allianzen – Risikokapital.	12: 269; 14: 57;
ERICSSON: Die bessere Methode? Das liegt doch auf der Hand. Make yourself heard. Ericsson (Mobiltelefone)	1: 16;
YAMAHA: d-cinema. Yamaha takes cinema digital. (Unterhaltungselektronik)	1: 19; 6: 12; 10: 118; 19: 19; 23: 19; 27: 209; 32: 3; 36: 155; 40: 176;
Sound meets vision. Yamaha: d-cinema. Yamaha takes cinema digital.	14: 12;
Yamaha: Digital Home Cinema.	45: 96; 49: 197;
VIAG INTERKOM: SMS-Infoservice. Infos mobil und hochprozentig. (Netzbetreiber)	1: 25;
www.genion.de free web 2sms: Dicke Daumen waren gestern. Viag Interkom	4: 40; 7: 157;
Genion: Sie sind frei. der kürzeste Weg durch die Stadt? Fragen Sie Ihr Handy.	12: 9;
PIONEER INVESTMENTS: Die Zukunft ist etwas, worauf ich mich freue. Get more out of the future. Pioneer Investments. (Finanzen)	1: 36-37; 3: 36-37; 5: 80-81; 8: 156-157; 9: 162-163; 11: 84-85; 13: 186-187; 15: 235; 17: 195; 19: 160-161; 21: 131; 23: 10-11; 25: 143; 28: 64-65; 39: 80-81; 41: 124-125; 43: 174-175; 45: 50-51; 47: 130-131; 49: 250-251; 51: 52-53;
CITIBANK: The whole bank in one bank. (Bank)	1: 44-45; 10: 257; 11: 77; 12: 229;
Nur Citibank bietet Ihnen, was Sie wirklich brauchen: objektive Fondsberatung, unabhängig bewertet durch Standard&Poor's. Citibank: The whole world in one bank.	9: 117;
Citibank: The city never sleeps.	22: 44; 23: 181; 27: 16; 50: 37; 51: 133;
QANTAS: Weit und breit keine Kneipe,	1: 47;

keine Disco, keine Bar und trotzdem immer auf der Piste. Qantas: The Spirit of Australia. (Fluggesellschaft)	
QANTAS: Manchmal muss es um einen sehr laut sein, damit es in einem ganz leise werden kann. Qantas: The Spirit of Australia.	1: 55; 14: 102;
QANTAS: Was von oben atemberaubend aussieht, ist von unten noch viel aufregender. Qantas: The Spirit of Australia.	2: 75;
Qantas: The Spirit of Australia.	6: 124; 10: 166; 19: 173;
YELLOMILES: Bind' Dir ein Abenteuer ans Bein. Yellomiles: Let's Go Miles! (Schuhe)	1: 48; 5: 43;
Und die Straße gehört Dir. Yellomiles: Let's Go Miles!	3: 191; 13: 171;
Freiheit auf ganzer Linie. Yello Miles. Let's Go Miles!	7: 205; 10: 15;
Yello Miles: Shoes to go miles.	34: 123; 37: 207; 40: 214; 42: 171;
ABB: Stell Dich. ABB: Brain Power. (Firma)	1: 74;
BOSE: "Klangriese" .Bose: Better sound through research. (Unterhaltungselektronik)	1: 80; 5: 194; 12: 53; 18: 148; 20: 64; 31: 89; 42: 289; 48: 284;
„Klangwunder" Bose Wave Radio CD	30: 101;
„Stille hören" Bose: Better sound through research.	43: 159;
BP: Express Shopping. (Tankstelle/ Service)	1: 81; 4: 28; 16: 139; 19: 41; 25: 156;
BP Express Shopping. The Show must go on.	7: 137;
BP Express Shopping. Enjoy the feeling.	10: 178;
Fair Play! BPExpress	22: 192;

MANAGER MAGAZIN (Zeitung)	1: 88; 1: 132-133; 5: 177; 7: 192-193; 9: 132; 16: 152-153; 17: 224; 19: 262-263; 22: 259; 24: 174-175; 26: 153; 28: 186-187; 30: 135; 32: 178-179; 35: 151; 37: 196-197; 39: 144; 41: 220-221; 44: 129; 46: 168-169; 48: 177; 50: 186-187; 52: 160;
TAMRON: Megazoomtechnologie vom Feinsten. (Fotorechnik)	1: 83; 2: 117; 6: 215; 10: 198; 11: 123; 12: 92; 14: 174; 15: 138; 16: 97; 29: 185; 30: 19; 31: 3; 32: 110; 33: 19; 35: 213;
Tamron: Das Mini Megazoom.	36: 19; 37: 206; 40: 182; 41: 216; 45: 240; 46: 19; 47: 168; 51: 188;
WWW.MANAGER-LOUNGE.COM: Prestige. Jetzt online. Wir bringen Spitzen-Führungskräfte und Topunternehmen zusammen. Nicht die meisten. Aber die Besten. (Internet/ Service)	1: 108-109;
Erste Geige. Jetzt online. manager-lounge. Das Erfolgs-Netzwerk.	7: 54-55; 14: 142-143; 20: 190-191;
Ruhm und Ehre. Jetzt online. manager-lounge. Das Erfolgs-Netzwerk.	8: 122-123;
Lorbeeren. Jetzt online. manager-lounge. Das Erfolgs-Netzwerk.	10: 172-173; 16: 118-119;
Prestige. Jetzt online. manager-lounge. Das Erfolgs-Netzwerk.	15: 292-293; 18: 52-53; 21: 192-193;
manager-lounge: Es kann nur einen geben...	52: 169+171;
EXTR@COM: Mehr als Kommunikation. (Internet/ Service)	1: 111; 2 : 43 ; 3 : 139 ;
LIVINGATHOME.DE : Alles unter einem Dach. Ihr Zuhause im Internet. (Zeitung/ Internet)	1: 112; 3: 165; 7: 215; 9: 189; 12: 305; 16: 217; 42: 295;
GIRSBERGER: sitting smart (Stühle)	1: 171; 5: 16; 7: 208; 11: 218; 36: 163; 38: 244; 41: 15; 45: 175;
D2: High Speed Data. D2_live dabei. (Netzbetreiber)	1: 172; 2: 45; 3: 155;

D2_Roaming. D2_live dabei.	4: 49;
D2_Profi Pakete. D2_live dabei.	6: 167; 14: 162;
D2_Tarife. D2_live dabei.	8: 61;
D2_eMail. D2_live dabei.	18: 179;
D2_Sun. D2_live dabei.	22: 226; 25: 89; 26: 137; 42: 21;
Vodafone_Eurocall. D2_live dabei.	37: 77; 40: 21; 41: 213; 46: 109; 48: 97; 50: 156; 52: 9;
D2_Load-A-Game. D2_live dabei.	44: 136; 46: 243;
GPRS_World D2/ vodafone: D2_live dabei.	51: 95;
AVENTIS: Wir entwickeln neue Impfstoffe und Impfstoff-Kombinationen. Damit unsere Kinder sorgloser aus den Kinderschuhen wachsen können. Aventis: Our challenge is life. (Forschung/ Dienstleistung)	2: 6-7;
AVENTIS: our challenge is life	6: 59; 10: 222-223; 12: 156-157; 19: 64-65; 22: 240-241; 25: 74-75; 36: 220-221; 39: 62-63; 42: 132-133; 45: 40-41; 49: 10-11;
DEKA INVESTMENTS: Wählen Sie auf Knopfdruck unsere leckersten Fondskonzepte aus. Da ist mehr für Sie drin. (Finanzen)	2: 17; 4: 37;
Deka Investmentfonds	6: 200; 7: 151; 23: 40-41; 26: 37; 28: 196; 35: 40-41; 36: 47; 38: 67; 47: 10-11; 48: 55; 50: 231; 52: 163;
Deka Vermögensmanagement	8: 21; 10: 57; 12: 69; 13: 89;
Deka Immobilien Investment	18: 99; 19: 168;
SAP: Höchste Zeit für eine *neue* "New Economy". (Eine, die endlich Gewinne macht.) The best-run e-businesses run SAP. (Dienstleistung)	2: 18; 4: 159; 9: 37; 11: 51; 13: 223;

Stammkunde wird man nicht aus Zufall. (Sondern aus Überzeugung.) The best-run-e-businesses run SAP.	14: 83;
The best-run e-businesses run SAP.	15: 141; 17: 25; 19: 188; 20: 45; 24: 145; 28: 51;
VOLVO: for life (Auto)	2: 41; 3: 137; 4: 2; 6: 27; 7: 49; 8: 235; 10: 10-11; 11: 62-63; 13: 48-49; 14: 141; 15: 199; 16: 135; 17: 127; 18: 198; 19: 136-137; 20: 67; 40: 133; 41: 268-269; 42: 146-147; 43: 82-83; 47: 40-41; 48: 106-107; 49: 256-257; 50: 72-73;
Upgrade your life. Volvo: for life.	32: 80; 33: 177; 34: 58; 36: 71; 37: 2; 38: 191; 40: 233;
KETTLER: Cross-Trainer Cosmos GT. Kettler Freizeit Marke. (Sportgerät)	2: 55;
THALES: Luftfahrt. Verteidigung. Informationstechnologien & Services. (Dienstleistung)	2: 97;
WEST LB: Effiziente Betreuung für institutionelle Kunden. 360°-Betreuung für Ihren Erfolg. Aus einer Hand. (Bank)	2: 100;
Ausgezeichnetes Countertrade und commodity Financing. Neue Märkte erschließen. Durch kreative Strukturen.	11: 27;
Professionals in Syndicated Loans. West LB	13: 161;
West LB: new issues for the new e-conomy.	22: 129;
Teamwork für Ihren Erfolg: West LB	37: 159; 38: 87; 40: 151; 42: 89; 45: 155; 46: 89; 48: 193; 50: 105;
AOL: Schau mal, so klein und schon im Internet. zuhause@AOL.com. (Internet)	2: 111;
Bei AOL: Fotos innerhalb der eMail verschicken. AOL: Im Internet	2: 113;

zuhause.	
AOL: Im Internet zuhause.	5: 56-57; 6: 212-213; 7: 52-53; 22: 237;
AOL Homebanking. Im Internet zuhause.	11: 52-53; 12: 162-163; 13: 211; 18: 136; 20: 177;
Mehr als günstig! Mehr Speed. Mehr Spaß. Ganz einfach mit AOL. (High Speed AOL DSL flat)	33: 188; 34: 35; 35: 67;
FLASHBOOKS PROFESSIONAL CORRESPONDENCE: Alles für englische Korrespondenz. (Sprachen)	2: 117;
DIREKT ANLAGE BANK: Und wie alt wollen Sie werden, bis Sie Ihren Bankberater feuern? Direkt Anlage Bank: Die Bank sind Sie. (Bank)	2: 137;
VW: „Auch wenn ich nicht auf der Überholspur lebe, heißt das nicht, dass ich nicht ab und zu auf ihr fahre." Der Golf V6 4Motion. Generation Golf. (Auto)	2: 138;
„Ich war niemals schwanger, Mutter bin ich trotzdem geworden." Der Golf Variant. Generation Golf.	4: 90;
Auch Eltern brauchen Halt. Das Allradsystem 4Motion. Der Sharan 4Motion. Volkswagen	15: 68-69;
SONY: Noch nie war Musik so nah. Sony Super Audio CD. Go create. Sony. (HiFi-Zubehör)	2: 141;
Sony: go create	22: 87; 22: 225; 23: 209; 24: 199; 25: 79; 25: 119; 26: 11; 27: 39; 28: 181; 30: 39; 30: 149; 31: 13; 32: 35; 35: 53; 38: 239; 41: 113; 42: 143; 43: 199; 44: 21; 46: 93; 47: 2; 48: 219; 49: 253; 50: 207; 51: 235; 52: 27;
SAMSUNG: Samsung Electronics – Das Samsung-Digitalerlebnis. Samsung Digit*all*: everyone's invited.	2: 151;

(Unterhaltungselektronik) Samsung: Willkommen in der digitalen Welt von Samsung. Samsung Digit*all*: everyone's invited.	6: 45;
ENTRIUM: Online gibt es mehr Zinsen! Das Online Tagesgeld. Entrium: Direct Bankers AG (Bank)	2: 169; 4: 117; 7: 178; 12: 312; 15: 130;
Nutzen Sie die hohe Rendite-Chance von Aktien mit der Sicherheit von Fonds. Entrium: Direct Bankers AG	3: 49;
Entrium: Direct Bankers AG	5: 67; 8: 197; 9: 170; 10: 47; 17: 91; 19: 258; 23: 12; 26: 103; 28: 159; 47: 188;
Gebührenvergleich leicht gemacht... Entrium Discount Broking. Entrium: Direct Bankers AG	14: 41;
ROLF BENZ: Manche Kunst offenbart sich nur Kennern. Andere auf den ersten Blick. Rolf Benz: Living at ist best. (Designermöbel)	2: 178; 13: 87; 41: 89;
ERDGAS: Ist bequem und macht einen guten Job. erdgas – Voll im Leben. ruhrgas – Wir stehen für Erdgas. (Energie)	3: 9; 13: 189; 19: 147; 29: 9; 43: 179;
MERCEDES-BENZ: In 30 Jahren ändert sich alles. Nur Ihr Mercedes Benz hat noch immer Garantie. Mercedes-Benz: Die Zukunft des Automobils. (Auto)	3: 10-11;
Im Motorsport getestet – jetzt in Serie: der Express-Service. Mercedes-Benz.	19: 34-35; 21: 66-67; 23: 98-99; 39: 98-99; 41: 72-73;
Mercedes Design: Mercedes Benz: Die Zukunft des Automobils.	29: 4-5;
Die E-Klasse. Der beliebteste Geschäftswagen deutscher Manager. Mercedes Benz: Die Zukunft des	31: 90-91; 34: 4-5; 38: 4-5;

Automobils. www.mercedes-benz.de: Gebrauchtwagen direkt im Internet kaufen. Mercedes Benz.	37: 48-49;
Ganz gleich, wo Sie sind. Wir sind immer bei Ihnen. Das Mercedes-Benz Portal ist immer online. Mercedes-Benz: Die Zukunft des Automobils.	46: 56-57;
Das Mercedes-Benz Portal ist online. Mercedes Benz: Die Zukunft des Automobils.	49: 188-189;
AXA: Axa und Existenzgründung. The Future. Together. Now. AXA. (Dienstleistung)	3: 13; 6: 43; 9: 122; 12: 77; 15: 84; 19: 218; 23: 117; 26: 90; 29: 47; 32: 146; 35: 177; 45: 33; 47: 37; 49: 201; 51: 9,
ORACLE: $ 1.000.000.000 sparte Oracle in einem Jahr – mit der eigenen E-Business Suite! Wieviel sparen Sie? Oracle Software powers the internet. (Software)	3: 15; 5: 185; 7: 128;
Oracle Software powers the internet.	12: 201; 16: 203; 19: 164; 39: 43; 43: 183;
@RATING: Ein Zeichen setzen. Für Bonität im e-Commerce. (Internet/ Service)	3: 16; 8: 191; 12: 294; 16: 93; 20: 171;
BROADNET: Damit Ihre Daten schneller weiterkommen. (Internet)	3: 33;
LUFTHANSA. (Specials.) There's no better way to fly. (Fluggesellschaft)	3: 41; 4: 119; 6: 101; 7: 196; 11: 15; 12: 21; 13: 133; 14: 80; 17: 10-11; 18: 195; 21: 28-29; 23: 166-167; 24: 40-41; 25: 211; 26: 43; 27: 21; 27: 71; 29: 59; 36: 114-115; 37: 109; 38: 45; 47: 175; 48: 131; 49: 47;
ORANGE: Orangeprint for the future. (Technik) Die Zukunft mit WIREFREE wird schneller Wirklichkeit, als wir erwartet haben.	3: 43; 4: 161; 5: 139; 3: 45; 4: 163;
orange: share offer.	5: 141; 6: 159; 6: 161;
WEST: Medium. Test it! (Zigarette)	3: 51; 8: 99;

Test it. West Power Lights Edition.	24: 201;
TOSHIBA: Bluetooth: so einfach wie rüberrufen. Choose freedom. Toshiba. (Technik/ Unterhaltungselektronik)	3: 53; 6: 80-81; 11: 21; 15: 9; 17: 84-85; 19: 55; 22: 254-255; 27: 168-169; 31: 96; 33: 145; 35: 9; 37: 191; 39: 87; 40: 197; 41: 203; 42: 179; 43: 233; 45: 79; 47: 149; 49: 57;
Die stärksten Verbindungen sind unsichtbar. Wireless solutions from Toshiba: Easy links to freedom. Choose freedom: Toshiba.	5: 166-167; 7: 161; 10: 230-231; 13: 230-231;
Selbst Notebooks haben Heimweh. Choose freedom. Toshiba.	9: 58-59;
FAZ NET: The first smart site. (Zeitung/ Internet)	3: 60-61; 4: 180-181; 6: 190-191;
Im Internet finden Sie Angebote ... FAZ Stellenmarkt	12: 231;
CISCO SYSTEMS: Entdecken Sie jetzt bei Cisco.de, was im Internet alles möglich ist.. Cisco Systems: Empowering the Internet Generation. (Internet/ Dienstleistung)	3: 63; 4: 205; 5: 109; 6: 57; 7: 25; 8: 183;
SMART: smart Gebraucht- und Jahreswagen mit Garantie. Jetzt in Ihrem smart center. (Auto)	3: 65; 5: 204; 7: 219;
der schnellste Wendekreis in seiner Klasse. smart & pulse.	10: 54-55; 13: 4-5; 31: 34-35;
smart & passion	11: 10-11;
smart & pure	18: 42-43;
>> Goodbye, Mini: smart.	36: 10-11;
smart: Always New Perspectives.	43: 40-41; 45: 80-81;
UNITED TECHNOLOGIES: Endlich eine Firma, die aus einem virtuellen Geschäft echtes Geld macht. United Technologies: Next Things First. (Dienstleistung)	3: 75;
United Technologies: Next Things	6: 163; 8: 115; 12: 99;

First. (Otis, Carrier, Pratt&Whitney, Sikorska, Hamilton Soundstrand, International Fivel Cells)	
SRI LANKAN AIRLINES: Tee, Fairway, Golfplatz. (Fluggesellschaft)	3: 76;
Sri Lankan Airlines	4: 198; 8: 223; 11: 192;
FUJITSU: das Internet kann Sie mit Millionen von Kunden in Kontakt bringen. Warum fühlen Sie sich dann so allein? Fujitsu: The possibilities are infinite. (Technik)	3: 100-101;
Fujitsu: The possibilities are infinite.	5: 46-47; 7: 170-171; 37: 214-215;
desire²: Fujitsu computers siemens.	48: 258; 49: 93; 50: 237; 51: 149;
NOKIA: WAPsimpeln über das Neuste vom Sport. NOKIA: connecting people. (Mobiltelefon)	3: 125; 7: 179;
Der Renner. Auf dem Datenhighway. NOKIA: connecting people	5: 203;
NOKIA: connecting people	18: 27; 19: 151; 20: 229; 25: 231; 28: 29; 30: 163; 32: 125; 34: 196; 45: 84; 47: 143; 48: 171;
LEOLUX: Our Dreams… (Möbel)	3: 144; 12: 321;
LIBRI.DE: Wir haben keine computeranimierte 3-D-Cyber-Einkaufsberaterin. Bücher brauchen Wirklichkeit. (Internet/ Dienstleistung)	3: 163; 13: 159; 15: 229;
Bei uns dauert online-shopping deutlich länger. Bücher brauchen Wirklichkeit. libri.de	6: 231;
Bei uns dürfen Sie Ihre Internet Bestellung sogar selbst abholen. libri.de	10: 245; 12: 57; 25: 13;
Wer bei uns im Internet bestellt, darf sich sogar an der Kasse anstellen. Bücher brauchen Wirklichkeit. libri.de	14: 218; 16: 147;

Die einzige Internet-Buchhandlung, die 900 reale Adressen hat. libri.de	19: 241; 20: 196; 22: 172; 28: 106; 30: 179; 34: 103; 39: 193; 41: 169; 42: 269; 43: 13; 44: 209; 52: 113;
BOERSE-STUTTGART: Wissen, wo man handelt. Be a bull. (Finanzen)	3: 175; 5: 62; 13: 51;
Invest 2001. Be a bull. bourse-stuttgart.	7: 229; 8: 130; 9: 177;
Investment Coach. Be a bull. Boerse Stuttgart.	11: 39;
SIEMENS: Multimedia inklusive. Siemens: be inspired. (Technik)	3: 179; 4: 101; 5: 54;
www.siemens.de/career	4: 120; 6: 216; 18: 217; 29: 105;
Ihr Gepäck hat Priority. Und Ihre E-Mails nicht? Mobile business. Siemens	11: 88-89;
Unterbrich Mozart. SL45. Be inspired. Siemens	11: 134; 14: 109-111;
Siemens Surpass. Der Schlüssel zum Next Generation Internet. Mobile Business.	12: 138;
Beende Deinen Nachtisch – S35i Silver Edition. Siemens.	15: 190;
Siemens: Be inspired.	16: 181; 16: 183; 17: 143; 36: 16; 37: 185; 38: 193; 39: 183; 40: 185; 41: 75; 42: 103; 43: 240-241; 44: 187; 45: 73; 46: 51; 47: 120-121; 49: 105;
ESCP-EAP: The 7th European Management Conference. 9th to 11th April 2001 in Paris. Students apply now online at www.perspective-europe.org. ESCP-EAP: A student initiative (Konferenz)	3: 195;
ESCP-EAP (European School of Management. Chambre de Commerce et d'industrie de Paris): Learn	51: 166;

everywhere. Manage anywhere.	
DEUTSCHE BA: Sogar der Adler fliegt mit uns. Deutsche BA: Deutschlands demokratische Airline. (Fluggesellschaft)	3: 200; 4: 69; 5: 114;
Deutsche BA: Deutschlands preiswerte Airline	18: 227; 19: 2; 20: 91; 21: 43; 22: 201; 23: 127; 27: 61; 29: 135; 30: 68; 32: 39;
Deutsche BA: Die Airline mit der guten Atmosphäre.	33: 187; 35: 207;
MICROSOFT: Windows 2000 und Exchange 2000: 2549,- unverbindliche Preisempfehlung. Sieht aus wie Euro, ist aber DM. Der Preis für unser Internet- und Kommunikationspaket. (Computerzubehör)	4: 4-5;
die reiseapotheke für manager. Microsoft	7: 64-65; 10: 42-43;
Das neue Office XP ist da. Microsoft Office XP: work smart.	22: 54-57;
Das neue Office XP ist da. Jetzt updaten. Microsoft Office XP: work smart.	23: 49; 27: 42; 29: 153;
Microsoft Office XP: work smart.	25: 53; 33: 39-40; 35: 104-105; 37: 227; 39: 132;
AMERICAN EXPRESS: Travelers Cheques. Don't leave without them. (Finanzen)	4: 15; 5: 41; 7: 113; 8: 113; 11: 255; 13: 78; 15: 145; 16: 131; 30: 2; 32: 117; 34: 54;
Neu: Blue von American Express	17: 209; 18: 111; 23: 37;
One Europe. One Currency. One Color. Neu: Blue von American Express.	39: 221;
Confused? Go home! American Express.	41: 253;
Wann ist Ihr €-Tag? Euro Travelers Cheques. Schon heute erhältlich. American Express.	42: 149; 44: 104; 46: 116; 48: 221; 49: 84; 50: 10;

do more: American Express	45: 237+239+240; 47: 233-237; 51: 213+215+217;
SYSTRACOM.DE: Vergiss Monopoly. Time is money. systracom.de: Professional Brokerage. (Finanzen)	4: 45; 8: 29;
IBERIA: Nur gute Betten kommen in den Himmel. Iberia stellt Ihnen neue First-Class vor. Iberia: Die Nr. 1 für Spanien und Lateinamerika. (Betten)	4: 55; 5: 193; 6: 196;
EMAS: Geprüftes Umweltmanagement. Wir setzen ein Zeichen. (Dienstleistung)	4: 56; 5: 58; 20: 119; 22: 22: 149;
DEUTSCHE BANK 24: Traditionelles Ansparen. Chancenreicher Vermögensaufbau mit Festzins-Plus und DWS PlusInvest. Für alle, die noch etwas vorhaben. (Bank)	4: 60; 5: 53; 6: 168;
Private Banking. Made by Deutsche Bank. Leading to resuts. Deutsche Bank.	5: 38-39; 7: 162-163; 8: 207; 10: 21; 26: 17; 27: 100; 28: 149;
Mit neuem Drive das Ziel erreichen... Weitsicht. Leading to results. Deutsche Bank. Private Banking.	11: 95
The same procedure as every year. DWS Die Wertpapier Spezialisten. Deutsche Bank Gruppe.	12: 4-5; 13: 152-153;
Deutsche Bank 24, max blue: das Online Investment Center.	14: 9; 15: 157; 16: 11; 18: 51; 20: 2; 22: 147; 23: 81; 25: 77; 26: 53; 28: 9; 29: 171; 48: 85; 49: 179;
Weg mit den Barrieren. Neue Ideen brauchen Raum. Wo ist die nächste Chance? Frische Ideen. Leading to results. Deutsche Bank.	15: 36-37;
Welcher Fondsgesellschaft vertrauen Sie Ihr Geld an? DWS: die wertpapier-Spezialisten. Deutsche Bank Gruppe	15: 187;

Deutsche Bank: Leading to results.	19: 4-5; 20: 35; 22: 15; 23: 67;
Innovation & Performance. Leading to results. Deutsche Bank: Private banking.	24: 15;
MITSUBISHI: Unsere Antwort auf Mission Impossible. Mitsubishi Motors. Innovation in Bewegung. (Auto)	4: 103-114;
Mitsubishi: Space Star: Passt in Ihr Leben. Mitsubishi Motors: Innovation in Bewegung.	39: 107; 41: 157; 43: 33; 45: 107;
OPEL: Zafira. Der Erste. Außen kompakt. Innen Van. (Auto)	4: 142-143; 6: 164-165;
Schneller, bequemer, günstiger. Neuwagen von Opel. Ab sofort unter www.opel.de: webk@auf, die Internetseite für den Neuwagenkauf. (Internet/ Auto)	12: 95;
Der neue Corsa. Wohlfühlprogramm für Aufsteiger. Sie mögen's gern komfortabler? Holen Sie sich einfach den Corsa mit tollen Extras als Sondermodell Selection oder als Selection Comfort. Wann testen Sie die Nr.1? Opel.	14: 64;
FORD: Perfekt wäre ein Transporter, der auch leicht beladen bessere Traktio bietet. Dank Frontantrieb. Der neue Ford Transit. Jetzt wahlweise mit Front- oder Heckantrieb. Die neue Generation Ford Transit. Besser ankommen. Ford. (Auto)	4: 153;
Arbeiten, wo andere Urlaub machen. der neue Ford Transit Euroline Office. Die neue Generation Ford Transit. Besser ankommen. Ford.	6: 102; 20: 265;
IPS: intelligent protection system. Ford: Besser ankommen.	11: 2;

Ford Telematics. Besser ankommen. Ford.	18: 59;
Intelligenter Schutz für ihre Sicherheit. IPS Intelligent Protection System. der neue Ford Mondeo. Ford: besser ankommen.	38: 101;
100% Onroad, 100% Offroad. Der neue Ford Maverick. Besser ankommen: Ford.	41: 123; 44: 171; 49: 54-55;
ŠKODA: Ergonomie bedeutet, alles mit geschlossenen Augen zu finden. Design ist, wenn man trotzdem hinschaut. Škoda Fabia Combi: Emotion neu definiert. (Auto)	4: 167; 12: 279;
Cleverer Diesel trifft intelligenten Allradantrieb. Škoda Octavia Combi 4x4	11: 205; 15: 213; 39: 123;
Platz für alles, was mit muß. Zum Beispiel eine Extraportion Fahrspaß. Škoda Octavia Combi	19: 181;
DIE BUNDESREGIERUNG: Name it! Win it! (Gewinnspiel der Bundesregierung)	4: 173;
Wer gewinnt den Web-Bewerb?	8: 71;
Wer surft, der findet: Findolin.	13: 122;
Neues zum Tag der Arbyte.	18: 79;
WORLD ONLINE: Die ganze Welt im Internet. (Internet)	4: 177; 8: 73; 10: 157;
12MOVE: one, two, move! Einfach, schnell ins Internet. (Internet)	4: 185; 16: 123; 20: 222; 24: 123; 25: 183;
Pflegt die Hände schon beim Surfen. Einfach, schnell ins Internet. one.two.move (World Online)	8: 94;
Klar mag ich ins Internet. Nur leicht	12: 91;

muß es sein. Einfach, schnell ins Internet, one, two, move!	
MARLBORO: Come to Marlboro Country. (Zigarette)	4: 188; 6: 235; 8: 76; 14: 221;
Come to where the flavor is. Marlboro.	10: 232; 34: 195;
Come to where the flavor is. Come to Marlboro Country.	19: 242; 52: 116;
TOYOTA: Der Toyota Yaris Sieger mit Crash-Test. Nichts ist unmöglich. Toyota. (Auto)	5: 2;
Der Toyota Corolla Limited. Nichts ist unmöglich. Toyota.	6: 76;
IBM: Das Buch des e-Business. Kapitel 2: Schlechte Ideen werden online nicht besser. (Dienstleistung)	5: 4-5; 6: 186-187; 8: 175; 12: 287; 14: 96;
e-business: Auch wenn's drunter und drüber geht, sollte Ihre IT-Infrastruktur standhaft bleiben. IBM	10: 109;
Ihre Mission: Eine bessere Software zu finden. IBM: In einer neuen Welt braucht man eine neue Software.	16: 2-4; 16: 187;
Websphere für mehr Speed. IBM: e-business software.	24: 27; 25: 177;
Das IBM Thinkpad Erlebnis 106: IBM.	47: 55;
DEGUSSA: dmc² (Degussa Metals Catalysts Cerdec). Die Zukunft steckt im Detail. (Technik)	5: 10-11; 8: 220-221; 17: 30-31; 18: 83;
Wer macht das Multimedia-Handy möglich? dmc². Die Zukunft steckt im Detail.	6: 127;
Die neue Degussa: Innovativ, dezentral, kundenorientiert, marktnah. Punkt.	7: 10-11;
LANDESBANK BADEN-	5: 25;

WÜRTTEMBERG: Ein Unternehmen mit Tradition oder mit Zukunft? Wieso eigentlich oder? Landesbank Baden Württemberg. Investment Banking. (Bank)	
UUNET: a world com company. Intelligenz kennt keine Grenzen. There is an intelligent choice. (Dienstleistung)	5: 437;
Die Zukunft ist heute. There is an intelligent choice. UUNET: A worl com company	6: 181; 8: 106; 10: 165; 11: 142; 12: 205;
NEC/ MITSUBISHI: ambix: Über die Anschlusstechnik von morgen sind wir schon heute im Bild. Quality is visible. Nec/ Mitsubishi (Electronics Display) (Unterhaltungselektronik)	5: 144-145; 7: 74-75; 10: 200-201; 13: 62-63; 18: 153; 19: 153; 20: 263; 21: 39; 22: 197; 24: 115;
Big brother. Imagination. Solutions. Nec.	11: 199; 12: 137; 12: 177; 13: 45; 13: 151;
ONLINE TODAY: Beats and Bytes! Jetzt jeden Monat in Online Today das Neueste über Musik-Stars, MP3, Napster&Co. (Zeitung)	5: 182; 10: 204; 14: 235; 23: 224-225;
@online today: So einfach ist das.	35: 173; 39: 159; 43: 251;
TV TODAY: 14 Tage TV-Programm (Zeitung)	5: 199;
Start-up! TV Today.	7: 206;
Erster! Für Sie aus dem Internet: Erleben Sie in TV Today die Highlights zu Stars, TV, Kino und Musik.	9: 174-175;
The Oscar goes to...! TV TODAY	11: 194-195;
Statt Eier suchen, Filme finden. Nur bei TV TODAY: Das prall gefüllte TV- und Internetprogramm zu Ostern.	13: 243;
Shoppen mit der Fernbedienung. TV TODAY	15: 255;
TV TODAY	21: 150-151; 23: 238-239; 25: 227; 35:

Anglizismen in deutschen und französischen Werbeanzeigen 229

	185; 37: 224; 39: 261; 41: 263;
BASF: Innovativ denken. Verantwortlich handeln. (Firma)	6: 10-11; 8: 81;
MANDARINA DUCK: Legend of Frog Trolley. (Koffer)	6: 15; 8: 74-75; 13: 178; 17: 59; 36: 21;
Legend of Hera Bag. Mandarina Duck.	11: 86;
Mandarina Duck: Legend of Task Bag.	15: 243;
Mandarina Duck: Unica Bag.	38: 59;
Frog Trolley. Mandarina Duck.	43: 60;
DRESDNER BANK GRUPPE: dit. der fondsmanager. (Finanzen)	6: 16; 25: 60-61; 26: 96-97; 27: 154-155; 30: 58-59; 31: 108-109; 33: 66-67; 35: 148-149;
Safety first: Dresdner Bank: Die Beraterbank.	20: 137; 21: 16; 25: 105; 29: 21; 32: 104; 34: 21; 36: 95;
TELE2: Preselection. Lieber Vorspiel statt Vorwahl. (Telekommunikation)	6: 21;
AGILENT TECHNOLOGIES: Dreams made real. Agilent Technologies: Innovating the HP way. (Technik)	6: 40-41; 9: 158-159; 11: 229; 13: 121; 16: 57; 19: 85; 22: 219; 25: 189; 37: 89;
AIR PLUS INTERNATIONAL: Now you can. Onlinelösungen und Kartensysteme für das tägliche Management von Geschäftsreisen. (Reise)	6: 50-51; 15: 27; 19: 187; 39: 104; 41: 271;
KYOCERA MITA: The best solution. That's what I want. (Dienstleistung)	6: 72; 8: 9; 10: 122; 11: 196; 46: 143; 47: 132; 48: 49; 49: 137; 50: 145; 51: 45;
Ohne Punkt geht nichts. Ohne dot components von Kyocera auch nicht.	8: 134; 12: 222;
Die neue Kyocera Finecam S3. Kyocera: The best solution. That's what I want.	41: 241;
SHARP: Träume leben – wie nie zuvor. Bringing LCD to life. Sharp. (Unterhaltungselektronik)	6: 75; 9: 110-111; 11: 210-211; 12: 296; 13: 107; 19: 185; 20: 113; 36: 2; 38: 85; 44: 95; 48: 201;
GRUNDIG: The Arts Vision: Grundig:	6: 93; 8: 95;

Event yourself! events today provided by Grundig. (Unterhaltungselektronik)	
E-PLUS: Der TarifCheck: Damit bin ich immer im günstigsten Professional-Tarif! e-plus: Genau meine Welt. (Netzbetreiber)	6: 175; 7: 115; 9: 16; 11: 209; 13: 39;
SMS-To-Speech/ SMS vom Handy ins Festnetz. das kann sich hören lassen. e-plus: Genau meine Welt.	10: 197; 12: 114; 16 : 195 ;
Professional e-plus. Genau meine Welt.	15 : 83 ;
Professional Data. Gute Nachrichten fürs mobile Business. e-plus.	20 : 247 ;
T-D1: Gut für's Geschäft. Zukunft wird aus Ideen gemacht. (Netzbetreiber)	6: 207;
T-D1 Company	7: 35; 15: 107; 17: 149; 19: 97; 21: 133;
T-Motion von T-D1: Einfach mehr online für unterwegs. T-D1: Zukunft wird aus Ideen gemacht.	8: 213; 10: 61; 14: 169;
World Class von T-Mobile	31: 10-11; 33: 119; 35: 91; 37: 149;
Das Geschäft liegt auf der Straße. Endlich unterwegs mobil vernetzt. Mit Mobile Business Solutions. T-Mobile.	41: 167;
Man liest, wo man kann. Überall unterwegs E-Mails bearbeiten. Mit Mobile Business Solutions. T-Mobile.	43: 189;
Hier wird gearbeitet! Unterwegs schnell auf Daten zugreifen. Mit Mobile Business Solutions. T-Mobile.	45: 151;
T-Mobile	46: 21;
Zukunft made by T: Deutsche Telekom.	48: 56-57;

Dynamik made by T. Deutsche Telekom.	49: 122-123;
Ganz schön smart: der günstige Telly Smart Tarif: T-Mobile.	50: 143;
High speed made by T. Deutsche Telekom.	51: 218-219;
LUCKY STRIKE: sonst nichts (Zigarette)	7: 2; 20: 276; 26: 49; 34: 157; 38: 280; 43: 74; 50: 76;
Die einzige Lights mit Luckies. Lucky Strike Lights. Sonst nichts.	12: 208;
ALLEN EDMONDS: The Handcrafted World of Allen Edmonds. (Schuhe)	7: 12; 10: 99; 13: 3; 16: 94; 39: 273; 42: 102; 44: 19; 46: 61; 48: 222;
EUSOVIT: fit for life! (Gesundheit)	7: 13; 10: 199;
BAYERISCHE LANDESBANK: Global Network (Bank)	7: 21; 39: 91;
Local market. Bayerische Landesbank	11: 175; 41: 179;
High flyer: Bayerische Landesbank	15: 197;
Performance: Bayerische Landesbank	17: 103;
Cash flow. Bayerische Landesbank	20: 43; 45: 83;
blue chip: Bayerische Landesbank.	43: 51;
Strong standing. Bayerische Landesbank.	47: 251;
LIGHTSTYLE: Licht verändert Räume. (Fachmesse für Wohnraumleuchten)	7: 44; 10: 64; 15: 81;
XEROX: The Digital Document Company. (Computerzubehör)	7: 59; 8: 161-165; 9: 33; 10: 211-215; 11: 163; 12: 171-175; 13: 21;
3COM: 3com Super Fast Ethernet. 3com. Simple sets you free. (Technik)	7: 83; 8: 198; 25: 182; 26: 89;
HANNOVER MESSE: Go for the future. Visions: The Power of Industry. (Messe)	7: 146-147; 9: 42-43; 10: 188-189;
RICOH: Whatever you print.. Ricoh: We're in your corner. Ricoh: Image	7 : 189 ;

communication. (Computerzubehör)	
HARVARD BUSINESS MANAGER : Managementprobleme gibt es viele. Gute Lösungen nur wenige: Harvard Business Manager. (Zeitung)	7: 235; 8: 215; 14: 229;
Wettlauf um die Zukunft. Mit dem richtigen Training kein Problem. Harvard Business Manager.	17: 239;
Leadership. Auch in Sachen Management: Harvard Business Manager.	24: 235; 25: 217; 32: 160; 35: 195;
Harvard Business Manager: Willkommen in Harvard..	42: 291; 52: 141;
BREITLING: Instruments for Professionals. (Uhr)	8: 2; 11: 256; 17: 255; 19: 3; 25: 3; 27: 211; 31: 9; 34: 19; 39: 127; 42: 303; 44: 125; 48: 295; 51: 19;
Breitling 1884 Old Navitimer: Instruments for Professionals	14: 3; 37: 3; 40: 19; 46: 12;
BUGATTI: fresh concept (Kleidung)	8: 3; 11: 203; 15: 3; 32: 12;
Gore-Tex Summer Concept by bugatti.	13: 12;
LAND ROVER: Der neue Land Rover Freelander mit V6 Motor. (Auto)	8: 4-5; 10: 144-145; 12: 152-153; 14: 164-165; 16: 64-65;
Solche Links-Rechts-Kombinationen nimmt der Land Rover Discovery mit Links.	19: 144-145;
Die Island Experience Tour 2001. Land Rover.	20: 21; 21: 181;
Land Rover Discovery	22: 83; 23: 32-33; 25: 9;
Land Rover Freelander	37: 135; 40: 143; 42: 137; 46: 163; 48: 240;
A girl's best friend; a man's best friend. The New Range Rover: Girl's and man's best inspiration. Land Rover.	49: 101+103; 52: 65+67;

FINN COMFORT: Made in Germany. Der Schuh zum Wohlfühlen. (Schuhe)	8: 13; 10: 76; 12: 281; 16: 199; 18: 213; 34: 13; 35: 13; 36: 37; 37: 230; 39: 119; 41: 13;
Willkommen in der FinnComfort-Klasse. Finn Comfort: Made in Germany. der Schuh zum Wohlfühlen.	14: 13;
FRAPORT: Die Airport-Manager. Fraport (Frankfurt Airport Services Worldwide)	8 : 40-41 ; 9: 24-25; 10: 158-159; 12: 254-255; 14: 58-59; 17: 60-61; 18: 56-57; 19: 140-141; 20: 178-179; 21: 58-59; 22: 10-11; 23: 60-61;
NEUERMARKT.COM : your access to europe's economy (Internet/ Dienstleistung)	8: 45; 11: 61; 13: 207; 15: 53;
Internationale Märkte/ Research/ Kurse und Charts/ Analysetools/ Unternehmenscheck. neuermarkt.com; your acces to europe's economy.	9: 179;
COMPAQ: ...und der Server wächst mit. Compaq: Inspiration Technology. (Technik)	8 : 53; 10: 45; 12: 261; 15: 247; 29: 57; 30: 83; 31: 33; 41: 95+97; 42: 191+193; 43: 167+169; 44: 53+55; 48: 105; 49: 181; 50: 123; 51: 165;
ADIG Investment : Gut für Ihr Geld. (Finanzen)	8: 59; 9: 153; 12: 100; 47: 124-125; 48: 132-133; 49: 58-59; 50: 200-201; 51: 155;
ADIG New Power. ADIG Investment : Gut für Ihr Geld.	13: 77;
POLO: life can be so simple (Zigarette)	8: 65; 9: 209; 12: 2; 14: 55; 19: 261;
AIRBUS: Think twice (Dienstleistung)	8: 231;
NEXTRA: What's next. Nextra > internet communication services (Internet/ Dienstleistungen)	8 : 236 ; 10: 29; 12: 218;
DEUTSCHE POST WORLD NET : Mail Express Logistics Finance: Wir sind das e-Business. (Dienstleistung)	9: 10-11; 12: 10-11; 15: 180-181; 16: 61; 18: 100-101; 22: 150-151; 24: 82-83; 26: 166-167; 33: 4-5; 36: 48-49; 39: 66-67; 42: 78-79; 44: 56-57; 46: 154-155; 48: 194-195; 50: 132-133; 51: 60-61;
Postbank Global OptiMix. Der Aktiv-Fonds, der aus jedem Börsentrend das Beste macht. Deutsche Post. World Net: Mail	14: 156-157; 20: 92-93;

Express Logistics Finance: Wir sind das e-Business.	
Postbank VISA Business Card. Die Kreditkarte, die das Reisemanagement erleichtert. Deutsche Post. World Net: Mail Express Logistics Finance	17: 83; 19: 183;
Postbank. Deutsche Post World Net: Mail Express Logistics Finance: Wir sind das e-Business.	20: 214-215; 21: 68; 22: 217; 25: 45; 30: 123; 32: 2; 34: 161; 37: 57; 39: 45; 40: 2; 41: 83; 43: 157; 44: 41; 48: 245; 50: 171;
PEUGEOT: Dem Lifestyle hinterher. Oder dem Neuen auf der Spur. Peugeot: Mit Sicherheit mehr Vergnügen. (Auto)	9: 53;
Strellson Menswear (Kleidung)	9: 64-65; 13: 52-53; 39: 4-5; 42: 138-139;
TRIUM: Mobile phones (Mobiltelefone)	9: 90; 10: 219; 11: 181; 12: 181;
Trium: essential pleasures.	43: 44-45; 48: 112-113;
Trium: essential pleasures. trium mobile phones. Not just technology, but the pleasure technology brings.	46: 62-63;
TRAVEL24: Com.Reise-Specials. travel24.com. Urlaub zum Greifen nah. (Internet/ Tourismus)	9: 104-105; 11: 78;
Last-Minute- Reisen: ... travel24.com	13: 185; 17: 221; 20: 115;
ANA: A Star Alliance Member. (Fluggesellschaft)	9: 121; 11: 177; 13: 109; 21: 165; 23: 121; 25: 133;
SINGAPORE AIRLINES: All around the world. (Fluggesellschaft)	9: 130; 12: 308-309; 15: 170-171;
A Star Alliance Member.	9: 131;
Singapore Airlines: A great way to fly.	24: 240; 26: 85; 48: 137; 50: 216;
TREND MICRO: I love you. Trend Micro: Your Internet Virus Wall. (Internet/ Dienstleistung)	9: 164; 12: 207;
BIZZ: Alles über Bautrends und Finanzierung. Bizz: Job. Geld. Leben.	9: 215;

(Zeitung) Boombranche Biotech... BIZZ: Job, Geld, Leben.	13: 149;
BIZZ: Job, Geld, Leben.	17: 247; 26: 159;
CABLE & WIRELESS: Ich will mehr als ein kühles Plätzchen für meinen Server. Cable & Wireless: delivering the internet promise. (Computerzubehör)	9: 219; 11: 151; 12: 45;
PLANET INTERNET: Internet ohne Extrakosten? Planet Internet bietet schnellen und einfachen Internetzugang. Gehen Sie jetzt online mit Planet Internet: Der Planet der Ideen. (Internetzugang)	10: 2; 11: 235; 12: 25; 13: 229; 14: 239; 15: 51; 16: 221; 17: 235;
Internet Offensive 2001: Planet Internet: Hier geht's rein.	21: 2; 22: 16; 23: 100; 24: 185; 26: 61; 29: 113;
CHANEL: J12: Die Sportuhr. High-Tech-Keramik – Kautschuk, Leder. (Uhr)	10: 16; 12: 43; 20: 16; 22: 2;
LONGINES: Elegance is an attitude: Longines: L'élégance du temps depuis 1832. (Uhr)	10 : 27 ; 12: 317; 14: 107; 16: 169; 42: 55; 44: 191; 46: 235; 47: 217; 48: 19; 50: 197;
AGFA : Safety first. (Technik)	10: 68-69;
Agfa: The economy of speed.	15: 74-75;
SALZGITTER AG: Mit uns: Innovative Stahle, höchste Sicherheit, minimales Gewicht, glanzvolles Design. Mit uns. Salzgitter AG: Stahl und Technologie. (Firma)	10: 80-81;
HARDWARE: Hard to beat. (Koffer)	10: 85; 12: 289; 15: 77;
MAGNAT: forget about driving. The dog makes the difference. Magnat: Sound mit Biss. (Unterhaltungselektronik)	10: 90; 12: 244; 14: 19; 18: 19; 20: 202; 23: 245; 30: 178; 34: 3; 36: 160; 38: 145; 40: 132; 42: 136; 51: 86;
RIEDEL: Das Glas mit dem Knick, für mehr Kick! Vinum extreme. (Glas)	10: 91; 15;
HELABA: Näher am Business.	10: 92-93; 16: 68-69; 35: 48-49; 38:

(Dienstleistung)	60-61; 46: 190-191;
Direkt dran: Helaba Asset Management. Helaba: Näher am Business.	13: 40-41; 42: 202-203;
Das Helaba Cash Management. Helaba: Näher am Business.	19: 148-149;
E-BUSINESS: Die Zukunft der Wirtschaft. (Zeitschrift)	10: 96-97; 11: 236-237;
Erst die Euphorie. Dann die Hysterie. Jetzt das Geschäft. E-Business.	13: 47;
INFOR: business solutions. (Dienstleistung)	10: 120-121;
infor.com ist die Business-Software für den Mittelstand. infor: business solutions	11: 74-75; 12: 193;
BÖRSE ONLINE: Deutschlands führendes Anlegermagazin (Zeitung)	10: 141; 12: 247; 14: 147;
Die Basis für Ihren Börsenerfolg. Börse Online.	13: 233;
CAÑUMA HANFBLÄTTCHEN: open your mind!. 100% Hanf. 100% Leben. (Genussmittel)	10: 185; 12: 90; 14: 151; 16: 213; 18: 171; 20: 116; 22: 196; 24: 67;
CONTINENTAL: Do it with German engineering. (Autoreifen)	10: 268; 12: 67; 14: 118; 16: 47; 19: 174; 21: 21; 36: 113; 39: 198; 41: 199; 43: 43; 46: 15; 48: 152;
E.ON: Machen Sie endlich Wind mit Wind! Mit E.On Natur Power. e-on: Neue Energie (Energie)	11: 16; 41: 53;
Machen Sie endlich Natursaft mit dem Natursaft! Mit E.ON Natur Power.	12: 47; 15: 49;
Machen Sie endlich Grün mit Grün! Mit E.On Natur Power. E-On: Neue Energie.	14: 93;
Mix it. E.On Mix Power. Strom zum Selbermixen.	17: 46-47; 18: 165; 19: 36; 20: 161; 22: 161; 24: 45; 27: 96-97; 28: 52-53;

Strom mixen wie Arnold. E.On Mix Power.	26: 2-4; 30: 35; 32: 40-41; 34: 94-95;
T-SYSTEMS: Was ist Erfolg? Erfolg ist ein System. Think systems. (Telekommunikation/ Dienstleistung)	11: 70-71; 13: 156-157; 16: 42-43; 20: 82-83; 23: 74-75; 29: 64-65; 38: 251+253; 40: 117+119; 42: 219+221;
JAGUAR: Etwas Neues kommt auf Sie zu. Etwas wirklich Neues... Jaguar: The Art of Performance. (Auto)	11: 91;
Die schönsten Momente im Leben sind eher selten. S-Type. Jaguar: The Art of Performance.	15: 35;
Fist Class. Every Second. Jaguar: The Art of Performance.	17: 16; 23: 235;
Jaguar: The Art of Performance.	20: 77; 26: 133; 37: 179; 39: 211; 42: 173; 45: 219; 48: 253;
DERTOUR: 100% Pure New Zealand. (Tourismus)	11: 114; 14: 202; 17: 203;
RIU HOTELS & RESORTS: "Am liebsten würde ich hier bleiben...!!!" RIU Hotels & Resorts: Lassen Sie Sich verwöhnen. (Tourismus)	11: 131; 14: 183; 17: 193; 20: 257;
DEUTSCHE LEASING: 2009: Brille ersetzt Bildschirm. S Finanzgruppe Deutsche Leasing. (Finanzen)	11: 133;
2003. Neue Ideen für neue Generationen. Deutsche Leasing.	12: 16; 13: 97; 15: 207;
Deutsche Leasing Finanzgruppe	18: 169; 20: 68; 25: 149; 36: 147; 37: 195; 48: 88; 50: 169; 52: 16;
SUBARU: Der neue Impreza WRX... Subaru: Active Driving. Active Safety. (Auto)	11: 149;
Subaru: Active Driving. Active Safety.	12: 265; 13: 115; 15: 183; 17: 165; 19: 171;
4 your own way. Subaru: Active driving, Active Safety.	38: 231; 39: 253; 40: 9; 41: 33;
D+A DEUTSCHE AUSGLEICHSBANK: Start und up auf	11: 158-159;

die Erfolgswelle. (Bank)	
PSI: Erfolg macht sexy. PSI: Ressourcen-Management via Internet. (Dienstleistung)	11 : 186 ;
Vitamin CeBit. PSI: Ressourcen-Management via Internet.	12: 161;
FUJIFILM : Fine Pix 6800Z. Powered by creativity. Designed by F.A. Porsche. Fujifilm: digital tools for the imagination. (Fototechnik)	11: 206-207; 12: 148-149;
Fujifilm. digital: Tools for the imagination.	34: 56-57; 35: 37; 36: 215;
Digital Wonder: Fujifilm. (Digitalkamera)	48: 120-121; 51: 88-89;
Digital Avantgarde	48: 122-123; 51: 90-91;
STERN: GSM, UMTS, WAP, SMS, SOS? Behalten Sie den Überblick. Stern. (Zeitung)	11: 246-247;
ADVANCE BANK: Das Rendite-Doppel: Masterplan plus 8,8% (Bank)	12: 63;
Advance Bank: Direkt besser beraten.	19: 251;
T-ONLINE: Frühaufsteher oder Nachtschwärmer? (Internetzugang)	12: 65;
T-DSL flat. „Sparprogramm für Speedfreaks". T-Online.	30: 47; 34: 51;
T-DSL flat. „Highspeed zu Lowcost." T-Online.	32: 61; 36: 161;
T-DSL Power für nur 14,90 DM mtl. Deutsche Telekom.	47: 158-161;
BELETTO: Das Komfortbett, das auch pflegen kann. beletto: comfort. wellness. lifestyle. (Möbel)	12: 68;
EIZO: Wer nur auf Lockvögel fliegt,	12: 73; 15: 193; 18: 65; 21: 171; 24:

darf nicht mehr erwarten. Eizo High-End Monitore. (Computerzubehör)	81; 27: 157; 35: 16; 38: 181; 40: 39; 44: 159; 46: 59; 48: 209; 50: 181,
EUROPCAR: You rent a lot more than a car. (Autovermietung)	12: 86; 13: 56-57; 15: 208; 16: 141; 18: 76; 21: 167; 22: 63; 23: 53; 37: 205; 39: 49; 41: 108; 43: 85; 45: 177;
Immer sicher ans Ziel. Europcar Fleet Services.	14: 113; 17: 33; 20: 227;
Playstation! Jetz im Internet besonders günstig mieten: www.europcar .de: You rent a lot more than a car.	19: 215;
JOBPILOT.DE: Verpassen Sie nicht den Job Ihres Lebens. (Internet/ Dienstleistung)	12: 88-89; 13: 83; 15: 122; 15: 30-31; 16: 205; 17: 107; 19: 163; 21: 114; 23: 71; 25: 15; 32: 113; 35: 21; 36: 223; 38: 255;
CLAASEN: „Clever, spannend, atmosphärisch..." (Bücher)	12: 110;
NOVELL: One net. Tauchen Sie ein. Novell: The Power to Change. (Internet/ Dienstleistung)	12: 125; 13: 135; 14: 37; 21: 9; 23: 65; 25: 155;
SUN MICROSYSTEMS: Open (n). Take it to the nth. (Dienstleistung)	12: 135; 21: 203; 22: 203; 23: 113; 25: 170; 26: 112; 43: 235; 44: 29; 45: 167;
OLYMPUS: Diktieren Sie auch digital? Olympus: The visible difference. (Bürotechnik)	12: 159; 21: 57; 23: 218;
ALCATEL: Architects of an Internet World. (Internet/ Dienstleistung)	12: 191;
BROTHER: At your side. (Computerzubehör)	12: 203; 15: 163; 42: 189; 45: 109; 47: 167;
GEO: 2/3 der Deutschen wissen nicht, wie einfach das Internet ist. GEO Wissen. (Zeitung)	12: 242;
Bringt Erwachsene wieder zum Puzzlen: Der Neandertaler. GEO.	13: 138;
MESSE FRANKFURT: We make markets. Worldwide. (Messe)	12: 263;
FILE MAKER: What's your problem? (Technik)	12: 272;

BADEN-WÜRTTEMBERG: Zwischen Rüblingen und Ratzel entstehen traumhafte Paradiese zum Surfen. (Bundesland)	12: 283;
MINOLTA: PDF-Daten, ... Postscript-Daten... Minolta (Drucker) (Computerzubehör)	12: 291;
MEPHISTO: members of the Mephisto movement. Mephisto: Finest Walking Shoes. (Schuhe)	12: 303; 15: 63; 20: 57; 38: 81; 40: 43; 42: 251;
FREENET: ...Internet... freenet.de (Internetzugang)	12: 331;
Freenet.de – normal ist das nicht!	14: 103; 22: 256;
Sich im Internet zurechtzufinden ist gar nicht so schwer. freenet.de: Normal ist das nicht.	18: 155
JAEGER-LE-COULTRE: Reverso Sun Moon (Uhr)	12 : 332 ; 23: 111;
RADO : Time changes everything. Except a Rado. Rado Switzerland. (Uhren)	13: 2; 15: 223; 18: 109; 24: 72;
MOVADO: Pushing the artform. Movado: The Museum Watch. (Uhren)	13: 9; 15: 245; 18: 33; 22: 65;
Movado: The art of time.	42: 129; 44: 43; 46: 39; 48: 197; 50: 69;
COMPUTER ASSOCIATES: Die Software für e-Business. (Conputerzubehör)	13: 43;
AUDI: Die Formel für volleres Haar. Der Audi Frühjahrs Service. (Auto)	13: 73;
Unseren Anspruch an Design und Qualität geben wir Ihnen gerne schriftlich. Die Audi collection.	18: 13;
Keine multitronic, aber eine hervorragende Automatik. Die Audi collection.	19: 159;
ELECTROLUX: We unterstand. (Staubsauger)	13: 105; 15: 215; 19: 221;

FRANKFURT-TRUST: Investmentfonds von Frankfurt-Trust (Finanzen)	13: 111; 15: 150; 17: 132; 20: 144; 24: 134; 26: 122; 29: 106; 34: 116; 38: 177; 43: 133;
BUNDESANSTALT FÜR ARBEIT: Unser gemeinsames Ziel: 50.000 neue Jobs für Schwerbehinderte. (Politik)	13: 113; 14: 61;
OMEGA: OMEGA WATCHES. COM (Uhren)	13: 119;
No water, no life. Omega.	35: 94; 37: 169; 38: 2; 39: 276;
Der Mythos Speedmaster: Omega.	41: 183; 43:123; 44: 15; 45: 226;
WÜSTENROT: Ihre Nachbarn neidgelb, Ihr neuer Pool azurblau, Ihre Baufinanzierung: Wüstenrot. (Finanzen)	13: 124-125;
Investmentfonds. Wüstenrot.	19: 53;
UNISYS: We have a head for e-business. (Dienstleistung)	13: 126; 26: 99; 27: 149; 41: 185;
KARSTADT: Multimedia. Nice Price... (Kaufhaus)	13: 137;
MANAGER: Jetzt im Handel. Manager: Wirtschaft aus erster Hand. (Zeitung)	13: 174;
INTERSANTÉ: Waterpik Flosser: Wellness. Health & Beauty. (Kosmetik)	13: 190; 14: 146; 15: 228;
DEUTSCHE BAHN: Partner of Lufthansa Miles & More. Die Bahn. (Reisen)	13: 193; 15: 174-175; 17: 174-175;
Wir haben ein einzigartiges Know-how, wie man aus Ideen Bahntechnologien macht. Die Bahn.	20: 50-51;
ABSOLUT REVELATION. (Wodka) (Alkohol)	14: 15;
Absolut Victory. Ave Ridley Scott.	16: 162;
Absolut Citron.	19: 88;
Absolut Curriculum.	25: 190;
Absolut Holiday.	27: 158;

Absolut Limelight.	38: 227;
Absolut Autumn.	40: 218;
Absolut Kurant.	42: 242;
Absolut Music.	44: 178;
Absolut Wonderland.	47: 213;
Absolut Vodka: Have an absolut ball…	49: 83;
TAG HEUER: Unermesslich. Tag Heuer. Swiss Made since 1860. (Uhren)	14: 16; 17: 2; 19: 15; 21: 183; 23: 247;
Kirium Formula One: Multifunktions-Chronograph. Tag Heuer: Swiss Made since 1860.	44: 231;
Tag Heuer: Swiss Made since 1860.	46: 76; 48: 191; 50: 248;
SEB: More than a bank. (Bank)	14: 32-33; 15: 179; 16: 17; 17: 155; 19: 99; 20: 213; 21: 173; 22: 199; 23: 73; 24: 171; 25: 35; 26: 173; 27: 137; 29: 127; 32: 9; 34: 143; 36: 227; 40: 211; 42: 27; 45: 189;
CHRYSLER: Sie haben ein 5000 m² großes Grundstück gekauft. Sie haben ein Haus mit 12 Zimmern gebaut. Und alles, was Sie hören, ist: „Starkes Auto haben Sie." Das neue Sebring Cabrio. Chrysler. (Auto)	14: 48-53;
1983 hat Chrysler den Minivan erfunden… der neue Voyager. Chrysler.	15: 10-11;
Der neue Voyager. Chrysler.	17: 40-41; 21: 134-135; 22: 134-135;
Der neue Chrysler Voyager mit sparsamem 2,5-l Common-Rail-Turbodieseltriebwerk. Chrysler.	19: 116-117;
Der PT Cruiser. Chrysler.	30: 60-61; 32: 4-5; 34: 98-99;
UNITED AIRLINES: Mitten im Nirgendwo. USA. Und voll im	14: 171;

Geschäft. United Arlines: A Star Alliance Member. (Fluggesellschaft)	
United Airlines: A Star Alliance Member	18: 61; 20: 169; 22: 51; 25: 99; 26: 18; 31: 68; 33: 112; 35: 65; 37: 172;
COMPUSERVE: Verlassen Sie sich drauf. Internet by Compuserve für nur 1,7 Pf/Min. Compuserve (Internetanbieter)	14: 189; 15: 113;
Internet by Compuserve	17: 165;
DER STANDARD: In Österreich ist es dasselbe. Nur anders. Jobsuche... Der Standard: der Klügere liest nach. (Zeitung)	14: 213;
MAURICE LACROIX: For those with instinct. Maurice Lacroix Switzerland. Tomorrow's Classics (Uhren)	14: 240; 16: 193; 18: 47; 40: 63; 42: 213; 43: 21; 46: 245; 48: 169; 51: 236;
ERLUS: Weltneuheit. Lotus-Effect. Erlus – Dachziegel (Baumaterial)	15: 57;
AWD: Machen Sie Karriere im Traumberuf. AWD sucht Finanzmanager. AWD: Ihr unabhängiger Finanzoptimierer. (Finanzen)	15: 65; 19: 155;
STINNES LOGISTICS: Kann ja mal passieren. Aber nicht mit uns. (Logistik)	15: 71; 17: 256; 20: 219; 37: 78;
Stinnes Logistics. Stinnes: Alles eine Frage der Logistik.	33: 80; 40: 165; 43: 207; 45: 149;
E-SIXT: Mobility Online. (Autovermietung)	15: 78-79; 22: 239; 24: 30-31; 47: 147; 49: 127; 51: 123;
FRANKLIN TEMPLETON INVESTMENTS. Der Templeton Growth Fund. (Finanzen)	15: 97; 36: 67; 39: 101;
CLUBMASTER: Mild & Light. Schwer in Ordnung. (Zigarette)	15: 139; 18: 146; 37: 204;
DKV: Top privat krankenversichert. (Versicherung)	15: 184;
FLEUROP: Gehen Sie nicht vor die Tür, gehen Sie ins Internet.	15: 233;

FLEUROP: Gründe gibt's genug. (Blumenlieferdienst)	
212 MEN: Cardina Herrera, New York. (Kosmetik)	15: 251; 19: 132; 44: 91;
ORIS: High-Mech mit Charakter. Oris: Swiss Made Watches since 1904. (Uhren)	15: 261; 17: 44; 20: 3; 24: 19; 40: 3; 48: 29; 49: 82;
CITROËN: Der neue Citroën C5. Sinnvolle Technologie: Hydractive 3 klingt vielleicht wie von einem anderen Stern. Aber es fährt sich auch so. Citroën C5: Nichts bewegt Sie wie ein Citroën. (Auto)	15: 23;
WALDMANN LICHTTECHNIK: Waldmann tension + (Lichttechnik)	16: 30;
Waldmann Stream. Lichtkomfort neu definiert. Waldmann Lichttechnik.	21: 199;
BLUE MARTINI SOFTWARE: They come to your site looking for something different. Give it to them. (Computerzubehör)	16: 33;
TESSAG: Technische Systeme & Services Aktiengesellschaft (Dienstleistungen)	16: 73; 17: 43; 19: 131; 22: 61; 23: 195; 25: 59;
CASH GROUP (Bank)	16: 159; 17: 26; 18: 147;
NISSAN: Der neue Terrano II Fun. Maximale Wattiefe: 450mm. Nissan: See the change. (Auto)	17: 9;
Nissan: See the change.	18: 189; 20: 175; 22: 59; 24: 147; 26: 215; 28: 89; 31: 67; 33: 149; 37: 121; 39: 197; 43: 237;
IU= IT+BUSINESS: International University Germany. (Universität)	17: 19;
IU= IT+BUSINESS: International University Germany. Knowledge for leaders.	42: 115; 43: 230;
LANDS' END DIRECT MERCHANTS (Verkauf)	17: 49; 20: 81; 44: 111;

Innovative Software mit Fleece-Funktion. Lands' End Direct Merchants.	39: 93;
BRAUN: designed to make a difference (Technik)	17: 57; 20: 205;
KODAK: Advantix Kameras (Fototechnik)	17: 71;
KODAK Advantix Cameras: Share Moments. Share Life.	24: 21; 26: 223; 28: 171; 30: 139;
INTER-CONTINENTAL HOTELS & RESORTS (Hotel)	17: 73; 18: 55; 22: 52; 23: 83;
ACTIVEST: Die Investmentgruppe der HypoVereinsbank. (Finanzen)	17: 116; 19: 127; 23: 21; 26: 79; 36: 128; 37: 47; 39: 275; 48: 296; 49: 68; 50: 121; 51: 83;
SAMSONITE: worldproof (Koffer)	17: 120; 18: 128; 20: 31; 21: 127; 22: 89; 23: 139;
PEDIGREE: Principal (Hundefutter)	17: 210;
HEWLETT PACKARD: Das HP Ready to go Office (Computerzubehör)	18: 9;
HP Storage Disaster Recovery. hp invent	18: 38-39;
hp invent	27: 84-85; 34: 153; 43: 54-57; 44: 153+155; 45: 56-59; 47: 45; 47: 99; 49: 147+149; 50: 103; 51: 221; 51: 223;
SWISS LIFE: Schweizerische Rentenanstalt (Finanzen)	18: 45; 20: 100; 22: 210; 24: 35; 26: 180; 28: 91; 30: 131; 43: 111; 45: 179;
HARVEST CLASSICS: Leser & Cashmere (Kleidung)	18: 118;
STAR ALLIANCE: Priority Check-In weltweit. Star Alliance: The airline network for Earth. (Fluggesellschaften)	19: 16; 20: 37; 22: 213;
MYFAVOURITEBOOK.COM (Internet/ Service)	19: 42-49; 20: 224-225; 23: 228-229; 43: 203; 45: 249; 47: 211; 49: 211;
AMD: PC-Prozessoren (Computerzubehör)	19: 75; 20: 255; 22: 189; 24: 39;
GILLETTE: It's new. It's cool. It's blue.	19: 81; 26: 51;

Gillette Mach3 Cool Blue: Für die gründlichste Rasur. Im neuen coolen Design. (Kosmetik)	
MAX DATA: der Maxdata Server Platwum 5100 lässt Sie nicht hängen. Max Data: e.future.today (Computerzubehör)	19: 103; 20: 33; 21: 93;
VOLKSBANKEN/ RAIFFEISENBANKEN: Meine Bank? Ist da, wo ich bin. Einfach online mit VR-Net-World. (Bank/ Internet)	19: 109; 23: 188;
UNION INVESTMENT: Werte fürs Leben. (Finanzen)	19: 114; 21: 239; 23: 128; 25: 2; 27: 9; 29: 96; 39: 71; 41: 21; 43: 89; 45: 116; 47: 102; 49: 259; 51: 21;
BRITISH AMERICAN TOBACCO GERMANY (Tabak)	19: 119; 22: 37; 24: 105; 27: 99; 33: 61; 36: 41; 40: 57; 44: 2; 47: 21;
MEDIANTIS.DE: Sinnvolles Zeitmanagement...Tag für Tag (Internet/ Dienstleistung)	19: 256-257;
Shopping bei mediantis.de	21: 219;
ROVER: A Class of its own. (Auto)	20: 15; 22: 207; 24: 37; 26: 139; 34: 16; 35: 51; 37: 157; 38: 223; 40: 81; 42: 197; 44: 101; 46: 185;
NIVEA: Q10: Intensiv leben – gut aussehen. 24h revitalisierende Creme. Q10 High Tech Gesichtspflege. Nivea: Soviel Pflege braucht der Mann. Nivea for men. (Kosmetik)	20: 55; 22: 85; 24: 49;
H&M: Shorts. (Kleidung)	20: 95;
RWE: Imagine. Internet aus der Steckdose... TV aus der Steckdose ... Telefon aus der Steckdose... RWE: One Group. Multi Utilities. (Dienstleistung)	20: 98-99; 24: 16;
RWE: One Group. Multi Utilities.	21: 176-177; 22: 48; 26: 195; 30: 187; 37: 136-137; 38: 65; 40: 10-11; 41: 280; 42: 85; 44: 157; 46: 2; 48: 25; 50: 131; 52: 207;
ZENITH: Swiss Watchmakers since 1865: Chronomaster.	20: 104; 22: 209; 24: 9; 40: 108; 48: 81;

(Uhr)	
CONDOMI.COM: Finest quality condoms since 1929. (Kosmetik)	20: 128;
BMW: Der BMW 5er Touring mit dem neuen M Sportpaket. (Auto)	20: 159;
Stop and go, stop and go, stop and go,... - Stop and think. Der BMW C1.	24: 101+103; 28: 125+127; 30: 43+45;
Die neuen Multi Manager Fonds: BMW Financial Services	27: 191; 28: 177; 29: 55;
Smarter! Der BMW C1.	33: 9; 35: 199;
MCKINSEY SUMMER ACADEMY (Dienstleistung)	20: 223;
ZKB (ZÜRCHER KANTONALBANK): ZKB Private banking. (Bank)	20: 249; 22: 191;
BABCOCK BORSIG POWER: New Basics for Life! (Dienstleistung)	20: 267; 21: 169;
BERTELSMANN: Content Network (Dienstleistung)	21: 52-53; 23: 181-183; 25: 146-147; 27: 172-173;
PREUSSAG. Expect more. (Dienstleistung)	21: 63;
Preussag: world of TUI.	36: 101;
O.TELO: For a better understanding. (Telekommunikation)	21: 109; 22: 157;
STEPSTONE: your career. your life. your future. (Dienstleistung)	21: 174;
ALWITRA FLACHDACH SYSTEM: Evalon Solar. Die Energy Dachbahn. (Technik)	21: 224; 24: 157;
MAN: Engineering the Future (Technik)	22: 9;
TUI.DE: World Wide Weg (Reisen)	22: 91; 25: 39; 27: 108;
feel TUI	47: 4-5; 50: 54-55; 52: 68;
PRIVATE ZAHNKLINIK KÖNIGSHOF: Ihre Time-Management-Zahn-Sanierung (Gesundheit)	22: 220; 23: 96;

Wir managen Ihre Zähne. in kurzer Zeit. Private Zahnklinik Königshof.	26: 105;
Ihre Five-Management-Zahn-Sanierung: Private Zahnklinik Königshof.	31: 82;
AMAZON.DE: Crazy for you. (Dienstleistung/ Internet)	22: 257;
JOKER: Harlem Walker: The smart 5-Pocket-Pants (Kleidung)	23: 4-5; 25: 82-83; 27: 10-11; 29: 60-61; 37: 186-187; 39: 222-223;
Double Saddle Stitched Jeans. Genäht auf Sattelmaschinen. Joker.	31: 28-29; 33: 56-57; 35: 44-45;
QUINNER.DE: Quick geklickt – smart gespart. (Dienstleistung)	23: 39; 24: 68; 25: 167; 27: 62; 29: 35; 36: 149; 42: 223; 43: 220; 44: 212; 45: 67; 46: 103; 48: 235;
BALLANTINE'S FINEST: Just fine. (Scotch Whisky) (Alkohol)	23: 56-57; 24: 10-11; 25: 36-37; 26: 41; 27: 183; 40: 252; 41: 4-5; 43: 68-69; 45: 69; 47: 111; 49: 97; 51: 189;
EURO-MOBIL: Rent-A-Car: Mieten direkt vor Ort. (Autovermietung)	24: 13; 25: 162;
RENAULT: Renault Clio. Welcome to the community. (Auto)	24: 43; 25: 90; 26: 63; 29: 13; 32: 36-37; 35: 62-63; 36: 171;
FINNAIR (Luftgesellschaft)	24: 66;
EPSON: Colour your life. (Computerzubehör)	24: 173; 28: 39; 45: 191; 46: 13; 47: 109; 47: 141; 48: 267; 49: 13; 50: 227; 51: 99; 52: 195;
NORTHWEST AIRLINES/ KLM ROYAL DUTCH AIRLINES: World Business Class: Northwest Airlines/ KLM Royal Dutch Airlines: Mehr Raum für mehr Komfort. (Fluggesellschaft)	25: 46-47; 26: 58-59; 27: 30-31; 28: 174-175;
CAPITAL STAGE: access all areas (Dienstleistung)	25: 54; 26: 71; 27: 179;
PALM: Simply palm. (Computertechnik)	25: 62; 26: 141; 47: 191; 47: 193; 49: 213+215; 50: 189+191;
SUZUKI: Oh happy day! Der neue Suzuki Liana. (Auto)	26: 55; 27: 112; 30: 164;
Suzuki: Forever fun.	34: 53;

FIT FOR FUN: Bestform! (Sport & Fitness/ Gesundheit & Wellness/ gesünder essen/ sex & Soul/ Job & Money/ Reise & Abenteuer) (Zeitung)	26: 219;
NIKE: Air Presto Faze (Kleidung)	29: 48;
RUNNING HEART FOUNDATION: Speed can save your life. Ein Projekt der "Running Heart Foundation" (Dienstleistung)	29: 121; 38: 265; 42: 230; 51: 211;
WEEKENDERPLUSCOM: Kurzurlaub in Frankreich und darüber hinaus... (Internet/ Reisen)	29: 163;
TALKLINE: Heute bleib ich im Internet. Talkline: see you www.talknet.de (Internetzugang)	30: 15; 32: 121; 35: 101; 51: 87;
SWISSAIR (Fluggesellschaft)	30: 53; 37: 255;
Entdecken Sie e>travel, die einfache Art des Fliegens. swissair.	32: 169;
CAMEL: Creative Challenge. (Zigarette)	31: 2; 32: 45; 33: 160; 45: 183;
Camel Creative Challenge: be different.	46: 43;
MINI: Is it love? (Auto)	34: 30-31; 37: 10-11; 38: 96-97; 42: 236-237; 45: 64-65; 48: 188-189; 51: 27-28;
SANYO: multimedia (Unterhaltungselektronik)	34: 46;
COMDEX MESSE BASEL: Look into the future: Orbit Europe 2001. (Messe)	34: 180;
Back to business. Start here: Orbit/ Europe 2001/ Comdex/ Messe Basel. Mit internationalem E-Business Congress: Information Technology – one step ahead.	37: 142; 38: 121;
PIONEER: sound.vision.soul. Sounds and vision touch your soul. (Unterhaltungselektronik)	35: 33; 36: 209; 39: 55; 41: 217; 44: 61; 47: 64; 48: 228-229;
CONDOR: Die neue Condor Comfort Class. Condor: Ihr Sonnenflieger. (Fluggesellschaft)	36: 33; 39: 213;

HVB REAL ESTATE: Die Immobilienbank. (Finanzen)	36: 78-79; 38: 184-185; 42: 194-195; 46: 72-73;
APPLE: Das neue iBook (Apple) Notebook: Think different. (Computer)	36: 117-119;
Apple: think different.	48: 147-150;
XEON: Microprocessing – Macroprocessing. Intel inside: XEON. (Computer)	36: 124-127;
Macroprocessing: Enterprise powered by intel.inside.de: XEON.	37: 239+241; 39: 189+191; 41: 153+155; 42: 131; 45: 157+159;
NETMANAGER: Einer weiß weiter. (Zeitung)	36: 169; 37: 219; 46: 247; 50: 163;
FIRST STEPS: Abschlussfilme deutschsprachiger Filmschulen (Dienstleistung)	36: 212;
HITACHI: Inspire the Next. (Unterhaltungselektronik)	37: 4-5; 38: 68-69; 39: 237-238; 40: 78; 43: 16; 45: 221;
S BROKER: Einfach online Geld anlegen. (Finanzen)	37: 21; 40: 15;
ARCOR: Surfen für fast nichts! Arcor – Internet by call easy. Arcor: Enjoy communication. (Internetzugang)	37: 35; 39: 179; 41: 191; 43: 173; 46: 215;
TIME/ SYSTEM: and suddenly you have time (Zeitmanagementlösungen)	37: 44; 39: 239; 41: 219;
CHRIST: German leather fashion since 1954. (Kleidung)	37: 65; 40: 241; 45: 85;
SYSTEMS 2001: Fachmesse für IT und Telekommunikation (Messe)	37: 75; 39: 147; 41: 119;
SANTANDER DIREKT BANK (Bank)	37: 91; 39: 157;
HUK 24: Die Online-Versicherung. (Versicherung)	37: 129; 39: 141; 42: 19; 45: 12; 47: 19;
SAAB: Der neue Saab 9-5 Sport-Kombi mit 3.0 TiD V6 Commonrail-Turbodiesel. (Auto)	37: 141;
FIDELITY INVESTMENTS: Die Nr. 1 für Ihre Ziele.	37: 151; 40: 67; 41: 211;

(Finanzen)	
CARGO LIFTER AG: Wir werden fliegen. (Dienstleistung)	37: 271; 38: 127;
Cargo Lifter: Wir machen das.	39: 103;
Cargo Lifter: Es geht los.	40: 157;
CLARKS: Come to Clarks – Enjoy Walking: Clarks (Schuhe)	38: 39; 39: 39;
CASSINA: Back to future (Möbel)	38: 57;
Cassina: home theatre	39: 255;
Cassina: global flexibility.	40: 209;
EBEL: Ebel präsentiert Die Neue Classic Wave. (Uhr)	38: 113; 40: 41; 42: 45;
COLOR „FOR MEN": Just for men: Weltweit N°1 in Hair. (Kosmetik)	38: 130;
MLP: Private Finance von MLP: Und das Leben wird reicher. (Finanzen)	38: 153; 41: 69; 42: 141; 44: 93; 46: 119; 48: 71;
HONDA: The Power of Dreams. (Auto)	38: 167; 41: 85; 42: 77; 45: 35;
USM: New Network. USM: Möbelbausysteme. (Möbel)	38: 169;
LEAD AWARDS: Akademie Bildsprache. 11. Forum für Magazine, Anzeigen, Photographie und Online-Magazine. (Dienstleistung)	39: 125;
CAPITAL: Das Wirtschaftsmagazin (Zeitung)	39: 173;
UNITED COLORS OF BENETTON: 2001 international year of volunteers. (Kleidung)	40: 4-5;
MACHALKE & MACHALKE: Collection. Loveseat. (Möbel)	40: 48; 42: 206; 44: 12; 48: 124; 50: 193; 52: 3;
HSL HANNOVER STANDARD LIFE: powered by Hannoversche Leben. (Dienstleistung)	40: 53; 47: 232;

LONGITUDE: Latitude. Longitude: Nautica: Das neue Duft-Abenteuer. (Kosmetik)	40: 125-128;
PANASONIC: Changes your life. (Unterhaltungselektromik)	40: 148; 41: 105; 46: 241; 50: 223;
Panasonic DECT-Telefone: Colour your friends. Panasonic: Changes your life.	48: 179;
INTER AIRPORT EUROPE: The world's premier airport exhibition. (Dienstleistung)	40: 175;
CYPRUS AIRWAYS (Fluggesellschaft)	40: 201;
WWW.IGNITE.COM: Realise your potential. (Dienstleistung)	41: 39; 42: 51+53; 46: 79; 46: 81; 46: 83; 47: 89; 47: 91; 47: 93; 48: 181+183; 49: 129;
WWW.ISH.DE: ish bin da. Telefon_Internet_TV (Dienstleistung)	41: 173; 42: 39; 43: 227;
BATHROOM FOSTER (Einrichtung)	41: 277; 43: 253; 45: 257; 47: 257; 49: 265; 51: 233;
CANON: Imaging across networks. (Drucker) (Computerzubehör)	42: 9; 45: 145; 47: 78; 51: 113;
DAIMLER CHRYSLER: Answers for questions to come... (Auto)	42: 10-11; 44: 10-11; 48: 4-5; 50: 4-5; 52: 10;
QUAM: I have a dream (Mobilfunknetz)	42: 68-69; 43: 10-11; 45: 74-75; 47: 180-181; 48: 239; 49: 163; 52: 45;
internet überall – mit dem Quam twinset: pocket-pc und datenhandy: Quam.	48: 241; 49: 165;
mit dem handy immer zum gleichen presi telefonieren. egal in welches mobilnetz. Quam.	52: 47;
JIL SANDER: Sander for men. (Kosmetik)	42: 70;
PTC SHAPING INNOVATION: Product development means business. (Dienstleistung)	42: 90-91; 47: 172-173;
PREMIERE WORLD (Dienstleistung)	42: 94-95; 44: 44-45; 46: 16; 47: 67; 50: 9; 51: 41;
FIAT: Stilo. forward thinking. (Auto)	42: 116-117; 43: 124-125; 44: 112-113; 45: 234-235; 46: 232-233; 47:

	208-209; 48: 210-211; 49: 80-81; 50: 140-141;
LEASY LIVING: Küchen leasen? Leasy Living: das clevere Küchen-Leasing. (Möbel)	42: 120;
JEEP: Das Original. (Auto)	43: 48-49; 45: 88-89;
SEIKO: forward thinking (Uhr)	43: 91; 45: 209; 47: 128; 49: 39; 51: 207;
MASERATI: Spyder. Sportscars have Italian names. (Auto)	44: 51; 46: 175; 48: 135; 50: 35;
LEXWARE (Softwareprodukte) (Computerzubehör)	44: 115-118;
1&1 INTERNET: Highspeed-Internet supergünstig! 1&1 Internet. DSL. (Internetzugang)	45: 47; 46: 97;
Jetzt ins Highspeed-Internet starten! 1&1 Internet: DSL.	48: 249; 49: 16; 51: 63;
MAG-LITE: Das Original. (Stablampe/ Technik)	46: 101;
UBS: Private Banking (Bank)	46: 204-205; 46: 207; 47: 152-153; 47: 155; 48: 212-213; 48: 215; 49: 192-193; 50: 178-179; 51: 46-47;
IMPRESSA: if you love coffee (Kaffee-Vollautomat)	47: 13; 48: 63; 49: 203; 50: 225; 51: 13; 52: 33;
BVI: Bessere Altersvorsorge mit Investmentfonds. (Finanzen)	47: 63; 48: 125;
POLISH AIRLINES: LOT.com (Fluggesellschaft)	47: 119; 49: 98; 51: 187;
WWK/ INVESTMENT: Werte – Wachstum – Kompetenz (Finanzen)	47: 171; 49: 166; 51: 225;
CHOPARD: Happy Sport. (Uhr)	48: 2;
VITAPHONE: we can be your bodyguard (Technik)	48: 69;
KPMG: Assurance, Consulting, Financial Advisory Services, Fax (Dienstleistung)	48: 87;
MIDO: Reflecting on time. Mido: Swiss Watches since 1918. (Uhr)	49: 49; 50: 89; 51: 80;

PHILIPS: Let's make things better. (Unterhaltungselektronik)	49: 107; 51: 153;
CITIWORKS: Energie für Ihr Business. (Dienstleistung)	49: 177;
SELECTED CLASSICS: Die schönsten Klassik-CDs. (Technik)	49: 216-220;
BOL.DE: My entertainer. (Dienstleistung)	50: 152;
MAUI SPORTS: Wear the difference. (Kleidung)	52: 32;
EUROCONTROL: Your international experience: Eurocontrol (European organisation for the safety of Air Navigation, Recruitment and Selection. (Dienstleistung)	52: 32;
WWW.PRINTWIRKT.DE: Print wirkt. (Dienstleistung)	52: 114-115;

7.5.3 Belegbeispiele aus dem "Nouvel Observateur" 1976/ 1977

Belegbeispiele:	Fundstelle:
AIR BUSINESS INTERNATIONAL (Flugreisegesellschaft)	582: 66
CAMEL filtre: Une Camel plus douce à 3,30F. (Zigarette)	584:02 ; 587: 84; 588 : 84 ; 590 : 124 ; 599 : 132 ; 600 : 148 ; 603 : 2 ; 606 : 108 ; 609 : 72 ; 611 : 64 ; 613 : 64 ; 619 : 92 ; 621 : 2 ; 624 : 160 ;
CAMEL filtre: Une Camel plus douce à 3,60F.	636 : 2 ; 638 : 2 ; 639 : 2 ; 642 : 2 ; 651 : 136 ; 652 : 148 ; 654 : 2 ; 655 : 2 ; 657 :2 ; 659 : 100 ; 660 : 2 ; 671 : 136 ; 673 : 136 ;
Camel filtre	675 : 140 ; 678 : 156 ; 679 : 2 ; 680 : 152 ; 681 : 2 ;
WOOLMARK: La laine vraie. (Wolle)	585: 2-3
SLENDERTONE : La gymnastique automatique. (Sportgerät)	585: 41; 601: 135; 608: 3; 649 : 127 ; 653 : 131 ; 659 : 93 ; 672 : 119 ; 676 : 136 ;
Minitone: le seul "lifting naturel". Slendertone : La gymnastique	623 : 125 ; 682 : 141 ;

automatique	
YARDLEY: BLACK LABEL : Black Label de Yardley – un parfum unique – toutes les formes d'une toilette raffinée. (Parfum)	585 : 84; 588 : 70 ; 590 : 89 ; 592 : 96 ; 594 : 85
FNAC: La Fnac présente en exclusivité : Les premières enceintes HI-FI sans haut parleurs. (Kaufhaus)	586 : 76
Les tests hi-fi de la FNAC.	646 : 53 ; 648 : 115 ;
THORLOGE-RADIO-RÉVEIL SOUNDDESIGN: Endormez-vous avec les dernières informations. Reveillez-vous en musique. En acceptant de recevoir gratuitement chez vous Thorloge-radio réveil Sounddesign. (Radiowecker)	586 : 80
SOS HIFI : dépanne votre chaîne hifi sur simple appel téléphonique. (HiFi-Service)	587: 54
DATELINE INTERNATIONAL : qui suis-je ? –Dateline International : Choisir sans se tromper – pour ne plus se tromper. (Psychotest)	588 : 73
ADDMASTER : Addmaster renouvelle son exploit ! (Rechenmaschine)	588 : 82
BLACK&DECKER : Le Workmate. Plus qu'un établi. Plus qu'un étau. (Schraubstock)	590 : 7
ÉLECTROGYM : Retrouvez punch, forme et décontraction avec Électrogym. (Elektronische Muskelkontraktion)	590 : 120; 599: 73; 605: 54;
SONY: Donnez à votre chaîne un cœur de champion. Le nouvel ampli-tuner Sony STR 5800. (HiFi-Gerät)	591 : 85
SEALINK/ SEASPEED: Pour l'Angleterre… - traversez la Manche "à la carte" – Car-Ferries Sealink/ Aéroglisseurs Seaspeed. (Fähre)	591 : 90; 593: 76; 595: 97; 599: 116; 603: 120; 644 : 69 ; 646 : 58 ; 649 : 98 ; 652 : 91 ; 657 : 112 ; 660 : 81 ;

SANYO : Hi Fi Sanyo: toutes les performances + une – le prix – Sanyo : le courage d'être japonais. (HiFi-Gerät)	591 : 105
28 SANYO: Pour faire toute la HiFi.	620: 16; 624: 123
LOFTLEIDIR ICELANDIC : l'Amérique de votre choix : Loftleidir Icelandic (Reiseagentur/ Fluggesellschaft)	592 : 42
LOFTLEIDIR ICELANDIC : islande : une île à nulle autre pareille : Icelandair & Loftleidir Icelandic	592: 70 ; 602 : 83 ; 652 : 60 ; 654 : 124 ;
Toute l'Amérique avec Loftleidir. Loftleidir Icelandic	651 : 68 ; 653 : 73 ; 656 : 76 ;
BRITISH AIRWAYS: Prenez vos aises jusqu'à Londres : British airways : Partout dans le monde vous serez en de bonnes mains. (Fluggesellschaft)	592 : 97 ; 593 : 11; 600: 127; 602:24; 603: 16;
AIR FRANCE/ BRITISH AIRWAYS: Air France et British airways s'unissent pour faire un pont sur la Manche.	594: 76; 595: 87; 596: 24;
British airways : "Peut-on vous aider ?"	624 : 91 ;
TEXAS INSTRUMENTS : 2 valeurs sûres à des prix justes (Taschenrechner)	593 : 78
YAMAHA : fiberglass : yamaha attaque (Tennisschläger)	593 : 85; 595: 108; 599: 123
YAMAHA : le son ! Yamaha chaînes Hi-Fi Stéréo. (HiFi-Geräte)	674 : 127 ; 676 : 121 ; 678 : 29 ; 680 : 82 ;
PHOTOGAY/ OFFSET: En matière d'offset de bureau, le leader a un avantage sur Photogay : il est plus connu. Photogay/ Offset : Offset de bureau: voyez un spécialiste. (Bürokommunikation)	595 : 83; 598: 101; 600: 97; 600: 145; 603: 93; 603: 99;
Les offsets Photogay : à l'achat, elles sont comme les autres : les meilleures... Photogay : division	642 : 87 ; 646 : 89 ; 649 : 27 ; 652 : 103 ;

offset : La vraie force: ce sont les hommes	
GOOD YEAR: Le choix des champions (Reifen)	596 : 34; 602: 34
SAS SCANDINAVIAN AIRLINES: Déstinations fjords. Scandinavie : l'europe au naturel. (Fluggesellschaft)	596 : 62; 598: 88; 602: 96;
SHOP-PHOTO MONTPARNASSE : tout le matériel photo-ciné des plus grandes marques mondiales, en stock permanent, dans une présentation exclusive. (Foto- und Fotozubehörgeschäft)	596 : 95; 598: 128; 600: 146; 604: 63;
Shop-Photo Montparnasse: la plus grande surface du monde exclusivement/ Photo-Cinéma	630: 107;
PETER STUYVESANT: 100 mm Luxury Length (Zigarette)	596: 136 ; 601 : 152 ; 604 : 116 ; 623 : 134 ; 629 : 144 ; 631 : 112 ; 639 : 84 ; 642 : 112 ; 655 : 127 ; 658 : 2 ;
PIONEER: La Hi-Fi Pioneer pour la voiture va démoder des millions d'auto-radios. (Hi-Fi-Gerät)	597: 26 ; 601 : 134 ; 602 : 12 ;
SENNHEISSER: Ne laissez pas la musique s'étouffer dans vos rideaux : Receuillez-la au creux de votre oreille avec la casque "open air" de Sennheisser. Élu "Best Buy" par les américains. (Kopfhörer)	598 : 16 ; 600 : 17 ; 604 : 94 ;
Au banc d'essai, les casques HiFi perdent du poids et gagnent des étoiles. Sennheisser : La HiFi comme vous ne l'avez jamais entendue.	624 : 156 ; 626 : 122 ; 628 : 14 ;
TOURING CLUB DE FRANCE : mieux on le connaît, plus on l'apprécie. (Touring Club)	599 : 99; 601: 21; 602: 89; 603: 7;
Il ne suffit pas de rêver... Défendons nous-mêmes le cadre de notre vie. Avec le Touring Club de France la qualité de la vie, on la vit.	622 : 24 ; 624 : 17 ; 626 : 129 ; 629 : 16 ;
SINGAPORE AIRLINES: les	600 : 147; 620: 80; 624: 88; 659 : 99 ;

merveilleux voyages (Fluggesellschaft)	
SHOW BZZZ : le scandale serait de ne pas en parler (Zeitung)	602 : 84
PLANMASTER : tableaux blancs (Bürobedarf)	602: 90
planMASTER organisation	605: 88
SPORTS MAGAZINE: Jeux olympiques: Partizipez. (Zeitung)	610 : 66
CONTROL DATA : Institut privé qui forme de programmes, analystes, foncionnels et techniciens de maintenance (Softwarefirma)	618 : 60 ; 622 : 9 ;
GRIFFON : Un design crée pour durer. (Designermöbel)	619 : 71
SWISSAIR (Fluggesellschaft)	620 : 98-100 ; 622: 90-91; 626 : 146-147 ; 628 : 92-93 ; 630 : 120-121 ; 631 : 86-87 ; 672: 122-123; 674 : 120-121 ; 676 : 40-41 ; 678 : 124-125 ; 680 : 102-103 ; 682 ; 26-27 ;
Le bestseller Suisse de 1931 à 1976 : Swissair	624 : 116-117
SCOTT : american Hi-Fi (HiFi-Geräte)	620: 105; 622: 13; 624 : 13 ; 626 : 13 ; 628 : 125 ;
SCOTT : Marque américaine de réputation mondiale. (Scott International : Professional Line. 3 Years Guarantee.)	671 : 101 ;
GITANE INTERNATIONALE: A star is born. Gitane Internationale: Elle va faire un tabac. (Zigarette)	622: 2; 627 : 143 ;
THOMSON: Pour les "mélomaniaques" : une chaîne Hi-Fi Thomson – Thomson : vous offre ce que la technique à de meilleur aujourd'hui (Hi-Fi-Geräte)	622: 67; 623 : 124 ; 625 : 119 ; 627 : 14 ; 629 : 100 ; 631 : 89 ;
DISTRIMEX: Les tout derniers FIDELITY s'imposent sur le marché français, tant par leurs nouvelles	623 : 88 ; 624: 100; 625: 95; 627: 57; 629: 95;

performances techniques que par leur rapport qualité/ prix indiscutable. Distrimex : distributeur exclusif pour la France. (HiFi-Geräte)	
ROBT. BURNS : Il faut savoir sacrifier un Burns. Cigarillos et Tiparillos by Robt. Burns. Les seuls cigares américains vendus en France. (Zigarren)	624 : 34 ; 628: 38;
FERGUSON : Music Center 3471 Ferguson. Les Anglais ne craignent pas beaucoup de monde pour la technique. Et personne pour le confort. (HiFi-Gerät)	624 : 89 ;
AKAÏ: Comment (bien) composer votre chaîne hi-fi. (HiFi-Geräte)	625 : 20-21 ; 627 : 62-63 ;
LEAK : „Time Delay Compensated"/ "Mise en Phase Acoustique" – Rank: Haute Fidélité (HiFi-Geräte)	628 : 70 ;
SHOW-CENTER MADISON : La Hi-Fi moins chère ? Vous la trouverez au Show-Center madison à Paris ! (HiFi-Geschäft)	629 : 13 ; 630 : 14 ; 631 : 108 ;
au "Show-Center" madison : La Haute Fidélité de Qualité aux prix les plus bas.	648: 106; 658: 118; 659: 79; 661: 73; 670: 93; 672: 121; 674: 110; 676: 20; 678: 117;
Les plus belles chaînes Haute Fidelité sont en démonstration au Show-Center madison.	651: 118;
Votre chaîne Hi-Fi Stéréo? ne l'achetez plus n'importe où – comparez nos prix ! "Show-Center" madison.	680: 137; 682: 120; 684: 75;
1977:	
TWA : Avec TWA, 7 jours à New York pour 2220 F seulement. No°1 sur l'Atlantique: TWA (Trans World Holidays) (Flugreiseagentur)	636: 45; 639: 9; 647: 61; 650: 73; 653: 137; 672: 82; 675: 97; 678: 36;
TELETON: L'étalon Hi-Fi: Teleton Electro (France)	636: 81

(HiFi-Geräte)	
CAMEROON AIRLINES: Voyagez en bonne compagnie! (Fluggesellschaft)	637 : 97 ; 638 : 5 ; 642 : 109 ;
TOWNSEND THORESEN : Angleterre 1977 : votre première bonne affaire c'est de partir avec nous : Townsend Thoresen : European Ferries. (Fähre)	641 : 69 ; 642: 61; 650: 63; 652: 69; 654: 71; 674: 87;
Minitours 77: Townsend Thoresen: European Ferries	647: 102; 648: 110; 678: 116;
EUMIG : eumig 820 sonmatic : High Quality Sound – filmer facile! .... filmez eumig (Super 8 Kamera)	642: 102; 644: 130; 668: 8; 670: 92; 672: 20; 674: 22; 676: 22; 678: 95; 679: 146;
eumig "macro-sound" 65xl. filmer "facile"!... filmez eumig.	646: 79; 647: 94; 649: 87;
PANTHER'S: un véritable spécialiste HiFi Video (HiFi-Geräte)	642 : 104 ;
BIA : BRITISH ISLAND AIRWAYS (Fluggesellschaft)	644: 82;
BHV: Un salon permanent de la Hi-Fi au BHV (Bazar de l'hôtel-de-ville) (Kaufhaus)	644 : 112 ; 646 : 10 ; 647 : 92 ; 673 : 120 ; 677 : 106 ;
Pour résoudre son problème Hi-Fi : on finit toujours au B.H.V.	681 : 10-11;
NORMANDY FERRIES : retrouvez le charme de la Prohibition entre la France et l'Angleterre. (Fähre)	646 : 69 ; 647 : 19 ; 649: 65; 651: 132; 653: 12; 654: 116;
SUNSITIVE : Les verres solaires Sunsitive sont sensibles à la lumière parce que vos yeux le sont. (Sonnenbrillen)	647 : 110-111 ;
GAULOISES : Elle fait défaillir les play-boys. La cigarette des vrais fumeurs. (Zigarette)	647 : 112 ; 654 : 132 ;
Elle fait chavirer les stars. La cigarette des vrais fumeurs : Gauloises.	649 : 135 ;
BRANDT ÉLECTRONIC : Chaîne compacte hi-fi 2x35 watts: la musique	648 : 2-3 ;

au grand complet la garantie Brandt en plus. Brandt électronic : pour ne pas se tromper. (HiFi-Geräte)	
YEMA : Yema Fairchild: Yema – L'Odyssée du Quartz. Yema: La marque française proposée par votre horloger-bijoutier. (Uhr)	648 : 11 ;
SL SUPERIOR LIGHT: …enrichissement naturel d'arôme (Zigarette)	648 : 120 ; 649 : 2 ; 653 : 140 ; 657 : 128 ;
MOTORCRAFT : La meilleure solution pour vous. Motorcraft : garantie par Ford. (Autozubehör)	649 : 9 ;
Motorcraft : la meilleure solution pour vous.	651 : 110 ; 653 : 19 ; 655 : 114 ;
BRITTANY FERRIES : L'Angleterre pour moins cher, en passant par la Bretagne. (Fähre)	649 : 91 ; 651: 17; 653: 75; 656: 17;
PIANO CENTER : Changez de clavier ! Evadez-vous. (Klaviergeschäft)	649 : 102 ; 650 : 16 ; 651: 138; 652: 114; 653: 84; 655: 12; 656: 60; 657: 126;
ZENITH QUARTZ : „Business minded" ou l'ésprit d'entreprise. Zenith Quartz: au poignet du responsable. (Uhr)	651 : 12 ; 655 : 126 ; 657 : 20 ;
LOIS : Jeans & Jackets (Kleidung)	651 : 139 ;
NATIONAL AIRLINES : vous ouvre la porte ensoleillée des U.S.A. (Fluggesellschaft)	652 : 128 ; 653 : 18 ; 654 : 114 ; 658: 109; 660: 79;
National Airlines: des vols directs vers le Sud. Orly-Miami. Sans escale.	677: 113;
MYSTÈRE 50 FAN JET FALCON 50 : L'avion d'affaires triéacteur à long rayon d'action. Avions Marcel Dassault. (Flugzeug)	656 : 107 ;
WINDSURFER : la marque qui a inventé la planche à voile. (Windsurfartikel)	658 : 81 ;
BRAUN : Nouveau Braun Sprint.	659 : 77 ; 661 : 9 ; 663 : 20 ;

L'éfficacité Braun, sans fil. Braun Sprint – Emportez-le partout. (Rasierapparat)	
Braun electronic. Le réveil devient plus humain. (Wecker)	677 : 95 ; 679 : 97 ; 681 : 133 ; 683 : 89 ;
Braun control : Il faut un peu de temps pour voir la différence. (Taschenrechner)	679 : 95 ; 680 : 101 ; 681 : 135 ;
Braun Control. Le calcul devient plus sûr.	683 : 87 ;
SILVER MATCH : un jean, des baskets, votre silver match, c'est le week-end ! Silver Match : briquet pour le week-end. (Feuerzeug)	662: 69;
JOHN PLAYER AND SONS, Nottingham, Angleterre (Zigaretten)	666: 4;
TI-RALEIGH: apprenez à lire le maillot de Thuran et Kuiper – Tube Investments Limited : Bridgewater House Cleveland Row Saint James Londres SW 1A 1DG (Investmentgruppe)	666: 16;
CUIR CENTER: 9 grands magasins spécialisés dans le siège cuir. (Ledermöbel)	671 : 110 ; 672 : 6 ; 673 : 86 ; 674 : 132 ; 675: 132; 676: 30; 679: 34;
DUNHILL : King Size : dunhill : London – Paris – New York. (Zigarette)	674: 134; 679: 148; 683: 128;
TECTRONIC: l'avenir de la Hi-Fi est assuré. Tectronic : La Hi-Fi performance. (HiFi-Geräte)	675 : 100-101 ;
KENWOOD : Comment choisir une chaîne Hi-Fi quand on est fou de technique. Mais pas technicien. Kenwood : HiFi Stéréo. (HiFi-Geräte)	675: 122-123; 677 : 18-19 ; 679 : 117 ; 681 : 14 ; 683 : 115 ;
DENON: Check-up Denon: les points de performances qui classent ce matériel parmi les meilleurs du monde. Denon : Technologie et perfection.	676 : 147 ; 678 : 69 ; 680: 150; 682: 89; 683: 102;

(HiFi-Geräte)	
CAMARA : vous ouvre le monde de la Hi-Fi: gratuitement. Le N° spécial Son Magazine vient de paraître – 16 pages ! Toutes les nouveautés ! (HiFi-Anbieter)	679 : 90 ; 680: 94; 681: 156;
MONT BLANC QUICKPEN : 3 écritures au choix 1 Quickpen roller 2 Quickpen micro 3 Quickpen medium Choisissez votre écriture... (Stift)	679 : 116 ; 683: 71;
BOSE : DIRECT/ REFLECTING : La dernière découverte en Hi-Fi : Vos mûrs. (HiFi-Geräte)	681 : 25 ; 682: 140;
Écoutez vos mûrs. Bose : Direct/ Reflecting.	683 : 17 ;
Réfléchissez. Bose: Direct/ Reflecting.	684 : 97 ;
LASKYS FRANCE KING MUSIQUE: Passez l'hive en Hi-Fi. (1er réseau européen de distribution de matériel Hifi). (HiFi-Geräte)	681 : 50 ;
OLYMPUS OPTICAL CO., Ltd.: Pearlcorder SD: Le 1er Magneto Radio Microcassette à haute performance. (Diktiergerät)	681: 153;
KOSS: Profitez au maximum de votre musique préférée. Koss : sterophones : De la part des inventeurs du casque stéréophonique. (Kopfhörer)	682 : 17 ; 684 : 42 ;
BUSINESS : Un P.-D.G. perd 300 millions en une demi-heure. Business : Le Jeu des Sociétés. (Spiel)	683 : 69 ;

7.5.4 Belegbeispiele aus dem "Nouvel Observateur" 2001

Belegbeispiele :	Fundstelle:
RENAULT : Renault Espace Série Limitée. The Race. Renault : Créateur d'automobiles. (Auto)	1887 : 2-3 ; 1890: 4-5; 1894: 6-7; 1897: 6-7;
Renault New Deal: un nouveau mode de vie automobile.	1895: 80-81; 1897: 96-97; 1900: 17;
Renault : ESP Electronic Stability System.	1898: 80-81; 1899: 72-73; 1901: 32-33;
NISSAN : Nissan Almera Tino. Le Familyspace. Nissan: Made in Qualité. (Auto)	1887: 17; 1889: 28;
Nissan: Made in Qualité.	1891: 46; 1893: 85;
Nissan: See the change.	1897: 32-33; 1898: 94-95; 1899: 42; 1900: 52; 1901: 85; 1903: 80-81; 1904: 4-5; 1918: 2; 1919: 2; 1920: 19; 1922: 67; 1923: 57;
CHIC[2]: Energizing your life: www.fujitsu-siemens.fr. (Computer)	1887: 100;
liberté[2]: Energize your Business: www.fujitsu-siemens.fr	1898: 67;
ROCHE BOBOIS: soft feeling. Roche Bobois: La vraie vie commence à l'intérieur. (Möbel)	1888 : 2-3 ;
ROCHE BOBOIS: home safari. Roche Bobois: La vraie vie commence à l'intérieur.	1889: 4-5;
ROCHE BOBOIS: smooth leather. Roche Bobois: La vraie vie commence à l'intérieur.	1896 : 6-7 ;
ROCHE BOBOIS: unique touch. Roche Bobois: La vraie vie commence à l'intérieur.	1898 : 6-7 ;
ROCHE BOBOIS: peace & loft. Roche Bobois : La vraie vie commence à	1905 : 4-5 ;

l'intérieur.	
ROCHE BOBOIS: natural chic. Roche Bobois : La vraie vie commence à l'intérieur.	1922 : 6-7 ;
ROCHE BOBOIS: black light. Roche Bobois : La vraie vie commence à l'intérieur.	1923 : 6-7 ;
ROCHE BOBOIS: leather & colors. Roche Bobois : La vraie vie commence à l'intérieur.	1925 : 10-11 ;
JEEP : There's only one. (Auto)	1888: 17; 1890: 46;
MICROSOFT: Windows 2000 Server: Right Solutions, Right on Time. (Software)	1895: 23;
Microsoft: Right Solutions, Right on Time	1897: 23; 1899: 39;
CISCO SYSTEMS : Découvrez toutes les possibilités d'Internet sur Cisco.fr – Cisco Systems : Construisons la génération Internet. (Internet)	1889 : 3 ; 1890 : 21 ;
CLUB INTERNET : Découvrez le nouvel Internet. (Internet)	1889 : 13 ; 1890 : 27 ;
www.club-internet.fr: Le club le plus ouvert de la planète.	1897 : 108-109 ;
MSN: Hotmail-Communautés-Rechercher-Shopping-Money. msn.fr : Tout acheter d'un simple battement d'aile. (Internet)	1888 : 57 ; 1892: 61; 1894: 77; 1896: 85;
MSN : À consulter sur le web : Avec msn simplifiez-vous les questions d'argent en quelques clics.	1889 : 61 ; 1890 : 77 ;
MSN : À consulter sur le web : Sur msn, un nouveau partenaire pour gérer vos finances personelles.	1891 : 27 ;
ALAPAGE.COM : avec alapage.com 1001 prix de folie – sur Internet.	1889 : 87 ; 1899: 117;

(Internet)	
St. Valentin sur Internet. alapage.com	1891: 81;
IDEA : Le 1ᵉʳ magazine lifestyle: IDEA: il y a matières à se faire plaisir. (Zeitung)	1889 : 109 ;
THALESGROUP : Where people come first. www.thalesgroup.com (Informationstechnologien und -dienste)	1889: 117;
VOLVO: for life (Auto)	1889: 124; 1891 : 43 ; 1898 : 100-101 ; 1900 : 23 ; 1902 : 33 ;
ALFA ROMEO: Alfa Sportwagon Pack: 4 airbags, climatisation, intérieur cuir et jantes alliages... Alfa Romeo : Cœur sportif. (Auto)	1890: 9; 1893: 44;
Alfa 156 JTD 115 Pack Sport. Alfa Romeo: Cœur sportif.	1925: 115 + 117;
OAG: Airline of the year 2000 (Fluggesellschaft)	1890: 23; 1892: 37;
SHARP: Follow your dreams with LCD. Sharp: Bringing LCD to life. (Fernseher)	1890: 24-25; 1896: 78-79; 1909: 81; 1922: 26-27;
IBERIA: Iberia présente sa nouvelle First Class. Iberia : N°1 vers l'Espagne et l'Amérique Latin (Betten)	1890 : 31 ; 1892: 25;
SCHRODERS : Investment Managment (Investment)	1890: 75; 1892: 69; 1893: 83; 1894: 69;
MESACTIONS.COM: le premier free-broker (Finanzen)	1890: 83; 1892: 31;
NRJ: Hit Music only! (Radiosender)	1890: 101; 1891: 117; 1894: 125; 1895: 133; 1904: 153; 1905: 141; 1910: 1910: 117; 1912: 121; 1915: 87;
ANYWAY.COM: Comparez. Voyagez. (Reiseagentur)	1890: 141; 1896: 147;
NOKIA: connecting people. (Mobiltelefon)	1891: 2; 1892: 9; 1893: 41;
XEROX: The Document Company. (Drucker)	1891: 30; 1893: 87; 1895: 103; 1897: 83;
WORLDONLINE.FR: Pour accéder aux dernières technologies worldonline.fr recommande Opel	1891 : 35 ;

Corsa... (Internet)	
Accès liberté, l'Internet gratuit gonflé en services : Worldonline : A Tiscali Company.	1894 : 42 ; 1895: 73 ; 1896 : 91 ;
World Online Business: A Tiscali Company. Solutions Internet Globales.	1897: 85 ;
INFONIE : À chacun son internet. (Internet)	1891 : 55 ; 1892 : 23 ;
FRANCE TÉLÉCOM : Journal de bord/ The Race (La Course de Millenaire). France télécom – bienvenue dans la vie. (Dienstleistung)	1892 : 27 ; 1896: 17;
FRANCE TÉLÉCOM : 14 centimes la minute Internet. (Internet)	1905 : 71 ; 1906 : 107 ;
BROTHER : At your side (Drucker)	1892: 54-55; 1893; 28-29; 1894: 62-63; 1896: 14-15; 1898: 82-83; 1902: 88-89; 1904: 44-45; 1906: 100-101;
HP: invent (Drucker)	1893: 12-13; 1895: 54; 1898: 99; 1901: 19; 1906: 175; 1907: 67; 1908: 67; 1920: 5; 1922: 53; 1924: 119;
GUCCI: rush for men – le nouveau parfum pour homme de gucci (Parfum)	1893: 39;
GUCCI rush2 : un nouveau parfum pour femme. (Parfum)	1906 : 31 ; 1907 : 83 ; 1908 : 27 ;
GUCCI : sunglasses. (Sonnenbrillen)	1900 : 32 ;
WWW.HOMEVILLAGES.COM (Immobilienangebote)	1893 : 71 ;
LIBERTY SURF : Accédez librement aux richesses de demain. (Internet)	1893 : 75 ; 1895 : 25 ; 1897 : 31 ;1899 : 81 ;
NSI RATED : S'il s'agissait de fournisseurs d'accès internet, vous sauriez lequel a un ver. (Internet)	1894 : 9 ; 1895: 9; 1897: 21; 1899: 25;
BIOTHERM AGE FITNESS (Gesichtscreme)	1895: 2; 1898: 17;

CYPRUS AIRWAYS (Fluggesellschaft)	1895: 27; 1898 : 115 ;
COMPAQ: Inspiration Technology (Computer)	1895: 46-47; 1906 : 133 ;
BOUYGUES TÉLÉCOM : Le portail de services de Bouygues Télécom, powered by Microsoft avec 6 sens. (Dienstleistung)	1895 : 89 ;
CUIR CENTER : new tendance – Cuir Center: Le n°1 du salon cuir. (Ledermöbel)	1896 : 44 ; 1905: 75; 1924: 91;
ROVER : A class of its own. (Auto)	1897: 55; 1904: 33; 1905: 61; 1909: 45; 1910: 45; 1912: 23; 1913: 59; 1922: 42; 1923: 27;
CHRYSLER: Nouveau Chrysler Voyager. (Auto)	1897: 88-89; 1899: 17; 1901: 27; 1922: 56; 1924: 77;
LAND ROVER: Nouveau Freelander V6 Boîte Steptronic – Land Rover: The Best 4x4 Far (Auto)	1897: 100-101; 1899: 28-29;
Nouveau Discovery Outrider. Land Rover. The Best 4x4xFAR	1920: 8-9; 1922: 36-37;
SUPERGA: Everywear. (Schuhe)	1898: 3; 1900: 79;
MERCEDES BENZ: On the road again. Nouveau Break Mercedes Classe C. (Auto)	1898 : 4-5 ;
DOCKERS KHAKIS : No restrictions. (Schuhe)	1898: 27; 1899: 35; 1901: 57;
MANDARINA DUCK: Legend of Frog Trolley. (Koffer)	1898: 37; 1900: 47; 1903: 25; 1924: 45;
MEPHISTO: members of the Mephisto movement. Mephisto: Finest Walking Shoes. Handmade by Master Shoemakers. (Schuhe)	1898: 40; 1901: 31; 1904: 31; 1906: 27; 1923: 39; 1925: 31;
AMERICAN EXPRESS: Blue d'American Express: Forward. (Kreditkarte)	1898: 94-95; 1900 : 77 ; 1901 : 97 ; 1925 : 95 ; 1926 : 36 ;
AOL: À quoi ça sert de surfer sur le net si c'est pour que votre ordinateur attrape le premier virus qui passe ? AOL protège toutes les données	1898 : 97 ; 1901: 89;

Anglizismen in deutschen und französischen Werbeanzeigen 269

envoyées et reçues. AOL : Maintenant vous êtes efficace sur internet. (Internetanbieter)	
Internet en toute simplicité avec AOL	1922 : 45 ;
SELFTRADE : Investissement en ligne: Investissez seul mais pas sans nous. (Finanzen)	1898 : 108-109 ; 1900 : 90-91 ; 1903 : 79 ; 1905 : 91 ;
SWISS LIFE : Société Suisse (Versicherungen)	1899 : 26-27 ; 1900: 28-29; 1901: 12-13;
9 TÉLÉCOM : Internet. Vous avez l'ancien. Essayez le neuf. 9 Télécom. (Internetanbieter)	1899 : 71 ; 1903: 19; 1907: 73;
Internet: 4 forfaits 9ONLINE: 9Télécom : Les télécoms en plus neuf.	1910 : 67 ; 1912 : 81 ;
ROLEX : Perpetual Spirit. (Uhr)	1900 : 6-7 ; 1904: 2; 1908: 2; 1929: 2; 1938: 2;
AMERICAN AIRLINES : membre de one world. (Fluggesellschaft)	1900: 25; 1902 : 45 ; 1904 : 43 ; 1906 : 81 ; 1908 : 81 ;
BVLGARI: Contemporary Italian Jewelles. BLV: Le nouveau parfum féminin. (Parfum)	1900 : 37 ; 1903 : 23 ; 1906 : 95 ; 1907 : 25 ; 1910 : 75 ;
FORD : Nouvelle ford mondeo : Technologie diesel overboost, une réserve de puissance instantanée. (Auto)	1900 : 100-101 ; 1902: 69;
Nouvelle ford mondeo. IPS : Intelligent Protection System.	1912 : 73 ;
Nouvelle ford focus TDCi 115. Est-ce encore un Diesel ? TDCi 115 : Common rail 2ème génération. Ford.	1924 : 159 ;
MIELE : Réfrigérateur "Biofresh" (Kühlschrank)	1900 : 109 ; 1906: 48;
JOBPILOT.FR: offres d'emploi sur Internet en France et en Europe. Ne manquez pas le job de votre vie ! (Jobbörse im Internet)	1900: 155; 1901: 149; 1902: 141;
CALVIN KLEIN: Eternity (Parfum)	1900: 184; 1905: 156;
PRADA: Eyewear. (Sonnenbrille)	1901: 34;

THAILAND: amazing Thailand. Office National du Tourisme de Thaïlnde (Tourismus)	1901 : 37 ;
ROCHAS : aquaman. Rochas : la nouvelle eau de toilette pour homme (Parfum)	1901 : 45 ; 1902 : 15 ; 1903 : 63 ;
KUONI : Florida Fun Drive. Vous allez apprécier la différence. (Dienstleistung)	1901 : 95 ;
LUFTHANSA : There's no better way to fly. (Fluggesellschaft)	1901: 100-101; 1903: 61;
Lufthansa: There's no better way to fly. Membre du réseau Star Alliance.	1923: 86-87;
NEW MAN: Des vêtements conçus comme des voyages. (Kleidung)	1902 : 9 ; 1910: 37; 1922: 14-15;
WANADOO : Internet avec France Télécom. (Internetanbieter)	1902 : 67 ; 1903: 73;
KENZO : Flower by Kenzo. Le nouveau parfum. (Parfum)	1902: 152; 1904: 53; 1906: 47; 1907: 2; 1936: 77;
BREITLING 1884: Instruments for professionals. (Uhr)	1903: 21; 1906: 51; 1909: 21;
CANON: Imaging across networks. (Phototechnik)	1903: 77; 1905: 69; 1906: 129; 1907: 26; 1909: 40;
RAY-BAN: I don't want to be a millionaire. Ray-Ban: Genuine since 1937: (Sonnenbrille)	1903: 109; 1905: 115;
ORIS: Swiss Made Watches since 1904. (Uhr)	1903: 123; 1905 : 119 ; 1907 : 125 ; 1909 : 90 ;
Oris High-Mech TT1. Swiss Made Watches Since 1904.	1929: 64; 1933: 13;
HOTBOT: la recherche de précision de Lycos. (Internet)	1903 : 125 ; 1906: 105;
SKY TEAM : Caring more about you. (Vereinigung von Fluggesellschaften)	1903: 131; 1904 : 99 ;
WORLDCOM: Déployez vos idées et votre business sur l'un des plus vastes résaux du monde. (Internet)	1904 : 48-49 ; 1906: 151; 1908: 83; 1910: 71; 1912: 105; 1923: 111;

AMD : Mission impossible? AMD: Processeurs pour PC. (Computerzubehör)	1904 : 66 ; 1906: 58; 1908: 59; 1909: 59; 1910: 29;
DUNHILL : Desire : fragrance for a woman: dunhill. (Parfum)	1905: 48; 1906 : 33 ; 1907 : 45 ;
NET-UP: Nouveaux forfaits internet Net-Up. On surfe en plein délire. Net-Up : L'internet qui a tout compris. (Internet)	1905 : 65 ;
MITSUBISHI : Space Star. le meilleur chemin pour y arriver. (Auto)	1906 : 55 ;
SERGIO TACCHINI :Natural Player. Sergio Tacchini: Tennislab. (Tenniszubehör)	1907: 75; 1910: 25; 1912: 41; 1916: 53; 1921: 29;
SERGIO TACCHINI :Natural Player. Sergio Tacchini: Golflab.	1922: 19;
SERGIO TACCHINI :Natural Player. Sergio Tacchini: Sailing Lab.	1924: 29;
SAMSONITE: worldproof. (Koffer)	1907: 101; 1909: 97; 1912: 93; 1916: 51; 1917: 65;
NIVEA: Play hard – look young. Soin revitalisant 24 h. Q 10 Nivea for men. (Kosmetik)	1908 : 21 ; 1909: 39;
THOMSON : Look Listen & Live. (Fernseher)	1908: 95; 1909: 133;
DIOR: Dune – Eau de toilette. (Parfum)	1908 : 156 ; 1910: 176; 1921: 126; 1923: 194;
Higher Dior Eau de toilette pour homme.	1928 : 68 ; 1935: 68 ;
KODAK : Share Moments. Share Life. (Phototechnik)	1909: 47; 1910: 48; 1912: 11; 1914: 20; 1916: 15;
SONY: go create (Unterhaltungselektronik)	1910: 7; 1912: 21; 1912: 67; 1913: 47; 1914: 23; 1915: 7; 1923: 89; 1924: 23 + 25; 1925: 39;
TECHNO MARINE: Technolady Heart (Uhr)	1910: 40;
Techno Marine: Professional Diving Watches: Return to the ocean.	1913: 65;
CITROËN: C5 Break: Volume exceptionnel 563l (Auto)	1912: 9; 1913: 45; 1914: 25;

TISSOT: Montres suisses depuis 1853: Take care of details. (Uhr)	1912: 49; 1913: 50; 1929: 47; 1931: 51; 1933: 51;
EURONEXT: go for growth (Börse/ Finanzen)	1912: 65;
FISCHER: start-up alsacienne depuis 1821 et toujours aussi fraîche. Fischer : Brasseur d'idées Alsaciennes depuis 1821. (Bier)	1913 : 2 ; 1920: 96;
RUNNING HEART FOUNDATION: Speed can save your life: Un projet de "Running Heart Foundation" (Hilfsorganisation)	1913: 105; 1915 : 69 ; 1922 : 117 ;
AUDI: Audi allroad. Il reste toujours des obstacles infranchissables. (Auto)	1914 : 12-13 ; 1915 : 2-3 ;
HUGO BOSS : expect everything. (Kleidung)	1921: 21; 1923 : 75 ;
GET ON UP: devoteam: Conseil en technologies Télécom et E-Business. Version UP. (Dienstleistungen)	1921 : 59; 1923: 161;
HENNESSY PUREWHITE : le cognac que défie les conventions. (Alkohol)	1922 : 13 ; 1923: 15; 1924: 17;
FIAT : Punto 60 Go. Une voiture qui se vit entre amis. Fiat : La passion nous anime. (Auto) Fiat Punto 60 Cosy : Une voiture qui s'apprécie en famille. Fiat : La passion nous anime !	1922 : 81 ; 1924 : 83 ;
GATEWAY : Enfin une marque mondiale qui rapproche le PC de l'arome.	1922 : 91 ;
NORTON INTERNET SECURITY : Symantec: Juste les connexions autorisées. Et rien d'autre. (Computerzubehör)	1923 : 103 ; 1925: 53;
ROCKPORT : Modèle Taconic Open Road Walking Platform. (Schuhe)	1924: 69;
HOGAN Men's (Schuhe)	1924: 162; 1925: 121; 1928 : 51 ;
JET TOURS: spécialiste en vacances	1925 : 118-119 ;

réussies. (Tourismus)	
UNIVERSAL MUSIC MOBILE : ça vous change la tête. (Mobiltelefone)	1925 : 97 ;
VISA Business: Moins de contraintes, plus de vie. (Kreditkarte)	1925 : 44 ;
GR (Georges Rech) : So French, so Reche. (Mode/ Kleidung)	1926: 22;
MOTOROLA: Fashion Technology. Motorola: intelligence everywhere. (Mobiltelefon)	1927: 67;
ESTÉE LAUDER: pleasures. (Parfum)	1927 : 68 ;
BOSE : Better sound through research. (Unterhaltungselektronik)	1929: 41; 1933 : 65 ;
CYBOOK: Cytale: Le livre qui ne se ferme jamais. (elektronisches Buch)	1929 : 51 ; 1930 : 59 ; 1932 : 43 ; 1935 : 51 ;

www.ingramcontent.com/pod-product-compliance
Lightning Source LLC
Chambersburg PA
CBHW020113010526
44115CB00008B/807